U0452196

组织协同

运用平衡计分卡创造企业合力

〔美〕罗伯特·S.卡普兰 戴维·P.诺顿 著
博意门咨询公司 译

商务印书馆
SINCE 1897　The Commercial Press

2012·北京

Robert S. Kaplan & David P. Norton

ALIGNMENT

Using the Balanced Scorecard to Create Corporate Synergies
Original work copyright © Harvard Business Publishing Corporation
Published by arrangement with Harvard Business School Press.

图书在版编目(CIP)数据

组织协同——运用平衡计分卡创造企业合力／〔美〕卡普兰，诺顿 著；博意门咨询公司 译.—北京：商务印书馆，2010(2012.6 重印)
(哈佛经管典藏)
ISBN 978-7-100-07075-1

Ⅰ.组… Ⅱ.①卡…②诺…③博… Ⅲ.企业管理－组织管理学 Ⅳ.F272.9

中国版本图书馆 CIP 数据核字（2010）第 059488 号

所有权利保留。
未经许可，不得以任何方式使用。

组织协同
——运用平衡计分卡创造企业合力

〔美〕罗伯特·S.卡普兰 戴维·P.诺顿 著
博意门咨询公司 译

商 务 印 书 馆 出 版
（北京王府井大街36号 邮政编码 100710）
商 务 印 书 馆 发 行
北京瑞古冠中印刷厂印刷
ISBN 978 - 7 - 100 - 07075 - 1

2010 年 8 月第 1 版　　开本 880×1240 1/32
2012 年 6 月北京第 3 次印刷　印张 11¾

定价：60.00 元

商务印书馆—哈佛商学院出版公司经管图书翻译出版咨询委员会

（以姓氏笔画为序）

方晓光　盖洛普（中国）咨询有限公司副董事长

王建铆　中欧国际工商学院案例研究中心主任

卢昌崇　东北财经大学工商管理学院院长

李维安　南开大学商学院院长

陈　儒　中银国际基金管理公司执行总裁

陈国青　清华大学经管学院常务副院长

陈欣章　哈佛商学院出版公司国际部总经理

忻　榕　哈佛《商业评论》首任主编、总策划

赵曙明　南京大学商学院院长

涂　平　北京大学光华管理学院副院长

徐二明　中国人民大学商学院院长

徐子健　对外经济贸易大学副校长

David Goehring　哈佛商学院出版社社长

致中国读者

　　哈佛商学院经管图书简体中文版的出版使我十分高兴。2003年冬天，中国出版界朋友的到访，给我留下十分深刻的印象。当时，我们谈了许多，我向他们全面介绍了哈佛商学院和哈佛商学院出版公司，也安排他们去了我们的课堂。从与他们的交谈中，我了解到中国出版集团旗下的商务印书馆，是一个历史悠久、使命感很强的出版机构。后来，我从我的母亲那里了解到更多的情况。她告诉我，商务印书馆很有名，她在中学、大学里念过的书，大多都是由商务印书馆出版的。联想到与中国出版界朋友们的交流，我对商务印书馆产生了由衷的敬意，并为后来我们达成合作协议、成为战略合作伙伴而深感自豪。

　　哈佛商学院是一所具有高度使命感的商学院，以培养杰出商界领袖为宗旨。作为哈佛商学院的四大部门之一，哈佛商学院出版公司延续着哈佛商学院的使命，致力于改善管理实践。迄今，我们已出版了大量具有突破性管理理念的图书，我们的许多作者都是世界著名的职业经理人和学者，这些图书在美国乃至全球都已产生了重大影响。我相信这些优秀的管理图书，通过商务印书馆的翻译出版，也会服务于中国的职业经理人和中国的管理实践。

20多年前，我结束了学生生涯，离开哈佛商学院的校园走向社会。哈佛商学院的出版物给了我很多知识和力量，对我的职业生涯产生过许多重要影响。我希望中国的读者也喜欢这些图书，并将从中获取的知识运用于自己的职业发展和管理实践。过去哈佛商学院的出版物曾给了我许多帮助，今天，作为哈佛商学院出版公司的首席执行官，我有一种更强烈的使命感，即出版更多更好的读物，以服务于包括中国读者在内的职业经理人。

在这么短的时间内，翻译出版这一系列图书，不是一件容易的事情。我对所有参与这项翻译出版工作的商务印书馆的工作人员，以及我们的译者，表示诚挚的谢意。没有他们的努力，这一切都是不可能的。

哈佛商学院出版公司总裁兼首席执行官

万季美

推荐序

我们郑重向各位推荐罗伯特·S.卡普兰博士和戴维·P.诺顿博士撰写的第四本具有前瞻性和创新性的管理新著。在前三本著作中，他们创始并阐述了战略执行的发展和方法论。这三本著作早已被译成21国文字，并在全球广为流传。卡普兰博士、诺顿博士以及百略达集团的咨询顾问们已经完成1 000多个咨询项目，帮助各个组织成功地描述战略、衡量战略并管理战略。我们认为，本著作具有最高的价值。

目前，中国许多多元化经营的企业所面临一大挑战就在于：如何将不同的业务单元有机地协同在一起，确保企业战略执行的成功。组织协同如果实施有方，完全可以清除组织内部战略执行的障碍，并在组织内部创造跨部门的战略协同效应，为企业创造竞争优势。

什么是战略？战略阐述组织的发展方向、如何到达发展的目的地，以及领导人实现目标的规划。战略执行意味着清晰地阐述企业方向和目标，聚焦战略要点，促进实现预期成果的持续有效的管理。

同时，战略执行是一个旅程，一个需要用心管理的旅程。卡普兰博士和诺顿博士经过15年的潜心研究，总结出了成功执行战略的四项基本任务。

首先，需要描述战略。卡普兰和诺顿博士开发了战略图这一史无前例的管理工具。战略图将组织的战略转化为具体的战略目标，并简洁有效地传达给企业的经理人和员工。两位大师的前一本著作中已经介绍了许多全球领先企业开发运用战略图的案例。

第二，必须衡量战略的执行。全球最佳实践已经证明，平衡计分卡是衡量战略执行过程和结果的最佳工具。1996年，平衡计分卡在中国还鲜为人知。当时，我们首次在北京运用平衡计分卡成功实施了第一个战略执行项目。10年后的今天，中国企业的管理者渐渐接触到平衡计分卡，也了解到了平衡计分卡是一个衡量组织绩效的工具。卡普兰和诺顿的第一本著作把平衡计分卡描述为一个管理工具，还推荐了许多不同的组织如何运用这个工具来衡量组织绩效的案例。平衡计分卡的方法至今已经有了巨大的发展，已经成为当今战略执行的最佳工具。遗憾的是，还有人把平衡计分卡只当成一个衡量绩效的工具，其实他们早已落伍于时代10年之久。

第三，管理战略执行必须遵循五项基本原则：1. 推进；2. 转换；3. 协同；4. 激发；5. 治理。卡普兰博士和诺顿博士曾选出数百家企业做了调研，这些企业的战略执行均被公认为是全球最佳实践。我们也有幸接触了这些最佳实践，并成功地将其运用于中国企业。我们的体会是：只要实施得当，这些全球最佳实践完全适用于中国的企业。我们与宝钢集团、华润集团、青岛啤酒、中国银联等中国企业和多元化大型企业的合作经历表明：如果能有效运用平衡计分卡，它们将受益匪浅。

第四,为了确保战略贯彻于企业之中,在组织协同过程中必须特别关注对战略执行的持续监督、调整和完善。我们认为组织协同是一个特别重要的议题,为此我们在一本战略执行的书中,专门用了一个章节来讨论组织协同。我们总共拥有50年的咨询经历,其中一半时间是为中国企业服务。我们为之提供咨询服务的每一个组织、企业都存在缺乏协同的问题。目前国内企业的绩效管理系统不能与企业战略紧密结合,管理者和员工对组织战略缺乏全面了解,他们仅从与自身密切相关的产品线、业务部门、职能等方面了解组织的情况。上述这些因素在组织内部形成了壁垒,阻碍了企业战略的成功实施。

在成功实施数百个案例并与几千位经理人进行交流后,我们认为中国企业急需完善组织协同。卡普兰博士和诺顿博士共同撰写这本书的目的,就是要帮助企业创造和保持组织协同。本书从多个角度剖析了协同的问题,并通过大量的案例和图表说明组织如何通过战略协同获得成功。本书的每一个章节融入了最新的管理精华和高管智慧,并用大量图表作了清晰的阐释。

在随后的章节,他们又列举了大量不同行业的案例。本书所用案例源自70多个组织,这些组织全都通过运用平衡计分卡取得了令人瞩目的成绩,并均已成为"战略执行明星组织"。本书通过案例,阐述了企业如何通过优异的战略执行获得突破性成就。这些独一无二的资料是本书最重要的组成部分。

卡普兰和诺顿博士用清晰、周密、易于理解的语言介绍了如何在平衡计分卡的多个维度(财务、客户、流程、学习与成长)之间形成协同效应。此外还阐述了如何在职能部门(如人力资源部、IT部、财务部)与公司董事会、投资者以及外部合作伙伴(如战略性供应商和战略性客户)之间达成组织协同。本书详细介绍了分解流程，以及如何管理协同流程。最后一章关注于如何创建全面战略协同。本书结篇以激昂的文字叙述了他们15年的合作历程：他们共同研究和发展了平衡计分卡这一"战略执行新科学"。

今后，您还将继续听到有关这一战略执行新科学的消息，我们相信它不会退出舞台。相反，随着管理人员的不断学习及实践，它的价值将日益彰显。中国可能是最适合应用这一新科学的国家，因为中国政府和商业领导人正在积极寻求与探索可行的管理方法及模式。借助本书，卡普兰和诺顿博士阐明了战略执行流程的框架与相应的步骤。这一战略执行流程也正是促进战略执行新科学的关键因素。

我们之所以推荐本书，是因为在长期的咨询工作中，我们对组织战略执行中出现的各种问题、障碍和解决方案有非常深入的理解。我们相信卡普兰和诺顿博士的战略执行方法能够解决这些问题。我们邀请你共同踏上阅读本书的旅程，在旅行中你会发现解决目前面临的问题的有效方法。如果你希望快速抓住某一战略机遇，你会发现这是实现你战略意图的最有力方法。如果你需要应对日益剧烈的竞争，这个方法会帮助你明晰成功获胜的路径，并在此过程中不断为你指引方向。如果你已成为行业的领先者，并希望继续保持领先地位，这一方法将帮助你辨识下一步需要做什么，并确保目标能有效完成。这一方法还能帮助你跟踪和管理你的战略执行流程，并在必要时及时作出调整，以达成组织目标并获得持续性的成功。

希望你在阅读这本著作时，如同进行一次畅快的旅行，收获丰厚！

下列同人在本书的翻译和审校过程中付出了时间与精力：吴艳芹、施娟娟、王黎明、余翔、曹丽荣、王贺、张磊、谢朝晖、谢少华、李弋、包绿菲、孙永玲，在此一并感谢！

毕意文（Irv Beiman）博士　　　　孙永玲 博士
博意门咨询公司董事长　　　　　博意门咨询公司总裁
2006年6月，于上海　　　　　　2006年6月，于北京

目录

序言
致谢

1 协同：经济价值的来源　007
2 企业战略与组织架构：历史性回顾　039
3 财务与客户战略的协同效应　055
4 协同内部流程和学习与成长战略：
　整合的战略主题　093
5 支持单元的协同　141
6 分解：流程　195
7 董事会和投资人的协同　223
8 与外部合作伙伴的协同　253
9 协同流程的管理　283
10 整体战略协同　299

注　释
作者简介

序言

《组织协同》是我们共同创作的第四部作品。在我们共同创作的第一篇论文"平衡计分卡：驱动业绩的评价指标体系"（Balanced Scorecard: Measures That Drive Performance）和第一本书《平衡计分卡——化战略为行动》（*Balanced Scorecard:Translating Strategy Into Action*）中，我们向大家介绍了一种衡量组织绩效的新方法。[1] 论文和书为企业提供了一些指导和样例，帮助它们为平衡计分卡的四个维度选择正确的衡量指标，此外，我们还阐述了一些平衡计分卡早期实践者的战略管理实施状况。在稍后的论文"利用平衡计分卡作为战略管理系统"（Using the Balanced Scorecard as a Strategic Management System）和我们合著的第二本书籍《战略中心型组织》（*Strategy Focused Organization*）中，我们进一步阐述了企业如何将平衡计分卡用作战略管理的核心工具。[2] 这些文章进一步阐述了我们在第一本书中所介绍的战略管理系统，并提出连接组织衡量和管理系统与组织战略所需要遵循的五项原则：

◆ 通过执行层的领导力推进变革
◆ 将战略转化为可操作的语言
◆ 使组织和战略协调一致
◆ 使战略成为每一个员工的日常工作
◆ 确保将战略转化为一个连续的流程

我们合著的第三本书《战略地图》(*Strategy Maps*)以及另一篇论文"战略有麻烦？绘出你的战略来"（Having Trouble with Your Strategy? Then Map It）进一步阐述了上述第二项原则，即如何将战略转化为具体的目标和指标。[3]书和文章介绍了一个综合的框架结构，通过平衡计分卡四个维度具有因果关系的目标之间的衔接展示公司战略，框架将流程、人员和技术与客户的价值定位以及客户和股东目标连接在一起。

我们的新作进一步阐述了上述第三项原则：使组织和战略协调一致。大多数企业拥有多个业务单位和支持单位。他们在公司这样"一棵大树"下希望通过运作不同单位去获取规模效应，但要获得这些效益，公司总部需要一套管理工具，使公司下属各业务单位创造的价值大于各单位无总部指导和干涉时所单独创造的价值总和。毕竟，公司总部消耗的价值可能还要高出其所能带来的价值，例如，公司高层管理团队的薪资和支持费用会带来成本，由于决策延误和对运营与支持部门烦琐的管理报告体系也会诱发公司成本等。由此可见，公司必须通过整合所有分散的单位创造出新的价值来源来抵消总部这些成本，我们将这种新的价值来源称为源自企业的价值。

这本书着重介绍了企业战略图和平衡计分卡如何帮助企业澄清战

略,并把公司的战略重点与各业务和职能单位、董事会、关键客户、关键供应商以及联盟合作伙伴进行有效沟通。公司总部通过检查这些单位所制定的战略图和平衡计分卡,可以了解并监督公司的重点工作是否在每一个单位都得到了有效执行。这样,企业的战略图和平衡计分卡为企业高层提供了一整套治理框架,并帮助企业挖掘组织协同所产生的价值。

企业除关注组织各单位的协同外,还需要将员工和管理流程与公司战略整合到一起(战略中心型组织的原则4和原则5)。为完整表达公司整合全貌,我们在本书最后一章简要说明了这两个流程的整合。

致谢

正如我们在第2章中所总结的,本书的写作借鉴了大量公司战略方面的文献。我们在此要向这些战略学专家致敬,从他们那里我们获得了对公司战略的理解,他们是:阿尔弗雷德·钱德勒(Alfred Chandler)、迈克尔·波特(Michael Porter)、辛西娅·蒙哥马利(Cynthia Montgomery)、戴维·科利斯(David Collis)、约瑟夫·保尔(Joseph Bower)、迈克尔·古尔德(Michael Goold)、安德鲁·坎贝尔(Andrew Campbell)、马库斯·亚历山大(Marcus Alexander)、加里·哈默尔(Gary Hamel)、C.K.普拉哈德(C.K.Prahald)和君士坦丁诺·马凯德斯(Constantinos Markides)。我们希望本书能够在如实反映他们成果的同时,也清晰阐述了如何设计一套有效的衡量和管理系统来沟通与管理源自企业的价值,从而在战略领域作出我们的贡献。

书中提及的30多家企业的实践经验,也使我们获益匪浅。它们的创新实践不断地激发和拓展了我们的思路。在此,我们特别感谢下列人士的鼎力支持和倾力奉献:

Aktiva	安德瑞·克德林（Andreja Kodrin）
东京三菱银行	Takehiko Nagumo，Nobuyuki Hirano
美国佳能	查尔斯·比克泽柯（Charles Biczak）
市民学校（Citizen Schools）	埃里克·施瓦兹（Eric Schwarz）
杜邦公司	克雷格·雷诺（Craig Naylor）
第一联邦金融公司	安吉拉·莱特诺（Angela Ritenour）、杰瑞·汤希奇（Jerry Thomchich）
Handleman公司	斯蒂文·斯裘姆（Stephen Strome）、马克·阿尔布瑞切（Mark Albrecht）、若赞·柯库（Rozanne Kokko）、吉娜·德鲁威克（Gina Drewek）
希尔顿	迪塔特·哈克斯坦（Dieter Huckestein）、丹尼斯·柯西（Dennis Koci）
IBM	泰德·霍夫（Ted Hoff）、琳达·朗伯（Lynda Lambert）
英格索兰	赫布·亨克尔（Herb Henkel）、琳达·朗伯
科凯国际（KeyCorp）	亨利·迈耶（Henry Meyer）、米歇尔·希兰妮安（Michele Seyranian）
洛克希德·马丁公司	帕梅拉·圣地亚哥（Pamela Santiago）
万豪国际酒店集团	罗伊·巴恩斯（Roy Barnes）
MDS公司	约翰·罗杰斯（John Rogers）、鲍勃·哈里斯（Bob Harris）
美国媒介综合集团（Media General）	斯图尔特·布赖恩（Stewart Bryan）、比尔·麦克道尔（Bill McDonnell）
New Profit Inc.	瓦内萨·基亚西（Vanessa Kirsch）
加拿大皇家警察	朱莉阿诺·查卡德利（Giuliano Zacardelli）、基思·克拉克（Keith Clark）
联合银行	马赛罗·沃赛里（Marcelo Ortcelli）
美国陆军	战略就绪系统（Strategic Readiness System）全体人员

我们还要感谢平衡计分卡协会的专业员工。他们才华横溢，和客户一起不断推进优秀管理实践的整合，他们的实践经验是我们创作的源泉。我们要向下列对本书作出特殊贡献的人士表示感谢：阿伦·丁格拉（Arun Dhingra），感谢他对财务组织协同作出的贡献；罗伯特·戈尔德（Robert Gold），感谢他对IT组织协同作出的贡献；卡珊

德拉·弗兰格斯（Cassandra Frangos），感谢她对人力资本协同作出的贡献；迈克·奈格尔（Mike Nagel），感谢他在董事会治理领域先驱性的工作；兰迪·拉塞尔（Randy Russell），感谢他在管理最佳实践上的研究，以及罗布·豪伊（Rob Howie），他领导和管理着我们的平衡计分卡明星组织榜项目。

我们还要感谢史蒂夫·福蒂尼（Steve Fortini），他为本书绘制了大量精美的插图。最后我们还要感谢我们的助理，罗斯·拉匹阿娜（Rose LaPiana）和戴维·波特（David Porter）；哈佛大学商学院出版社的全体员工；我们的编辑，霍丽丝·海波什（Hollis Heimbouch），她负责了全部四本有关平衡计分卡书籍的编辑工作，以及本书的制作编辑简·韦林（Jen Waring）。

协同:经济价值的来源

组织协同

每年春季和秋季的周末，在波士顿和剑桥间的查尔斯河上，我们经常会看到八人划艇比赛。每一艘划艇上的运动员都体格强壮、士气高昂，看得出都经过了严格的训练。然而比赛取胜的关键却是运动员能否在同一瞬间同时用力划桨。试想一下，八个体能优秀、训练有素的运动员对取胜的方法有着各自不同的观点：例如每分钟划几次桨、根据风向、风速和水流状态选择哪一条航线和如何转弯及过桥洞，结果会怎样。如果八名运动员都按照自己的想法去划，那么结果将会是惨痛的：八个人以不同的速度向不同的方向划桨会使划艇原地转圈甚至沉没。而获胜的划艇则像一曲美妙和谐的乐章，在舵手的指挥下，每一个选手都有力击水并与其他选手协调一致。

很多企业就像一艘没有统一协调的划艇。它们由多个优秀的业务单元组成，每一个业务单元都拥有经验丰富、训练有素并积极上进的领导者。但是，每个业务单元之间没有产生协同效应，最多也就做到各个业务单元互不影响。而企业的整体业绩就是所有业务单元业绩的总和减去总部的成本。更有甚者，大多数时候，这些业务单元在实际运作中还会在共享客户或其他共享资源方面产生矛盾，或者由于互相间的协调不力而导致与一些原本可以取得更高绩效的商机失之交臂。因此汇总后的公司运营结果当然与理想的协同一致结果会有相当的差距。

划艇的舵手就像一个企业的总部。一名被动的舵手会占据一艘划艇宝贵的空间，增加划艇的负重而影响团队的整体成绩；相反，一名优秀的舵手熟知每一名划桨队员的强项和弱点，了解外部环境，分析竞争形式，然后设定一整套比赛方案并确保有效的实施，使团队在最佳状态下进行比赛而取得最佳成绩。一名优秀的舵手就是一个非常具有领导能力的企业总部，为所有拥有出色成绩基础的优秀运动员提供了一个协同发挥的舞台。

协同的重要意义

每年，全球平衡计分卡协会都会选择一些成功企业进入"战略执行明星组织榜"，[1]这些组织有一个共同点：它们都成功利用基于平衡计分卡的绩效管理系统来执行组织战略。

例如，戴姆勒—克莱斯勒集团旗下的美国克莱斯勒汽车公司，曾被预测2001年度将面临51亿美元的亏损。公司新总裁运用了平衡计分卡工具来沟通他的重整战略，其中包括成本降低和通过新产品开发获取未来业务增长。结果，尽管美国汽车市场持续低迷，克莱斯勒通过推出全新产品及大幅度提高生产效率等举措后，2004年利润达到19亿美元。美国媒介综合集团，一家区域性媒体通信公司（报纸、电视和互联网），通过使用平衡计分卡，使下属的不同产业得以执行新的集中化战略，在四年的时间内股票较其竞争对手高出85%。依恋公司（E-Land）是韩国的一家多元化公司（服装零售业、酒店业、家具业、建筑业），1998年至2003年期间，其营业收入翻一番，达到11亿美元，利润也由800万美元增长到1.5亿美元。

通过对明星组织榜上企业的研究并将之与我们在线调查的另两组公司进行比较：高收益用户（HBUs）在使用平衡计分卡的过程中能够达到显著的效果，但是低收益用户（LBUs）却只能从项目的实施中得到有限的收益。根据我们所定义的成功执行企业战略的五项关键管理流程，我们对这三类组织进行了比较和分析。[2]

组织协同

◆ **战略推进**：充分利用企业高层的力量来推进。

◆ **战略释义**：制定战略图、平衡计分卡、目标值和行动方案。

◆ **组织协同**：将公司、业务单元、支持单元、外部合作伙伴、董事会与公司战略进行连接。

◆ **员工激励**：提供员工的教育、沟通、目标设立、奖金激励和培训。

◆ **治理流程**：连接公司战略与计划、预算、报告和管理层评估会议。

图1-1　管理优秀程度与受益程度的关系

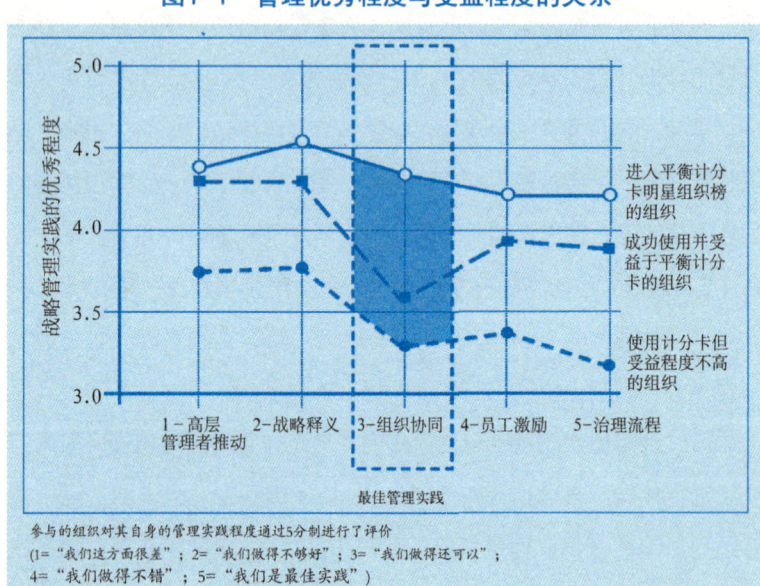

参与的组织对其自身的管理实践程度通过5分制进行了评价
(1= "我们这方面很差"；2= "我们做得不够好"；3= "我们做得还可以"；
4= "我们做得不错"；5= "我们是最佳实践")

协同：经济价值的来源

图1-1 表示在战略管理实践上根据战略执行的不同水平对三个小组进行的比较结果。结果呈现出非常有规律的排序：明星组织榜的组织在每一项流程上的表现均超出其余两类组织，而高收益用户则超出低收益用户的每一个流程表现。组织的高收益与战略管理的水平息息相关。

图中还显示，明星组织榜组织与其他两类组织的最大区别在于，明星组织能够充分发挥管理流程中的战略协同效应，即在组织、业务单元和支持单元之间的战略上协同这一点，明星组织榜企业远远胜出另外两组，如同能够同步划桨的划艇团队一样更能取得优异的成绩。由于组织协同可以为企业带来极大的价值回报，因此理解如何在组织内创造协同是一件非常重要的工作；同时，令我们感兴趣的是：所有被在线调研的管理者都认为，平衡计分卡是帮助他们实现组织协同最有效的工具。[3]

企业价值

在企业层面组织协同并创造价值所引起的关注度往往不及业务单元的层面。多数的战略理论都注重于业务单元层面，如关于独特的产品、服务、客户、市场、技术以及能力。一个业务单元的战略描述通过创造产品、服务为潜在客户提供一种独特的、区别于其他竞争对手的综合利益，即客户价值定位。如果价值定位具有充分的吸引力，顾客将会产生一系列的购买行为从而为业务单元创造价值。我们在前一本书中提到过业务单元四种典型的价值定位。[4]

组织协同

　　整体成本最佳：为客户提供持续的、及时的、低成本的产品和服务。
　　产品领先：为客户持续提供具有延展性的产品和服务。
　　客户解决方案：为客户提供一系列定制化的产品和服务，并结合相关知识帮助客户解决问题。
　　系统平台：为客户提供的平台成为产品和服务的行业标准。

　　业务单元开发战略图和平衡计分卡的主要目的是在高层管理人员之间达成对战略的统一和认可，与员工沟通战略从而使战略能够得以执行，根据战略合理分配资源以及对战略进行动态管理和跟踪。所有这些行为都是业务单元通过其客户关系管理创造价值的主要驱动因素。

　　如今多数大型公司都是由不同的业务单元或共享职能单元组合而成。如果公司想要为业务单元和共享职能单元增加附加值，那么公司需要协同这些运营单元并创造协同效应。因此，如何使总部产生这种附加值便成为公司或企业层面制定战略的一项内容。[5]当企业把各个分散经营的业务单元和职能单元的不同工作协同在一起的时候，将会产生一种额外的价值，我们称之为企业价值。

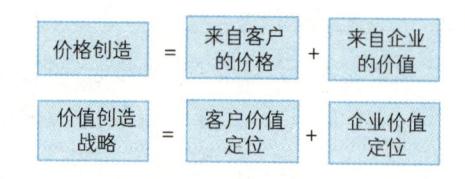

| 价格创造 | = | 来自客户的价格 | + | 来自企业的价值 |
| 价值创造战略 | = | 客户价值定位 | + | 企业价值定位 |

　　举例说明，为促进公司内部各业务单元产品和服务的交叉销售，一家公司需要建立一条新的销售渠道。企业可以通过在组织内的业务

协同：经济价值的来源

单元共享一些昂贵和重要的资源而达到规模效应，如一个制造厂、一套信息系统或一支研发队伍。如果公司的总部层面不能主动地发现和协调那些可以整合不同业务单元之间的分散式运作，协同效应将很难产生。然而，如果总部不能创造出这种协同效应，反而在消耗这些业务和共享单元所创造的价值，那么公司投资者显然有理由对业务单元的捆绑战略提出质疑。如果把这种缺乏协同效应的企业解体，在这些独立运作的业务经营单位仍占有相应的股份，可以省去原公司总部层级管理产生的不必要成本，股东们反而可以收到更高的价值回报。

企业战略描述了企业怎样才能创造超出各个业务单元独立运营所创造的价值总和来避免这个结果。我们这里将具体的、通过跨部门运作产生协同效应来创造源于企业的价值称之为企业价值定位。

其实，一些公共机构和非营利组织也面临类似的问题。例如，国防部需要整合那些强大的各军事单位之间（如陆军、海军、空军、陆战队和国防运输局）的工作，这些单位规模庞大、资金丰富、拥有多年自治传统；加拿大皇家骑警队需要整合不同区域的队伍和职能部门，包括治理国际犯罪、恐怖主义的国家警察部队、向土著居民宣传安全与健康的偏远单位以及协助各省市级正规警队的合同式警察部队；美国红十字会和糖尿病协会需要在一个共同的品牌与理念下将分散的各机构联合成一个跨国籍的网络组织。以上提及的各个组织都需要一个工具，即平衡计分卡和战略图来明确、沟通和加强其企业角色定位。

企业价值定位

平衡计分卡框架通过四个维度详细描述了一个业务单元如何通过

组织协同

持续提升人员、系统和文化来驱动内部流程优异运作，从而增进与客户的良好关系并最终创造股东价值。关于四个维度的描述如下：

财务维度：我们的股东在财务方面的期望是什么？

客户维度：为达到我们的财务目标，我们应该怎样为客户创造价值？

内部流程维度：我们要注重哪些流程的高效运营才能使我们的客户和股东满意？

学习和成长维度：我们如何整合我们的人员、系统和文化这些无形资产去改进关键流程？

平衡计分卡框架中，维度与维度之间通过因果关系而互相连接，如员工培训项目（学习和成长维度）能够提升员工技巧，从而提升客户服务（内部流程维度），也因此获得更高的客户满意度和忠诚度（客户维度），最终实现收入和利润的增长（财务维度）。

平衡计分卡框架四个维度可以顺畅地延伸成为企业的平衡计分卡（图1-2）。企业总部既没有其自身的客户，也没有能够提供产品和服务的操作流程，客户和操作流程体现在业务单元的范畴之内。企业总部需要协同不同业务单元的价值创造活动，使其能够为客户创造出更多的价值或降低总体运营成本，从而超越每一个业务单元独立运作所能够达到的程度。因此企业平衡计分卡的四个维度应该回答下列问题：

协同：经济价值的来源

图1-2 开发企业计分卡

企业计分卡
（企业源自企业的价值）

财务协同
"我们如何提升各业务单元的股东价值？"

客户协同
"我们如何共享客户资源来提升整体客户价值？"

内部流程协同
"我们如何管理业务单元的流程去产生规模经济效应，或价值链整合？"

学习与成长协同
"我们如何发展和共享我们的无形资产？"

* SBU＝战略业务单元

公司 — 企业价值定位 — 产品线 — SBU A / SBU B / SBU C / SBU D

	SBU A	SBU B	SBU C	SBU D
F_O	F_A	F_B	F_C	F_D
C_O	C_A	C_B	C_C	C_D
P_O	P_A	P_B	P_C	P_D
L_O	L_A	L_B	L_C	L_D

源自企业的价值

业务单元计分卡
（创造源自客户的价值）

财务
"我们的股东在财务方面的期望是什么？"

客户
"我们应该如何为客户创造价值以达到我们的财务目标？"

内部流程
"我们必须注重哪些流程的优异运营才能使我们的客户和股东满意？"

学习和成长
"我们如何整合我们的人员、系统、文化这些无形资产去改进关键流程？"

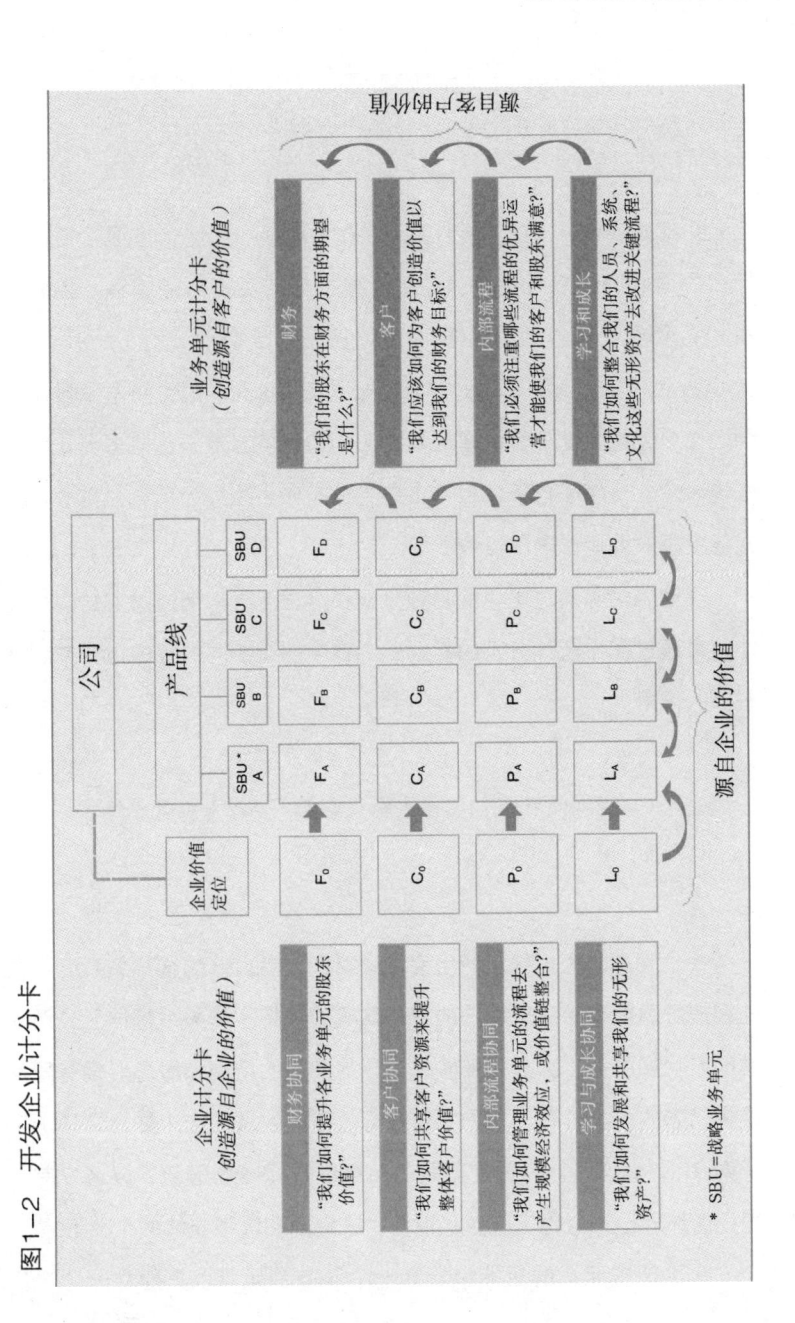

源自客户的价值

组织协同

财务维度：在企业的战略业务单元（SBU）组合中，我们将如何提升战略业务单元的股东价值？

企业财务维度的协同效应包括的内容有：在什么方面投资、在什么方面收获、怎样平衡风险以及怎样创造投资者品牌等。控股公司和高度多元化的公司的总部[如伯克希尔哈撒韦公司（Berkshire Hathaway）、FMC集团、德事隆公司（Textron）]主要是依靠在不同运作单元内分配资金的卓越能力来创造价值。对于这些多元化企业来说，企业价值来自于比每一个自主公司作为独立公司和上市公司模式能更高效地运作内部资金市场。

其他公司除通过出色的资源分配和治理流程来创造财务协同效应外，也通过在平衡计分卡的其他三个维度创造协同效应的过程中起到积极的作用。

客户维度：我们怎样才能共享客户资源来提升整体客户价值？

一个满意的客户好比一份宝贵的财产。由良好的客户关系而产生的客户好感能够转变成客户的重复购买或者将客户关系延伸至公司的其他产品和服务，尤其是那些在同一品牌下的产品和服务。拥有同类零售门店的一类公司，例如零售银行、商店以及分店，如希尔顿酒店和Wendy's公司，通过在不同的门店推行标准化运营，以客户在不同门店体验统一且稳定一致的消费，来提升和增强整体的企业形象。

在更加多元化的企业中，某一个业务单元可以先建立一个客户关系，渐渐拓展，逐步发展成熟，但最终可能会因为过窄的产品线而使发展受到限制。这时企业内部的其他业务单元就可以通过给这些同样的客户提供其他产品和服务来提升客户关系。比如说，一家医疗器械公司，客户对其产品的满意度和忠诚度很高，但是通过一线服务业务单元提供的售后服务和维护，公司可以产生附加的收入来源，甚至有时候利润率更高，业务也更稳定。通过扩展市场宣传和重组销售流程，企业能够给客户提供多种不同业务单元的产品，通过交叉销售来增加对单个客户的销售收入。

例如，西北基金是一家金融服务机构，通过单一的金融专家提供出众的人身保险服务。公司新战略是在原有基础上进行扩展的，增加了一系列投资产品和咨询服务，来满足客户的财务保护、资产积累、房地产保值以及财产分配等需求。西北基金为此建立了一支专家网络队伍，为原有的销售团队提供服务于客户所需的建议和支持，并交叉销售更广泛的一套服务。公司的定位是通过拓宽客户服务范围、为客户展现销售团队的专业知识，并提升整合多种分散型产品以形成更完整解决方案的能力来创造价值。公司还在原先自主运营的各业务单元之间建立了跨单元的团队合作。

内部流程维度：我们如何管理战略业务单元的流程以产生规模经济效应或价值链整合？

大型企业拥有通过产生规模效应来提升竞争优势和股东价值的机会。像沃尔玛（民营企业）和国防部后勤服务部（政府机构）这类大型组织的采购与分销流程运作的规模可能会和一个小国家的国民生产

组织协同

总值相差无几。每一个这样的多业务单元型企业都能够通过采用不同业务单元的相同流程来创造规模经济效应。

例如，零售商The Limited 总部有一个专门的部门负责签署并管理集团所有下属门店的房产合同，另一个部门则专门负责所有门店的供应商谈判。汽车制造商，如戴姆勒—克莱斯勒在全球范围内组织新产品设计和研发。在我们的前一本书中，我们描述了鲁特公司（Brown & Root）的海洋工程部如何通过整合工程、设计、材料、安装和运输等不同业务单元的产品为客户提供整套解决方案来创造价值。

学习和成长维度：我们如何发展和共享我们的无形资产？

也许对一个企业来说，总部可以给公司带来最大收益的机会源于对无形资产的发展和共享：人员、技术、文化以及领导力。专业性服务企业，像SAS（软件业）、埃森哲（咨询业）和先灵（医药业）都会非常有意识地管理企业内部的创意流动情况。花旗集团和固特异最早采用领导层在不同国家的轮岗制创造了全球性企业文化，并借此成功推进它们的全球化扩张战略。而英国石油公司（BP）集中公司内部的IT资源，并将资历老、经验丰富的IT人员队伍在各下属业务单元进行共享。无形资产已成为企业战略一个新的元素，给公司带来机会，并要求公司总部能够以创造出协同效应与可持续性竞争优势的方式来管理这些无形资产。

图1-3 根据平衡计分卡四个维度总结企业协同效应的不同来源。我们将在第3章和第4章以营利性企业和非营利组织的成功案例进一步

阐述这方面的内容。

协同的顺序

图1-4描述了企业价值创造的典型流程和步骤。流程开始于公司总部清晰阐述企业价值定位，即它如何在业务部门、职能部门和外部合作伙伴间产生协同效应。公司战略图和平衡计分卡阐述并明晰了企业的优先工作并及时传递到下属业务和支持单元。

企业总部与业务单元的协同

在企业总部制定出战略图和平衡计分卡后，每一个业务单元和支持单元根据公司平衡计分卡制定与其相一致的长期计划和平衡计分卡，这将帮助各业务单元平衡它们的各项挑战性工作。当然，这些业务单元在当地必须是强有力的竞争者。一般它们会首先选取目标客户并确定满足客户需求的价值定位，然后通过开发人员、系统以及文化来提升内部运营流程、客户关系管理流程和创新流程来为客户与母公司创造价值；与此同时，它们还需要为达成企业层面的协同效应而作出贡献：结合公司战略主题，服务企业层面的客户，整合其他业务单元业务，并与它们协作来创造附加的价值来源。业务单元的战略图和平衡计分卡需要在反映出自身优势的同时也反映出对企业的贡献价值。我们将在第3章和第4章继续讨论这一话题。

组织协同

图1-3 企业协同的来源

企业计分卡	企业价值来源（战略主题）
财务协同 "我们如何提升各业务单元的股东价值？"	☐ 内部资本管理——通过有效的内部资本和劳动力市场的管理创造协同 ☐ 企业品牌——将多元业务整合在同一品牌下，宣传推广共同的价值观和主题
客户协同 "我们如何共享客户资源以提升整体客户价值？"	☐ 交叉销售——通过在多个业务单元内不同产品的交叉销售创造价值 ☐ 共同价值定位——通过在所有店面统一标准，创造一致的消费体验
内部流程协同 "我们如何管理业务单元的流程去产生规模经济效应，或价值链整合？"	☐ 共享服务——通过共享关键支持流程中的系统、设备和人员形成规模经济效应 ☐ 整合价值链——通过行业价值链内相连的流程进行整合而创造价值
学习和成长协同 "我们如何发展和共享我们的无形资产？"	☐ 无形资产——共享人力资本、信息资本和组织资本的发展

协同：经济价值的来源

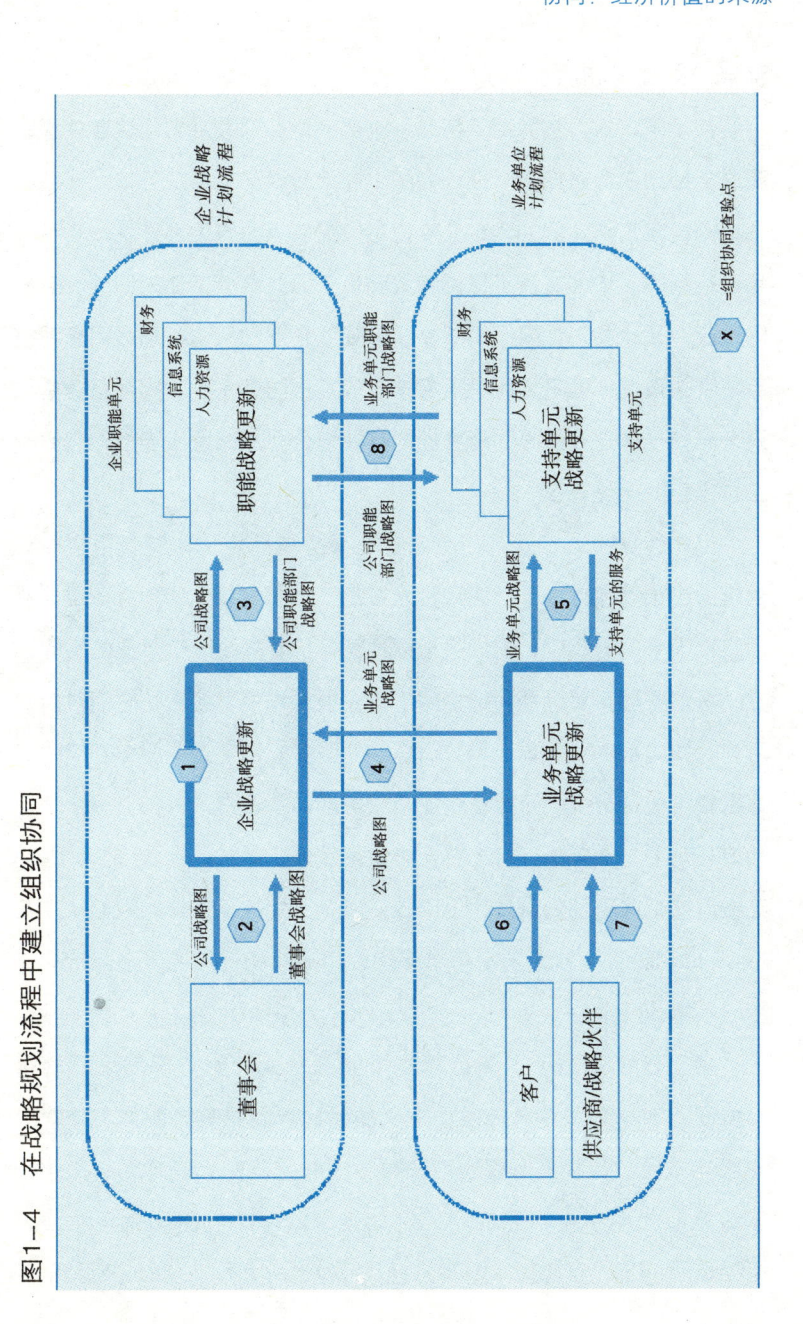

图1-4 在战略规划流程中建立组织协同

组织协同

整合内部支持和服务单元

接下来，人力资源部、信息系统部、财务部和规划部这些共享职能服务部门制订它们的长期计划和平衡计分卡来支持业务单元战略和企业的优先工作。例如，企业价值定位需要人力资源部开发一些新项目进行招聘、培训、员工保留和关键员工的共享等工作来创造一种协同效应；又比如，如果组织战略要求降低企业的风险，那么信息系统部将牵头设计一套符合所有下属单元的灾难防御系统。内部服务单元只有充分理解企业战略并将它们的行动与公司战略紧密连接，它们的工作才能变得更有效。

但是传统上，公司一般会将这些服务单元定义为纯费用中心。每年通过预算流程，公司决定投入在每一个服务单元的预算费用，然后在接下来的一年中，它们将根据预算目标管控每一个单元的实际开支。将这些服务单元视为纯费用中心在很大程度上会影响它们对内部客户，即内部的业务单元和公司总部的服务。制定这些服务部门的战略图和平衡计分卡，可以使企业从服务部门的客户、内部流程、学习和成长角度与业务单元目标整合中获得额外递增式的企业价值，这项工作能够把服务部门从费用中心转变成企业的战略伙伴。我们将在第5章具体讨论如何制定与业务单元和公司战略相连接的服务部门战略图与平衡计分卡。

企业已经通过不同途径建立了业务单元和服务部门之间的组织协同。有些公司在总部层面定义战略后逐层将其分解到各个营运和服务单元，这种具有逻辑性和顺序性的方法在那些高度结构化、等级严明的组织中得到应用，例如美国陆军、巴西国家石油公司（Petrobras）、巴西国家能源公司。另外也有为数不少的公司的平衡

协同：经济价值的来源

计分卡项目是从某一个业务单元甚至一个服务单元开始的，这些公司不希望把平衡计分卡看成是公司总部牵头并提出需求的项目，它们有意识地自下而上推动平衡计分卡，在下属业务单元都熟悉运用了平衡计分卡管理工具以后，再来定义企业价值定位。我们将在第6章讨论这些不同的实施途径。

外部组织协同

除了建立内部业务和支持单位的组织协同，企业还可以通过制订计划和平衡计分卡来确定企业与其董事会、股东、客户、供应商和合作伙伴的关系，以此探索外部的整合机会。企业总裁和财务总监可以利用平衡计分卡来提升内部治理流程，促进与股东之间的沟通。董事会将公司和业务单元战略图与计分卡作为主要信息资源，可以有效地实现董事会与企业之间的战略协同，有些企业甚至做得更深入，它们与董事一起开发董事会计分卡。董事会战略图和计分卡描述了董事会在投资者、股东、监管机构以及社会等方面的战略目标，定义董事会需要在哪些关键流程表现突出才能达到出资人的期望，并确保董事会以及审议所必须具备的技巧、信息和文化。

一旦董事会认可了平衡计分卡所描述和衡量的公司战略，公司总裁和财务总监就能利用公司平衡计分卡与股东进行交流并发布信息公告。一些公司在年报中与股东沟通战略图，并将平衡计分卡指标作为与分析师讨论和电话会议的框架。有效的治理、公告和沟通都能够降低投资者的风险，因为这些工作会增加他们对公司管理者的信任度，并因此降低公司的资本运营成本。在第7章我们将讨论这方面的应用。

组织协同

与外部重点客户、供应商或者合作伙伴一起开发计分卡提供了另外一种以整合创造附加价值的机会，它使双方高层领导对实现合作目标达成共识，同时还能帮助双方跨越组织界限建立理解和信任，从而降低合作过程中双方的交易成本，消除双方之间的脱节；此外，通过计分卡，双方要达到的绩效目标也得以衡量，因此其本身也是一种清晰的合同方式。如果没有使用平衡计分卡，外部合同就仅仅限于一些财务指标，如价格和成本。平衡计分卡提供了一种更全面的契约结构，使这种合作关系能清晰、综合地体现出关系、服务、及时性、创新、质量、灵活性以及成本和价格等方面的指标。我们将在第8章中重点讨论相关内容。

将协同作为一个流程进行管理

以上我们所阐述的每一项工作都能够帮助组织创造协同效应并产生企业价值。很多组织努力去创造协同效应，但是方法不完整，协调性也不强，这是因为它们没有把整合看做一个管理流程。如果企业里没有人负责整体的组织协同，那么这种通过协同为组织创造的机会也就悄悄地消失了。

仅仅靠一个概念和一个战略是不能形成协同效应的。企业价值定位定义了企业通过协同创造价值的战略，但是并没有说明如何去实现。组织的协同战略必须由一个协同流程来支持和配合。组织的协同流程，与财务预算流程相似，应该是年度治理周期的一部分。无论何时，只要公司或者业务单元的战略计划有所改变，高层领导都需要重新整合组织来适应新的战略方向。

协同：经济价值的来源

组织协同流程要循环并且自上而下。理想的组织协同应该由总部高层定义，并由下属业务单元执行。就像财务总监协调预算流程一样，公司同样需要一位高层来协调公司的整合流程——公司战略管理办公室（OSM）的一项职责。[6]年度计划流程提供了一个体系架构，围绕它可以开展协同流程。图1-4展示了在一个典型的多元化组织内，公司、业务单元和支持单元在年度计划流程中需要达到的八个协同查验点。

1. 企业价值定位：公司总部为下属单位界定战略大纲。

2. 董事/股东的组织协同：企业董事会对企业战略进行评估、批准和监督。

3. 从公司总部到总部职能部门：将公司战略转变成公司政策，并由总部职能部门管理跟踪。

4. 从公司总部到业务单元：将企业的优先工作逐层分解到业务单元战略。

5. 从业务单元到支持单元：将业务单元的战略优先工作与支持单元战略进行连接。

6. 从业务单元到客户：将业务单元的客户价值定位传递到目标客户，并通过客户反馈和衡量指标来反映。

7. 从业务支持单元到供应商和其他外部合作伙伴：由供应商、外包机构以及联盟合作伙伴所共享的主要工作应该体现在业务单元的战略中。

8. 对公司总部的支持：业务单元支持部门战略重点应该体现总部职能部门的重点工作。

组织协同

以这八个查验点作为依据，企业能够衡量并管理组织整合的程度，实现企业内部的协同效应，掌握并熟练运用这一流程使企业能够产生强有力的竞争优势，从而不会轻易被淘汰出局。我们将在第9章详细讨论这一组织协同可持续化流程方面的问题。这需要对现有的管理流程进行调整，使管理者集中注意力去发掘并获得企业协同效应。

最后，企业也需要将员工、管理流程与战略紧密连接。严格来说，这部分不属于本书组织协同主题的重点内容，但需要指出的是，如果员工不关心战略，而且也缺乏有效的激励去推动他们帮助组织实现战略，那么即使整合了所有组织单元的战略也常常收效甚微。企业必须拥有一整套积极主动的策略来教育、沟通、激励并连接企业员工和公司战略。此外企业还必须将其现有的管理流程，如资源分配、目标设立、行动方案管理、报告和管理回顾等与公司战略整合起来。在第10章我们将讨论这些附加的整合流程。

案例：*Sport-Man Inc.*

我们用下面这个案例Sport-Man Inc.（SMI）（化名）来阐述协同要点。Sport-Man, Inc.（SMI）是一家创建于1925年的男士室外工作靴的生产和销售公司。早期获得成功是因为公司设计生产出来的防水型系带安全靴受到建筑业、农场和其他户外劳动人群的广泛认可。公司在马萨诸塞州的总部通过建立大型商场和专卖店等销售渠道，在美国国内取得很好的销售业绩。

二战期间，SMI公司为超过200万的美国士兵提供陆战靴。企业的成功一直延续到战后经济复苏时期。在此基础上，SMI公司又推

协同：经济价值的来源

出Sport-Man品牌的徒步靴，使其在休闲用品市场拥有更好的发展机会。20世纪60年代，SMI推出男士休闲鞋系列在公司专卖店销售；70年代，公司又进入一个全新领域：男士户外服休闲系列，这一男士服装系列很快成为"狩猎者"的代言词。随着郊外购物广场的资本化发展，SMI公司在美国东北部很快拥有100多家专卖店；80年代，SMI向全国拓展，成为拥有400多家店面的全国性企业。

20世纪90年代中期，公司业务的增长逐渐减缓。尽管Sport-Man已是国内著名品牌，但当时的男士户外靴和服装产品的市场已经趋向饱和。一项全面的战略评估显示：Sport-Man品牌可以延伸到其他服饰类；而且，依靠现有的全国性销售网络的布局增开新店销售新产品是企业的一个良机。新店选择在与现有专卖店毗邻的位置，以创造对现有客户交叉销售更好的机会。最后，SMI在经历战后40多年的发展中所积累起来的在欧洲和亚洲的产品采购这一优势，极大地推动了它们在新产品线上的快速发展并获得巨大的成本效益。

这样，SMI通过在同一品牌下拓宽产品种类，发起了30年来第一个最激进的多元化发展战略。具体战略描述如下：

- ◆ 在现有的男靴和户外服饰产品线的基础上增加两条新产品线：

    男士休闲装

    体育用品：运动衣、运动鞋和运动器械
- ◆ 充分利用现有的400家专卖店形成一种分销协同效应
- ◆ 与新业务共享客户名单和信用卡信息
- ◆ 共享公司采购经验

组织协同

◆ 与新的业务线共享已有的成功管理经验

财务上,SMI为以上战略设定了两个目标:在未来5年内,保持户外鞋类和服饰类核心业务在市场上的占有率;同时新产品线也要达到类似的市场份额。SMI将利用现有成熟业务产生的现金流作为新业务增长的必要投资。

SMI的高层管理者意识到:这一战略需要企业内各产品线之间超强的组织协同和团队合作。他们希望顾客独立地看待旗下的下属各品牌,但同时希望所有内部业务单元共同合作,相互之间实行现金再分配并共享客户名单、信用卡信息、房产资源、供应商资源、技术、关键员工以及知识。一直以来,总部只统一管理房产,其他的业务经营管理均由各业务单元独立操作。而现在的新战略对团队合作提出了巨大的改进要求。

SMI管理层采用了平衡计分卡工具,帮助企业在以下方面实现组织协同:

◆ 对每一个业务单元明确企业战略,尤其要明确它们如何通过协作来形成协同效应
◆ 实现企业战略与业务单元的组织协同
◆ 实现支持单元与业务单元的组织协同
◆ 建立治理流程,确保组织协同能够持续循环执行

图1-5介绍了流程的第一步:制定企业平衡计分卡,解析如何形成协同效应。财务协同效应在SMI公司体现在将现有业务的现金流

余额注入到新业务的发展过程中。公司指标单店销售增长重点体现现有业务达到行业增长的水平，而新业务必须达到销售计划目标值；同时，企业计分卡也对现金流的产生和再投资进行了衡量。

客户协同效应来自于将现有客户资源与新业务单元的共享。公司计分卡客户角度指标来自共同顾客的收入直接监测这个目标；另一个客户指标单个顾客年销售额增长率则强调了不同产品线间交叉销售的重要性。

对于内部流程协同效应，SMI设定了三个目标：（1）利用优势主导产品吸引顾客（将主导产品市场份额作为评价指标）；（2）共享大型购物中心房产资源，建立SMI店面群和SMI多品牌（以每平方英尺销售额和跨店面顾客流量作为衡量标准）；（3）采购规模效应（退货率、订单完成率两项评价指标）。

最后，学习与成长协同效应通过经验丰富的核心员工到新业务单元重点岗位的轮换（关键员工轮岗率）、共享电脑系统（共同系统实施节点与计划相比）、知识共享（共享最佳实践）以及全面形成组织协同（组织协同指数）来实现。

这份公司计分卡体现出了企业战略要素的精华（组织协同查验点1）。它是给SMI自上而下、从公司至业务单元和服务部门的战略指导，而且这些指导方针必须反映到下属单元和部门的战略计划中。

图1-6显示了下属业务单元是如何将企业计分卡目标转换成适合其自身的计分卡（组织协同查验点4）。主要的区别体现在现有成熟业务单元和新业务单元之间。

组织协同

图1-5 开发SMI公司战略图

协同效应	企业价值定位	企业计分卡
财务协同 "我们如何提升各业务单元的股东价值?"	**内部资金的支持** ・加大对新增长业务的投资力度 ・从成熟业务赚取现金	・单店销售增长 ・战略投资度 ・自由现金流
客户协同 "我们如何共享客户资源来提升整体客户价值?"	**客户移植** ・将成熟客户移植到新生业务单元 **品牌建设** ・在主流产品线基础上建立特色分支品牌	・来自共有客户的收入 ・单个顾客年销售额增长率 ・主导产品的市场份额
内部流程协同 "我们如何管理业务单元的流程去产生规模经济效应,或价值链整合?"	**终端商店群** ・建立购物中心的商店群,促进跨品牌消费 **规模采购** ・建立长期采购伙伴关系,确保高质量可靠的产品	・每平方英尺的销售额 ・商店顾客流量 ・退货率 ・订单完成率
学习和成长协同 "我们如何发展和共享我们的无形资产?"	**构建管理平台** ・共享战略岗位技能 ・创造组织协同 ・共享关键系统和知识	・人力资本准备度 ・关键员工轮岗率 ・组织协同指数 ・共有系统与计划相比 ・共享最佳实践

协同：经济价值的来源

图1-6 SMI公司层面与业务单元的组织协同

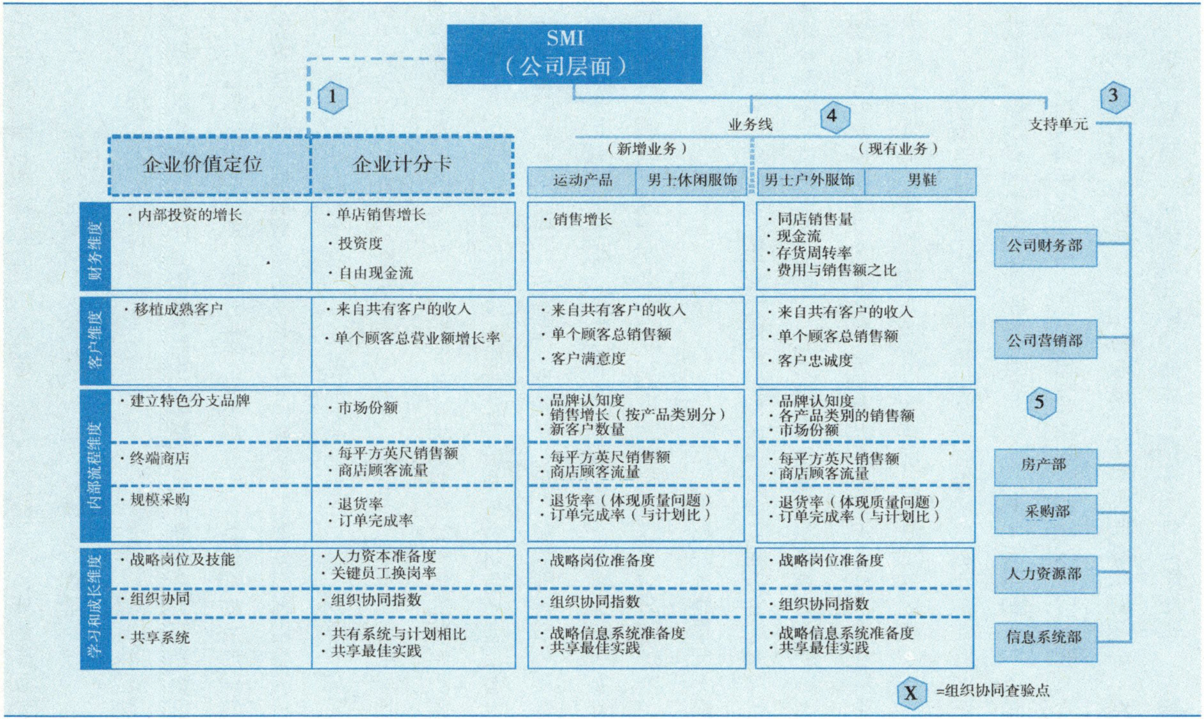

组织协同

在财务维度，成熟业务单元需要在保持销售收入（同店销售量）、提高生产率（存货周转率和费用降低率）的同时产生正现金流。企业客户维度的战略目标要求在所有业务单元之间共享客户资源，因此所有业务单元衡量相同的目标：来自共有顾客的收入和单个客户总销售额增长率。成熟业务单元需要注重顾客忠诚度，而新业务单元则需要注重顾客满意度这一提高顾客忠诚度的前提条件。

在内部流程维度，所有业务单元都需要衡量在市场中的品牌认知度，同时，它们也需要关注在目标客户群体的销售额和市场份额。新业务单元则需要关注新进顾客数量，以新的信用卡账户数量来衡量。所有业务单元同时监管关于采购方面的指标：退货率（产品质量的体现）和订单完成率。

学习和成长维度的目标与指标对于所有业务单元是相同的，体现在对人员的共享（如战略岗位储备度）、技术（战略信息系统储备准备度）和知识共享（如共享最佳实践）上。组织协同指数衡量是一个能够反映企业与业务单元组织协同达到何种程度的指标。如约有87%的企业指标被直接下放到业务单元层面，但是有两个指标则是企业层面独有的：（1）投资度，反映在新业务单元的成长过程中企业投入的资金额度；（2）核心员工轮岗率，它能够体现企业在推动内部员工流动的表现情况；业务单位计分卡的战略岗位准备度可以反映这类员工流动是否成功。业务单元计分卡中有80%的指标是相同的，这不但反映的是业务单元的相似性，同时也反映了跨业务单元之间大量资源的共享。

企业职能部门需要协助业务单元执行企业的这些优先工作（组织协同查验点3）。例如核心员工轮岗这一目标需要企业的人力资源部建立一整套方案来筛选、培养和配置关键员工。

图1-7体现了企业的采购部计分卡（组织协同查验点8），采购部负责选择和管理所有SMI产品的生产供应商，包括鞋、服装和设备。所有产品都需要按照SMI的要求来生产。一个优秀的供应商需要具备以下特点：出色的产品质量、创新风格、可靠的交货期、快速的新产品研发和合同的圆满完成。选择并管理高质量且稳定的供应商是SMI公司运营战略的核心组成部分。可靠的供应商必须理解业务的快速变化，并把这种理解体现到采购合同中去，这一点特别重要。

采购部作为一个桥梁，在业务单元和供应商之间形成协同效应。采购部为每一个业务单元都配备一名采购经理，他是一个战略合作伙伴的角色，管理业务单元的产品采购工作。每年，作为年度计划和预算的一部分，采购部与各个业务单元经谈判后达成采购服务协议（组织协同查验点5），而服务协议讨论则从业务单元的长期计划、战略图和计分卡开始。

根据这个计划，采购经理与业务单元负责人共同协商并确定采购产品八项参数的绩效指标和目标值（例如：质量、交货期、价格等），同时这些参数也将作为下一年服务合同设定的重要组成部分。每一季度结束，业务单元都会根据服务协议中的这八项参数提交书面的客户反馈，对采购部的绩效表现进行评估。这些客户反馈将作为采购部计分卡的客户维度中的得分依据，并用到季度会议上，作为采购经理和业务单元负责人讨论绩效的主要议题之一。采购部采用了同样的方法，用平衡计分卡和服务协议将供应商与自己的表现以及与业务部门的协同紧密联系起来（组织协同查验点7）。

为确保能够使组织协同作为一项循环流程进行管理，SMI公司

组织协同

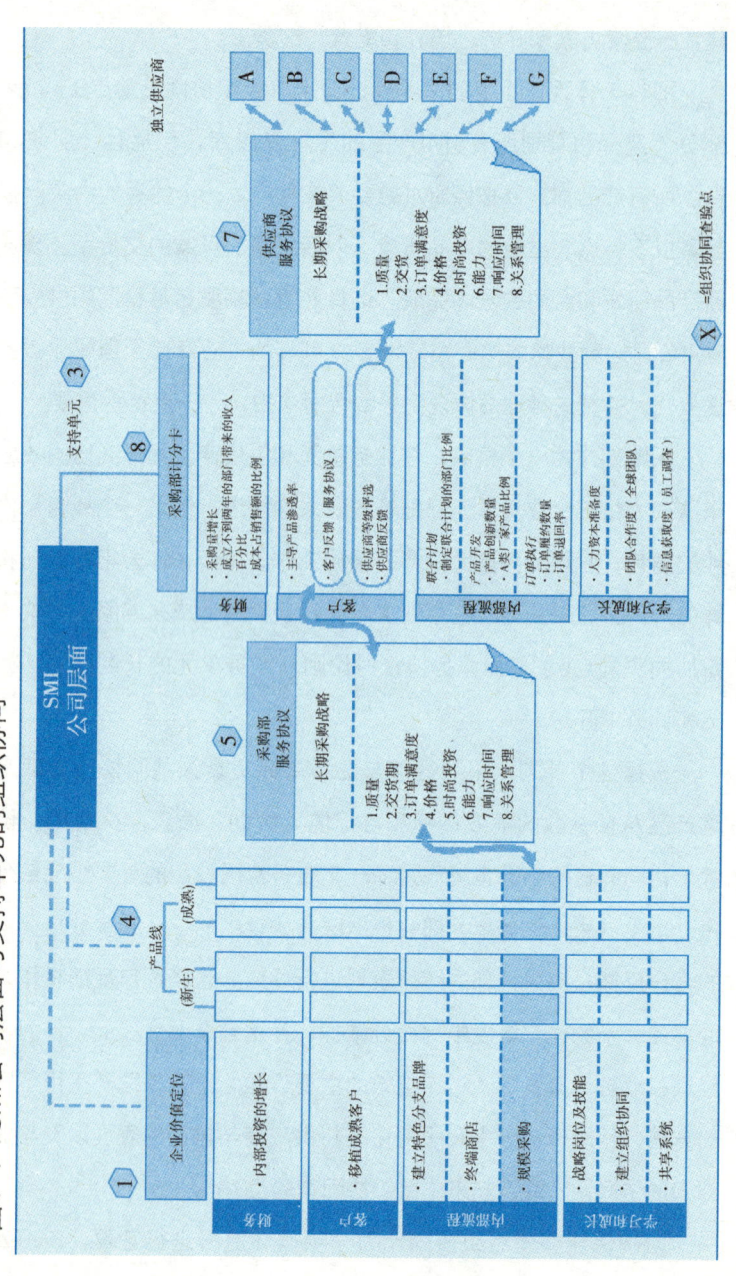

图1-7 SMI公司层面与支持单元的组织协同

将这些分解和协同工作整合到公司固定的管理年历中。图1-8显示：SMI公司的战略计划流程开始于每年3月，主要进行3年预测和战略重点的更新；6月，高层管理团队集中在一起，将这些战略构想转化成最新的企业价值定位、战略图和平衡计分卡；7月，所有业务单元更新业务战略并根据企业战略图和计分卡来更新各自的战略图与平衡计分卡；紧接着，各服务部门开始更新部门战略图和计分卡；9月，董事会将对公司层面、业务单元和服务单元的战略图与平衡计分卡进行评估；同时，SMI也将与其外部合作伙伴和关键供应商更新服务协议与平衡计分卡。

财务预算工作从9月开始，并延续到年底。这段时间内，财务部和战略管理办公室对行动方案进行评估、筛选和分配资金，同时服务单元与业务单元最终确定双方服务协议。12月，公司向董事会上报预算并由董事会审批通过。

最后，企业的每一个员工需要建立个人计分卡。每年12月份，公司需要审批通过这些个人计分卡中的下一年度目标和指标值。个人计分卡必须与员工所在的业务单元或服务单元的计分卡相连接，这就形成了公司自上而下组织协同的有效保障。

图1-9利用协同图的8个查验点对SMI公司战略协同进行了综合。其中可以看出，SMI公司在7个查验点上都体现出很强的协同水平，只有查验点6，即客户参与方面缺乏清晰定义的协同机制。不过这种现象在这些拥有庞大的客户和潜在客户群的零售业很普遍，它们通过客户满意度的数据统计或Foucsgroup来查验客户层面的表现。那些客户群体相对较小的商务交易型企业，例如化学产品、电子产品和工程服务行业，更倾向于较正式的交易方式，如服务协议来创造与客户的协同效应。

组织协同

图1-8 SMI公司的整合和治理流程

战略管理流程	一季度			二季度			三季度			四季度		
	一	二	三	四	五	六	七	八	九	十	十一	十二

战略计划
1. 战略分析
2. 更新企业战略图
3. 更新公司职能战略图/指标
4. 更新业务单元战略图/指标
5. 更新支持单元战略图/指标
6. 更新董事会（BOD）战略

财务计划
1. 启动年度财务预算
2. 确定行动方案和重点工作
3. 完成财务协议
4. 完成年度财务预算
5. 董事会批准年度财务预算

总裁在管理层会议上工作计划的沟通

人力资源计划
1. 设立个人计分卡目标
2. 个人发展计划
3. 完善管理层奖金计划（MIP）
4. 个人计分卡回顾
5. 薪酬评估年奖金发放

管理层回顾流程
1. 实施行动方案
2. 回顾行动方案
3. 月度战略计划会
4. 计分卡回顾
5. 总裁季度小结
6. 董事会——四个季度的滚动预测

▲ = 组织协同查验点

协同：经济价值的来源

　　SMI公司清晰地界定了公司角色的定位，并运用平衡计分卡和服务协议将企业战略成功地与下属各个单元协同起来。它通过公司、业务单元和服务单元的平衡计分卡与董事会沟通战略并获得董事会对战略的认可。董事会也将在下一年通过季度性平衡计分卡来监控企业战略的顺利实施。最后，SMI公司成功地将个人绩效计划与业务部门或服务部门的战略协同起来。通过以上工作，SMI公司编织了一张能够把公司内部和外部合作伙伴力量集聚在一起的网络去实现其雄心勃勃的整体战略。

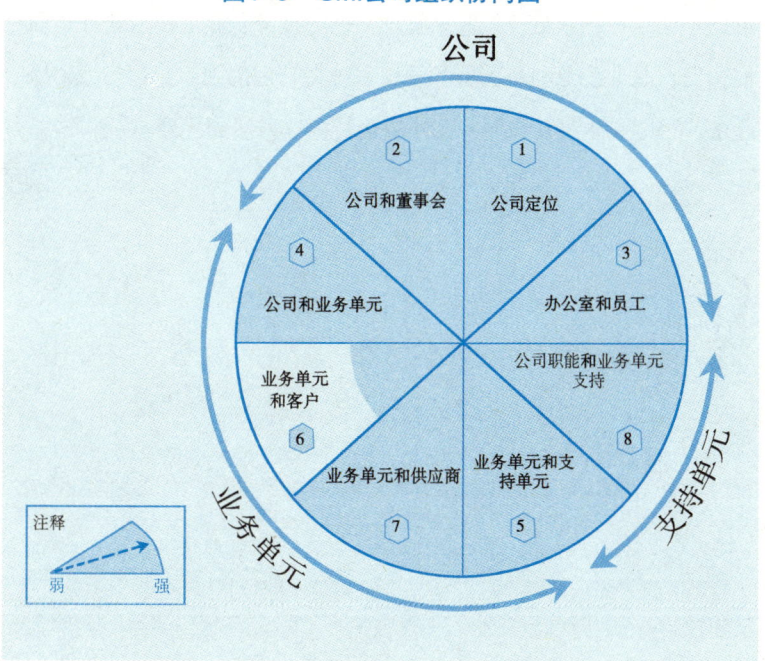

图1-9　SMI公司组织协同图

组织协同

小　结

企业必须不断寻求能够使其整体价值大于各个单元价值总和的方法。组织协同将是企业在内部各个业务单元和服务单元之间获得协同效应的最佳工具。基于战略图和平衡计分卡的一整套衡量与管理工具能够帮助企业界定并获取组织协同收益。

在阐述如何制定企业价值定位的战略图和平衡计分卡的流程之前，我们需要先插入一段对历史的回顾。第2章我们将讲述在过去一个世纪中企业在寻求最佳机制来管理战略的漫漫长路上的艰苦探索。我们相信，除非企业利用衡量和管理系统将它们的组织结构与战略协同起来，否则寻求最佳机制的工作将仍然会让人感到受挫。

企业战略与组织架构:
历史性回顾

组织协同

第一次工业革命初期出现了像亚当斯密图钉工厂这样颇具代表性的企业组织形态。这是一家图钉工厂,规模很小,产品门类很窄,仅供应当地的客户。工厂的组织架构很简单:一位创业者,自兼老板,一名监工,再雇一些工人。老板负责订购原料、雇用员工、支付薪酬、管理生产以及做市场、管销售、处理应收应付货款等各项事务。

19世纪中叶开始的第二次工业革命则经历了较为复杂的资本密集型行业的成长,例如冶炼、化学品、石油、机械以及交通工具等。这些行业内的领导企业对生产和配送设施作出的巨额资本性投资换来了极其可观的规模经济效益的回报。为了管理更大规模的投资和更广泛的客户群体,这些企业需要一个比亚当斯密图钉工厂更为复杂、分工更细的组织结构,从它们的采购、制造、营销、配送及产品开发等方面的运作获取规模经济效益。当然,它们也需要更多的管理人员补充到这些职能部门中,以协调生产和运营流程。图2-1展现的就是逐渐形成的19世纪晚期典型工业型企业职能集中型组织的架构。[1]

在职能集中型组织中,最大的两个部门生产部和销售部从事主要的增值活动。作为第三大部门——财务部承担的两项重要职能是:(1)协调资金在各个运营部门间的运转;(2)为高层管理者提供资讯,以保证他们能够监控各运营单位的运作表现,并在它们之间有效地分配资源。企业也需要建立从事专业性活动的部门,如:采购、研发、物流、工程、法务、房地产、人力资源和公共关系等。这些主要的职能部门负责人与总裁、董事会、主席一起构成了一个企业的高层决策团队。高层管理团队通过常规性的会议协调企业中跨职能部门的管理活动。

19世纪晚期这种职能集中型组织架构为企业带来了明显的优势。

企业战略与组织架构：历史性回顾

图2-1 多业务单元、多职能的企业

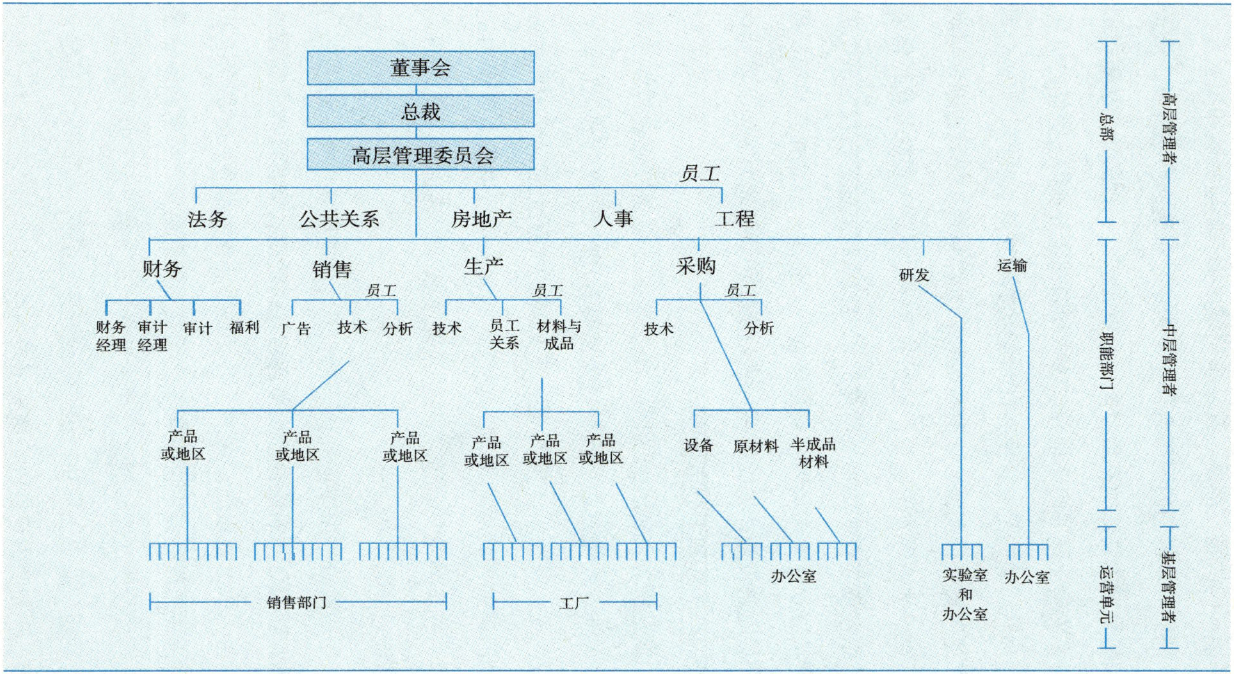

资料来源：Alfred D.Chandler, Scale and Scope: The Dynamics of Industrial Capitalism, Alfred D.Chandler, Harvard University Press。

组织协同

各职能部门的员工都是在其从事领域里拥有相当经验和技术专长的专才。他们与本部门的同事合作，在生产、采购、产品开发、法务以及营销等领域内高效地完成分配下来的工作。一批又一批从事类似工作的员工为企业开展内部辅导、督导和内部晋升提供了绝佳的机会。

那些成功的工业企业在20世纪初期继续成长壮大。有些公司通过兼并竞争对手横向整合。有些公司，如福特汽车公司，则采用纵向整合，更好地协调物资在工厂进出的流转过程。大多数公司还借助地域性扩张，依靠在本地市场获得的实力和组织方面的规模经济优势，把生意扩展到外地市场以招揽更多客户。还有一些企业充分挖掘现有的生产和配送设施，继续发挥强大的组织和管理能力优势，多元化地进入新的产品线和细分市场中。

就这样，到20世纪初期，许多类似于亚当斯密这样结构简单、产品单一、小型规模的区域性制造型公司，在100年左右的时间内演变成为生产多元化、多职能、跨区域的大型企业。它们所面临的管理挑战是如何持续不断地为更广泛的客户群提供具有吸引力的、创新的、物美价廉的产品，同时又能不被组织内部高度复杂的运营环境所拖垮。

在职能集中型组织实施扩张和多元化的时候，企业也遇到了新的难题，部门之间的协调和衔接通常耗时耗财，非常低效，如营销人员和销售人员（直接面对客户）、工程师（设计新产品和服务）和运营人员（生产产品或提供服务）之间缺乏信息共享，经常导致企业花费了高昂的设计成本和制造费用，但交付出来的产品和服务满足不了顾客的期望与需求。另外，这些组织通常还会面临的一个问题是：对客户需求和新的市场机遇或威胁反应速度过慢。

企业战略与组织架构：历史性回顾

阿尔弗雷德·钱德勒对这些职能集中型企业所遇到的问题作出了以下总结：

> 如果企业的基础运营保持稳定，即原材料供应、制造技术、市场、产品特性，以及产品线能够保持相对稳定，那么，即便出现时间和信息的匮乏，或者是企业家视野的缺失也不会造成重大的阻碍。但是当企业在新的业务领域、地理区域或新产品线扩张的时候，日常管理的决策需求会大大增加，公司总部的高层管理者将面临超负荷工作的压力，这会使日常的管理工作变得低效。基于这种不断增加的压力，由此产生了总部和下属独立运营单元之间需要建立或采用多个事业部组织架构的需求。[2]

一些公司如杜邦、通用汽车、通用电气和松下电器，在20世纪20～30年代就提出了这种新的组织架构。多事业部制的公司每一个事业部都根据具体的产品线和地理区域来管理。每一个事业部都配备了齐全的专业技能人员，为特定细分市场的客户开发、制造和交付特定的产品（图2-2）。每一个事业部都设有一名总经理，并配备一个涵盖所有职能性主管的团队。这样，每一个产品线或区域性的事业部就相当于原公司的一个复制品，有了其完整的职能集中型组织，事业部总经理作为中层管理者就需要向公司总部的高层管理者汇报。

公司总部的高层管理者则不再直接介入业务运营。它们的角色将是评估各运营事业部的绩效，并为事业部制定战略规划，以及配置资金、设施、人员等资源。当然，公司总部也需要有专业人员来支持总

组织协同

图2-2 杜邦公司：多事业部组织架构范例

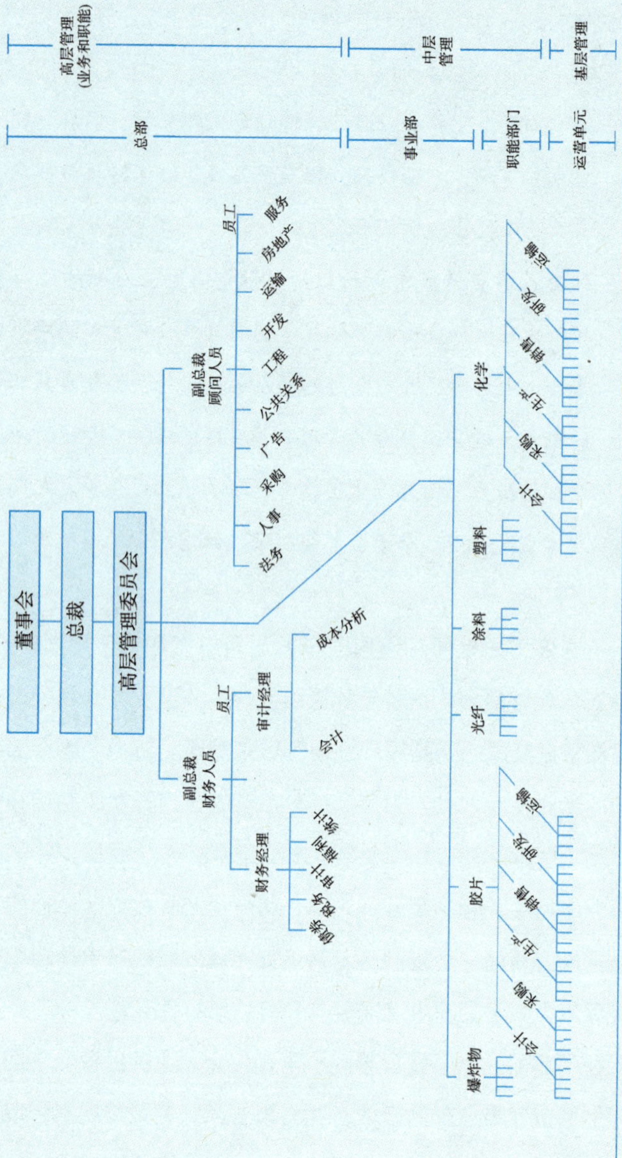

资料来源：Alfred D. Chandler, Scale and Scope: The Dynamics of Industrial Capitalism, Alfred D. Chandler, Harvard University Press。

部高层管理者，并对事业部归口管理人员的工作给予指导和协调。

多事业部制尽管能够使各产品或区域事业部对所处市场出现的机会和威胁作出更快的响应，但它自身也面临着管理上的挑战。小型的产品事业部会在规模经济和学习曲线效应方面损耗许多效率，而职能集中型组织的资源则可以让各个产品线、细分市场和区域共享。同时，客户有时候会遇到同一家公司的好几个销售人员向他们推销各自的某一个新产品，这让他们感到困惑，并会抱怨不断。另外，如果总部将原有的职能专才分散到下属各事业部的多项职能混合的小团队中，而没有将他们集中在能够提供统一培训和共同解决问题的同一个组织内，那么企业将面临失去这些职能管理优势的风险。

20世纪60年代出现了另一种新的组织形式——企业集团。它既不采取扩展核心业务、技术和专业能力的手段，也不通过相关业务和行业中的横向兼并来实现增长，而是借助于收购和兼并非相关的业务来实现企业的增长。例如：ITT工业公司、利顿工业公司（Litton Industries）、德事隆公司以及海湾西部公司（Gulf + Western）等。它们是多个独立运作公司的聚集体，各公司之间也不存在明显的协同效应。

通过投资多元化的业务组合降低业务周期的风险，是促进企业集团型组织发展的一个显著因素。当然，这种理论的依据更多考虑的是降低高层管理者经营的风险，因为股东可以通过持有不同公司的股份来实现其利益多元化，还可以节省收购和兼并的成本，以及大型公司运作所消耗的高额费用。另一种更为顺理成章、以经济学为基础的理论依据是，这些企业集团里的高层管理人员都是非常出色的经理人，他们所具备的高级知识和技能可以通过管理所有这些公司来创造价

组织协同

值,这种价值会高于无总部管理模式、独立经营那些公司所能产生的价值。

一些发展中国家也产生了一种类似企业集团的组织形式。例如印度的塔塔集团(Tata)、土耳其的Koc集团、泰国的暹罗白水泥集团(Siam Cement)、韩国的三星(Samsung)以及现代财团(Hyundai chaebols)等,它们都是拥有大规模跨行业公司的企业集团,大都在本国经营。这些国家之所以能涌现出这些集团,是因为政府实行了一套明确的进口替代政策,建立贸易及资金壁垒限制外来竞争。这些集团通常是实力雄厚的家族企业,利用国家基础建设领域内的体制不健全作为发展机遇,在当地兴旺成长并获得成功。体制不健全的表现有:资金市场周转不畅,劳动力市场运作不佳,有关质量的消费者信息和资源有限,以及动荡的政治环境和严重的司法制度腐败现象。[3]

这些以往的环境使企业集团得以发展和壮大。然而这些发展中国家正逐渐加入到全球经济发展的行列中来,随着这些国家向全球市场的开放,原来受国家政策保护的企业集团现在必须面对强劲的国际竞争对手。这些具有明显本国特色的企业集团,它们的核心管理层必须重新评估一下在一套企业组织架构下经营成百上千项互不相关的业务所能产生的益处。它们必须弄清楚总部的高层管理团队如何才能提供高于下属公司自身独立运营所能创造的价值,而不是降低它们创造出来的价值。

除了大型企业集团的发展和新兴市场中企业集团的出现,当今信息化和知识化的全球经济已经为企业总部创造了发挥协同效应的良好机遇。许多企业通过在各业务单元中实施有效的运作管理体系,让管

企业战略与组织架构：历史性回顾

理层人员遵循相似的战略目标，而能够持续保持优异的经营业绩。例如，思科（Cisco）公司，它拥有独到的技巧，即在兼并中整合技术型企业。有些企业通过在整个企业集团遵循产品领先战略而实现对创新性产品开发的高效管理。与之相对应的另一类公司则比较擅长管理成熟的商品型企业，持续不断地降低成本、优化流程、供应链管理以及合作性劳资关系等管理。

还有一些企业通过将其知名品牌沿用到旗下不同业务领域而获得了巨大成功。迪斯尼电影创作出的米老鼠、狮子王这样的动物形象，然后将这些形象沿用到主题公园、电视节目以及零售商店。理查德·布莱森（Richard Brandson）创建了维珍航空公司（Virgin），并将维珍品牌所具有的乐趣、高品质、出色的服务和独特的生活方式等内涵沿用到火车、度假、金融、饮料、音乐、移动电话、汽车、葡萄酒、出版以及婚纱等不同的业务领域。

另外，还有像金融服务和电信业务类的公司，它们充分借助于所积累的客户关系，以一站式购物方式为顾客提供不同种类的服务。诸如微软、e-Bay这样的企业，通过将行业标准平台应用到广泛的服务范畴中，成为行业主宰者。医药及生物技术类的公司则将把某种疾病的基本和应用研究成果运用到新药物与新型疗法中，也在本行业内占据着鳌头的地位。

在以上所有的范例中，集结于公司统一架构下的多个不同业务单元所创造的价值将远远大于各自单独存在所能创造的价值。对任意一家具有相当规模的企业集团来说，一个关键性的问题在于：集团总部如何为所属的各职能、产品、渠道及区域等一系列业务单元的运营增加价值。若要使企业总部能够增加价值，那么通过监管、协调和资

组织协同

源配置所带来的收益必须要大于在这些运营过程中所付出的成本。但是，如果集团总部在决策方面延迟，对当地市场的机会和威胁反应迟缓，并由于对当地的市场状况、竞争对手，以及技术缺乏了解，在资源分配和经营导向上发生错误，那就会严重破坏价值的创造。

如果企业总部不能够为企业增加价值，那么企业控制的市场机制将发挥作用，对企业进行重组。20世纪80年代的融资收购（LBO-leveraged buyout）和管理层收购（MBO-management buyout）运动就是释放集团内部业务单元价值的典型体现。在资本市场不断创新的推动下，这类收购行为彻底消除或大幅度削弱了那些被认为无法创造股东价值的企业总部的职能，特别是那些多元化企业，它们是在破坏而不是在创造股东价值。

组织架构与战略的协同

很多教科书和管理书籍对于战略的解释是聚焦于业务层面的战略，即一个业务单元如何为自己定位，并充分利用自己的资源优势来提升竞争力。[4]如果所有的公司都和亚当斯密图钉工厂类似的话，也许这种说法就足够了。但由于现今的大多数企业是职能集中型和业务单元分散型的混合体，企业总部不得不去尝试用不同的方法来协调各个方面的工作，并创造协同效应。

很多企业都试图采用矩阵式组织架构来解决内部协调不畅的难题。[5]图2-3显示了典型的矩阵式组织架构，一位职能部门经理既需要向总部职能部门管理高层汇报，也需要向产品或业务线的管理者汇报。图2-4展示了一家公司实际的矩阵式组织架构，试图实现在各个国家运营的公司与全球产品线及这些公司总经理间的管理协同。

图2-3 矩阵式组织架构

职能＼业务	业务单元1	业务单元2	…	业务单元n
研发	业务单元1的研发经理	业务单元2的研发经理	…	业务单元n的研发经理
采购	业务单元1的采购经理	业务单元2的采购经理	…	业务单元n的采购经理
生产	业务单元1的生产经理	业务单元2的生产经理	…	业务单元n的生产经理
营销	业务单元1的市场经理	业务单元2的市场经理	…	业务单元n的市场经理
销售	业务单元1的销售经理	业务单元2的销售经理	…	业务单元n的销售经理

ABB是一家跨国电器产品公司，它所采用的产品线——区域性矩阵式组织架构风靡于20世纪90年代，它将位于全球不同国家的几百家业务单元整合在一起。在这种新的组织架构中，各个国家的业务单元需要同时向负责某个国家的管理高层和负责全球范围相关业务线的管理高层汇报工作。很明显，这种矩阵式的组织架构使集团获得了集权管理、职能专业化以及生产的规模经济所带来的效益，同时保持了各地区业务单位在市场和营销上运作的独立性以及创业精神。

图2-4 全球化跨产品、跨国家的矩阵式组织架构

	国家1	国家2	…	国家n
产品线1	业务单元$_{11}$	业务单元$_{12}$	…	业务单元$_{1n}$
产品线2	业务单元$_{21}$	业务单元$_{22}$	…	业务单元$_{2n}$
产品线3	业务单元$_{31}$	业务单元$_{32}$	…	业务单元$_{3n}$
∨	∨	∨	∨∨∨	∨
∨	∨	∨∨		∨
∨	∨	∨		∨

组织协同

在实践中，矩阵式组织架构对企业尽管有着吸引力，但被证实还是一种难以管理的模式，因为这种组织本身就存在于架构中横向与纵向之间高层管理者间的利益冲突。一名夹在纵横交错间的中层管理人员，对于如何同时满足上下左右的需求经常会不知所措。这些困惑也为企业带来了新的困难、矛盾和延误。最终的责权划分在矩阵式组织中也不清晰。现在又出现了一种更新的理念，提出了所谓后工业时代的组织模式。举例来讲，是一种跨越传统商业界限的虚拟网络组织模式。另一种是称为Velcro的黏合型组织，为响应外部变化提供的机会对企业及时进行组织架构的重组。[6]

即便人们在组织架构上不断创新，却仍然找不到一种能够完全缓解专业化管理与一体化管理冲突的组织架构模式。这并不奇怪。在麦肯锡知名的创建协同型组织的7S模型中，战略与架构只是7S中的两个。[7]第三个S，即系统，也必须应用在组织的协同中。麦肯锡是这样定义系统的："用于管理组织的正规流程和步骤，包括管理控制系统、绩效评价和激励系统、计划、预算和资源分配系统、信息系统以及分销系统。"

在1980年麦肯锡进行了7S模型的研究工作，这项研究先于战略图和平衡计分卡理念的开发，也先于创造战略中心型组织的五项原则——推进、转化、协同、激励、管理。[8]现在我们可以看出，平衡计分卡的创新之处是如何帮助企业建立与战略链接的运营系统，同时也为其他四个S，即"员工（Staffing）、技能（Skills）、风格（Style）、共享价值（Shared Values）"作出贡献。[9]我们与数百家企业合作的结果表明，企业不应一味地追寻最完美的战略架构，应该选择一种相对合理而且不产生严重冲突的组织架构，然后建立一整套个性化的、能够逐层分解的战略图和平衡计分卡系统，使公司总部与其隶属的集中运作的职能单元和独立运作的产品及区域业务单元这样的组织架构模式符合企业战略的需要。

平衡计分卡：一个协同企业战略与组织架构的系统

钱德勒和迈克尔·波特的研究证明了企业的战略应先于组织架构和系统。因此，我们必须先简要地描述一下企业战略，再来探讨如何利用战略图和平衡计分卡来实现组织架构与企业战略间的协同。根据古尔德、坎贝尔和亚历山大的论点，对于同一组织内经营多个业务的模式，企业战略必须来源于其"世袭优势"。[10]企业必须体现出我们所说的企业价值定位，即公司总部拥有和管理多个业务的经营，可以创造出高于竞争对手经营创造的价值，或高于这些业务单元独立经营所能创造的价值总和。[11]平衡计分卡的四个维度提供了一种顺理成章的方法，来界定不同的贡献于战略协同企业的价值定位。

财务维度的协同效应：

- ◆ 成功收购和整合其他公司
- ◆ 在多元化产业内保持良好的监督和管理流程
- ◆ 将品牌优势充分扩展到多元化领域（例如迪斯尼、维珍）
- ◆ 在与政府、协会、资金投入者以及供应商等外部机构的谈判中获得经济价值或特殊技巧

组织协同

客户维度的协同效应：

◆ 在不同区域的零售或批发网络内保持一致的价值定位

◆ 通过整合不同业务单元的产品或服务，创造独特优势，如低成本、便利性，或客户化的解决方案等，提高客户资源的共享程度

内部流程维度的协同效应：

◆ 充分发掘能够为各个业务单元在生产或其他流程、技术上带来优势的核心能力。[12]可以考虑在诸如微电子制造、光电子、软件开发、新产品开发、即时生产、分销系统等不同的领域内获取竞争优势的能力。核心能力还包括在全球范围特定区域内高效益运作的经验

◆ 通过制造、研究、分销和市场资源的共享，实现规模经济效益

学习与成长维度的协同效应：

◆ 通过在各个单元内出色地招聘、培训和领导力发展实践，提升人力资本

◆ 充分利用某种共性化技术，诸如行业领先的、各个生产和服务业务单元间都能共享的平台或渠道，使客户能够享受到更广范围的服务

◆ 通过在各个业务单元间传递流程优化的知识管理系统，来分享最佳实践的能力

科利斯（Collis）和蒙哥马利（Montgomery）对这种有效的企业战略总结如下：[13]

> 一个优秀的企业战略不是随意地将组织中独立的部分拼接在一起，而是精心地将这些独立的部分组成互相依赖的一个系统。在一个伟大的战略中，所有的要素（资源、业务和组织）是互相协同的。这种协同受到企业自身的资源所驱动，诸如独特的资产、技术和能力等。[14]

战略图和平衡计分卡被证明是一个用来描述企业价值定位，并协同企业资源去创造更高价值的理想的管理机制。企业总部的高层管理团队运用战略图和平衡计分卡来明确企业的管理理念，即企业如何通过多个业务单元在等级化架构内有效运作，而不是由每一个业务单元以自主的治理结构及财务资源独立经营来创造附加价值。

财务与客户战略
的协同效应

组织协同

企业可以通过多种方式形成组织协同效应。有些企业通过有效的并购策略及娴熟的内部资本市场运作实现财务协同效应；有些企业在所有业务单元和零售渠道充分运用统一的品牌或客户关系；还有些企业通过多个业务单元共享统一流程及共享服务系统而获得规模效益，或者通过有效整合产业价值链上的各业务环节扩大商业规模。另外，有些企业通过开发及共享各单位的人力资本、信息资本和组织资本形成协同效应。企业总部必须首先清楚期望建立何种协同效应，然后建立一个管理系统去传达并实现这些协同效应。

本章中，我们将介绍一些通过财务与客户协同效应实现企业价值的案例。下一章我们将继续分析如何通过内部关键流程和整个企业的学习与成长能力获得协同效应。在这两章中，我们都将阐述私营企业、公共服务机构及非营利性组织如何通过特别关注协同效应的资源而实现企业价值。

财务维度的协同效应：控股公司模式

所有企业都可以通过集中化的资源分配和财务管理来创造协同效应，我们还是用控股公司这样一个最简单的例子来说明。控股公司基本上由独立的实体或业务单元组成，这些业务单元之间仅仅通过财务方面的能力和管理实现协同效应。通常，一个控股公司的各个业务单元分布在不同的地区，涉足不同的行业，面向不同的客户群，采用不同的技术，执行着各自不同的战略。

公共服务机构也是如此，政府部门经常包括一些独立机构，这些机构很少交叉也不需要紧密合作。例如美国交通部，由13个基本的独立机构组成，包括联邦航空管理局、联邦高速公路管理局、联邦运输协会、联邦车辆运输安全管理部、联邦铁路管理局、联邦海运管理部和国家公路运输安全管理部。以上每一个机构都有自己的配套资源（如航线、铁路、公共交通、货车运输、轮船和汽车）、愿景和战略。

我们在第2章谈到了20世纪60年代的企业，如利顿工业、美国国际电话电信公司、德事隆、海湾西部等。这些集团采用强势收购战略，将许多企业聚集在同一个组织架构下，但互相之间却很少有可相互分享的能力、技术和客户。这种企业集团化模式的支持依据有以下两方面：集团可以获得进入新行业的机会，因为新行业比现有业务的增长空间更大，竞争也小一些；另外，可通过持有一系列彼此间无关联的业务组合降低公司风险。

但这两种说法在经济规律和实践检验面前都很难站得住脚。不可否认，某些行业的业务增长机会确实要高于其他一些企业，这些高增长行业公司的现有股东通常已经认可了这种增长机会，当前的股价也已经有所体现。因此，并购公司愿意花大价钱购买这些高增长的企业。许多研究表明，在企业兼并交易中，往往是被兼并方在并购中获得了所有的收益，而兼并方则承担了胜利者的不幸，为谋求成长付出的是过高的价钱，换来的却是低于市场的回报。

至于所谓的降低风险方面的利益，大多数投资者以投资不同的公司来实现自身的多元化和降低投资风险。他们不需要让企业管理者为执行这种多元化而付出过高的代价。况且，很多企业集团为了降低风险而进行多元化转型，但导致了失败。事实上，在20世纪70年代的经济萧条时期，很多企业都因为在60年代进行大规模并购活动承担债务

组织协同

压力，面临着种种困难。

企业集团型公司在20世纪70年代业务增长及风险降低方面的结果都非常不尽人意。这种低迷状况甚至一直延续到20世纪70年代末和整个20世纪80年代，伴随而来的是一股对企业的接管、剥离和管理层换班的浪潮。然而，多元化经营带来的业务增长和风险降低对企业高层的诱惑力始终不减（先不考虑投资银行行为并购而赚取的高额费用），这样的企业仍然存在。这些企业高层面临的挑战就是如何去避免重蹈覆辙。他们必须证明自己能够选择并管理那些非相关业务，并可以使它们获得高于独立经营模式下所能产生的价值。

这一方面的典范如伯克希尔·哈撒韦公司和Kohlberg Kraivis Roberts（KKR）集团公司，它们是纯粹的投资公司或私人股权公司，这些投资公司下属的每个业务公司在管理和财务上都是独立的。每个公司都有自己的董事会，通常有投资公司总部的代表参与。业务公司之间没有交叉持股，现金流也不能在不同的公司中流动。

这类公司的收益来自两个方面的财务协同效应。第一种是投资人的投资天赋，例如伯克希尔·哈撒韦公司的沃伦·巴菲特（Warren Buffett）和KKR的高级合伙人。他们以敏锐的洞察力发现那些被低估的或有转机的企业，从而创造企业的价值。然后，他们进行专业化的可行性研究来评估这些投资机会。事实上，这种能力需要具备充足的信息和高超的分析能力，才能始终做到"低买高卖"。

第二种财务的价值创造来源于实施有效的治理体系，监督和引导旗下企业以及管理层获得长期业绩。控股公司经常协助旗下企业进行关键人员的招聘和工作分配，并引进专业的管理方法。

例如FMC公司，它是最早采用平衡计分卡的公司之一，管理20

财务与客户战略的协同效应

多家分别处于机械、化学、矿产、国防工程等领域的企业。集团高管层既拥有运作企业的丰富经验,也掌握了这些企业及市场的机会、威胁、优势、劣势的特有信息。他们利用这些丰富的经验和特有信息所作出的资源配置方面的决策远比外部资本市场能作出的决策更加明智。例如,FMC的一家集团为机场生产行李运送、旅客交通、飞机跑道和货物运送设备。在航空工业明显的回落时期,全行业的投资整体都受到缩减。而FMC此时作出重大战略投资,并购了其最大的竞争对手,收购价格很低,FMC管理层认为该公司的长期价值将远远超出这个收购价。而后的航空业回暖,行业再次进入扩张及投资阶段,证实了这个投资决策的正确性。

因此,高度多元化的集团价值定位包括了出色的资本配置和风险管理能力。集团层面计分卡的财务目标应该包括高端指标,如经济附加值和净资产回报。这些财务指标为评价旗下每家企业的财务贡献提供了统一标准。当然,即便在一个高度多元化的集团中,高管层也是一个对下属企业的积极管理者,应该针对不同的下属企业突出不同的财务指标重点,更加有效地配置集团资源。对于产品处在生命周期早期阶段的公司,他们将重点关注公司的销售和市场份额增长,而对于处在相对成熟阶段的公司,则会关注所产生的自由现金流量。

通过以下Aktiva 和 New Profit的案例,我们可以了解那些寻求财务协同效应的企业是如何开发平衡计分卡,使集团在非相关业务组合的管理体系中发挥核心作用的。

组织协同

案例：*Aktiva*

Aktiva是一家私人投资的控股集团，1989年创建于斯洛文尼亚，目前总部设在阿姆斯特丹，在日内瓦、卢布尔雅那、伦敦、米兰及特拉维夫设有办事机构。2004年一季度，集团资产为6亿欧元，旗下的30家企业分布于14个国家，集团直接或间接控股的总资产超过120亿欧元。

Aktiva采用了积极的治理方法，为旗下企业引进先进的管理理论、实践和规范。Aktiva最初的战略使用了基于价值的管理和经济附加值指标作为下属公司的财务原则与重点目标。2000年，Aktiva发现了更积极有效管理旗下企业的方式，即要求每家企业开发一套平衡计分卡来阐述及执行它们的战略。Aktiva首先开发了一套总部的平衡计分卡，描述了如何通过有效管理及治理旗下企业实现价值最大化（图3-1），然后帮助所有下属企业开发并执行各自的平衡计分卡。

Aktiva成立了一个"积极治理小组"，小组管理人员深入到旗下企业的现场，为旗下企业提供日常性的帮助，指导管理层开发能够描述并帮助他们执行战略的战略图和平衡计分卡。治理小组的成员均参与到所工作企业的激励计划中，这使他们具有很强的自我激励，要使自己指导的公司获得成功。企业中所有的中高层管理者均有一套与个人计分卡和企业计分卡连接的激励计划。

Aktiva 的管理层，每个季度甚至经常每个月与旗下企业的管理团队进行平衡计分卡业绩回顾，并提供建议以解决问题和提升业绩。治理小组成员也参与这些会议，这有利于总结某一个企业的知识和经验并迅速向其他企业推广。

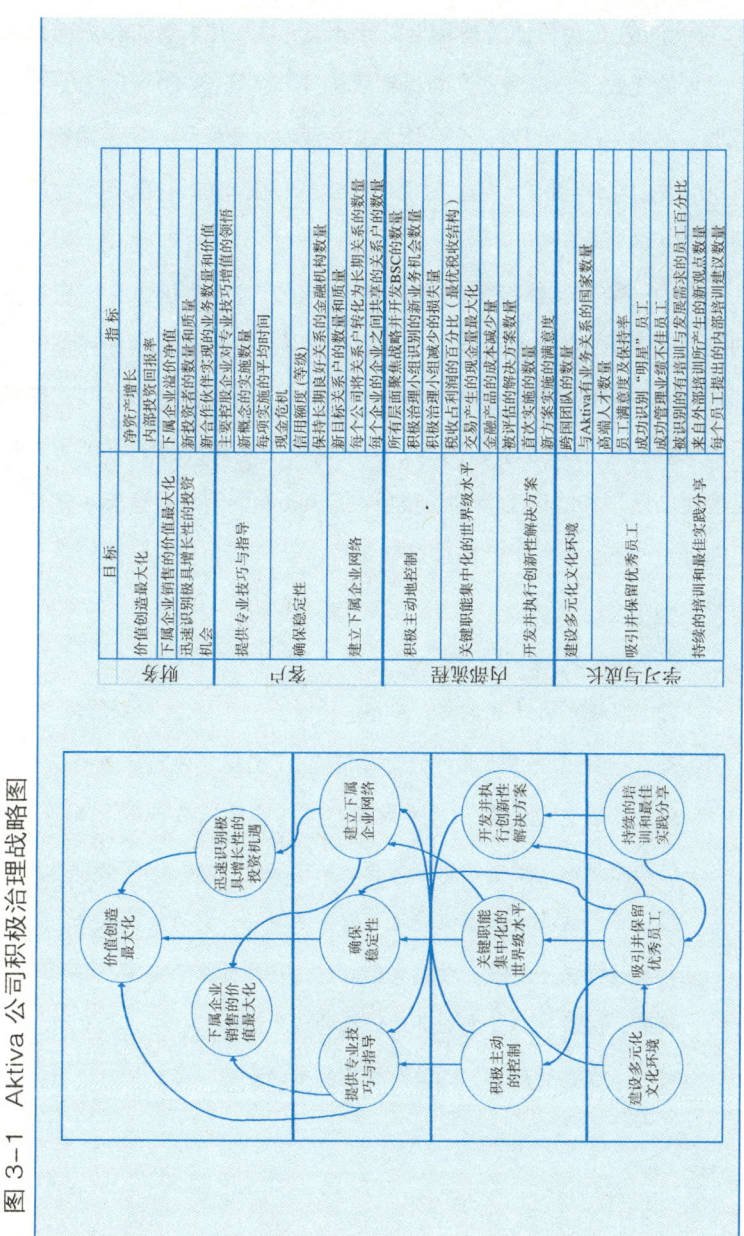

图 3-1 Aktiva 公司积极治理战略图

	目标	指标
财务	价值创造最大化	净资产增长
	下属企业创销售的价值最大化	内部投资回报率
		下属企业溢价净值
	迅速识别极具增长性的投资机会	新投资者的数量和质量
客户	提供专业技巧与指导	主要股权企业对专业技巧增值的业务数量和价值
		新合作伙伴实现的业务数量
	确保稳定性	新概念的实施数量
		每项实施的平均时间
		现金危机
		信用额度（等级）
	建立下属企业网络	保持长期良好关系的金融机构数量
流程		新目标关系客户转化为长期关系的数量和质量
	积极主动地控制	每个公司格关系客户的数量
	关键职能集中化的世界级水平	每个企业集中共享中心的关系客户数量
		所有层面聚焦战略并开发BSC的数量
		积极治理小组识别的新业务机会大量
	开发并执行创新性解决方案	税收占利润小组减少的数额（最优化税收结构）
		交易产生的现金量最大化
		金融产品的成本减少量
		被评估的解决方案数量
		首次实施的数量
		新方案实施的满意度
学习与成长	建设多元化文化环境	与Aktiva有业务关系的国家数量
	吸引并保留优秀员工	高端人才数量
		员工满意度及保持率
		成功识别"明星"员工
		成功管理继父任员工
	持续的培训和最佳实践分享	新方案培训与发展所表现的观点数量
		来自外部教训所产生的新观点数量
		每个员工提出的内部培训建议数量

组织协同

Aktiva在运用价值管理和平衡计分卡方法积极治理工作方面取得了极大的成效。公司净资产回报率从1998年的负2%增长到2003年的12%。其中的Pinus TKI，一个斯洛文尼亚农业化学品公司，销售额从1996年到2003年翻了一番，经济附加值从1996年的负150万欧元增长到2003年的150万欧元。

作为一个非实体经营的投资集团，在适当的时机也会出售旗下的某个实体企业，条件是当这个企业的售价完全体现了集团所能够推动这个企业实现的实际价值。有趣的是，被Aktiva出售的公司，即使不再受到积极治理要求的制约，仍继续使用平衡计分卡，因为它们坚信这个管理和治理工具的价值所在。Aktiva集团总裁达克·霍瓦特（Darko Horvat）以下的陈述证明了平衡计分卡为这家私人投资公司所带来的企业价值：

> 实施平衡计分卡前，Aktiva的增长速度超常，但始终存在一种过分关注单一的财务性KPI（关键绩效指标）的风险。我们意识到，这类财务结果不能持续很多年。通过实施平衡计分卡，我们的重点从EVA转移到其他三个维度，正是这些方面不仅决定了财务的成功，更为集团未来的发展提供了保障。对于我们来讲，平衡计分卡是不可替代的，围绕战略开展业务已经成为我们的经营之道。我们将它看成企业核心，已经与我们的成功融为一体。[1]

财务与客户战略的协同效应

案例：*New Profit INC.*

另一个非营利投资集团，同样因使用平衡计分卡而受益颇多。New Profit Inc.（NPI）是一个慈善组织，从致力于慈善事业的私人、基金会、企业吸引大量捐款，用于帮助那些已经成绩斐然的非营利机构继续提升它们的发展潜力。[2] NPI对这些机构提供多年的捐款支持，使这些机构具备继续成长的能力。与营利性风险投资公司非常相似的是，NPI也依赖于绩效评价机制，使这些机构能够达到双方协同确定的量化指标。只要这些机构能够达到目标，NPI就会向它们不断提供支持。

与营利性风险投资、私有资产或风险投资公司不同的是，NPI无法以财务表现来评价非营利机构的投资回报业绩。这些机构的成功表现在对社会的影响力，而不是资金的增长或预算的平衡。于是，NPI的创建者们使用了平衡计分卡，一个与这些机构建立绩效合同，并用以评价其业绩的最佳工具。

NPI首先开发了集团层面的平衡计分卡（图3-2）。NPI还与自己的董事会及潜在的、现有的投资者开发了计分卡，对自身绩效结果负责，与下属机构的要求一视同仁。这张计分卡也作为后期开发下属机构计分卡的模板。这个方法确保下属机构的计分卡采用统一的格式，便于与NPI董事会及投资者的沟通，同时也允许下属机构根据各自使命和投资人要求的特性个性化地开发自己的目标。

一旦集团层面的计分卡建立以后，NPI总部的人员就帮助下属机构开发并执行根据各自特点制定的平衡计分卡。NPI目前通过评价各机构平衡计分卡的指标和目标的执行情况管控下属机构的表现。在半年度会议上，NPI合伙人将与"投资人"（即捐赠者）分享每个下属机构计分卡概况，这样投资者就可以了解每个下属机构的社会影响力和业绩状况。

组织协同

图3-2 NPI 2005年计分卡

NPI使命：树立慈善事业新模式的典范，提供战略和财务资源，使具有远见卓识的社会企业家和他们的组织形成创新的持续不断的影响力

维度	目标	指标

社会影响力	A. 创建世界一流的慈善基金，选择投资优秀的社会企业家并帮助他们成长	1) 下属机构在企业使命下实现高业绩
		  a) 达成与增长：从各机构中得益人数的年度增长合计
		  b) 增长：各机构收入年度增长合计
		  c) 质量：下属机构达到质量标准之比（5%以内）
		  d) 持续性：各业务"毕业清单"的平均变化
		2) 高潜力机构增加的投资量
		  a) 对通过尽职调查增加的新投资机构的投资量

	B. 利用结果、经验和关系，为高成长的社会企业家创建良好的环境	3) 认识到本集团是有影响力的关键企业，可以促进机构的主要经营者为高成长的社会企业创造更好的环境
		  a) 成功召集社会企业的关键领导并制定行动导向的执行方案
		  b) 形成详细的战略，以促进关键行动方案的实施及衡量成功的指标的达成。此外，为每一个行动方案设立里程碑，衡量的指标包括：
		   i. New Profit 被纳入重要事件或讨论中
		   ii. 增加采用"New Profit"模式的其他慈善企业的数量或规模
		   iii. 达到"规模"的社会企业获得长期增长的数量

投资人	C. 集团投资者高度满意	4) 投资者满意度调查
	D. 社会企业家对集团合作的价值认同	5) 全面满意度调查
	E. 确保集团北美地区合伙人对TMG's投资于集团的资源承诺的高度满意	6) 集团北美区合伙人对New Profit的满意度调查

（续图）

财务与客户战略的协同效应

财务	F. 收入增长额度	7) 募捐获得的总投资量 a) 高贡献投资者的投资增长之比 b) 董事会的筹资增长之比 8) 完成一家新合资机构
	G. 形成具有系统性、可预见的流程，而非仅依赖于集团的始人	9) 每个高级合伙人投资活动时间投资人所获得的投资额 10) 达成意向的合格候选投资者数量（或者，最近三个月现有投资人联络过的有明确投资意向的个人推荐）
	H. 以更多的资源和资金提高向下属机构直接投资的机会	11) "杠杆比率" New Profit为下属机构带来的资源的价值与直接投资新企业之比
内部运营	I. 强化关键经营决策的内部财务控制	12) 投资覆盖率达100%的新投资数量 13) 实现费用预算目标 14) 对投资者投资承诺的及时更新率
组织能力	J. 再建有效的、一致性的、高质量的下属机构管理流程	15) 100%的下属机构制订了全面执行计划，并作季度性的结果评估 a) 具有清晰的投资报告和推进计划的新机构数量
	K. 建立积极、高效、高生产力的组织。	16) 员工100%达到目标 17) 员工保留率的提高
	L. 提高NPI-TMG关系的有效性	18) NPI所有关键决策者通过的"下一代"治理关系的具体建议

组织协同

NPI集团的价值定位包括优异的、尽责的调研流程——识别有利于社会影响力与自身成长的投资机会；NPI同时保持积极的监督治理机制，以便这些社会企业家对可衡量的结果承担责任。同时，NPI还为企业家们提供指导或建议，关于如何建立更有效益的组织。因为没有支撑非营利组织成长的资本市场，NPI通过使高绩效的社会组织获得长期融资以确保自身发展和能力建设来创造巨大的社会价值。

NPI集团的各下属机构在认同集团理念的基础上，基于自身的使命、投资人、价值定位开发了各自的计分卡。NPI只是提供了框架性的模板——包括的维度有社会影响力、客户、财务、员工和资源——每个下属机构则将自身的内容填入他们的计分卡中。

财务协同效应：集团品牌与主题

集团总部同样可以通过积极利用不同实体的资源、能力或信息来创造价值。举例来讲，高度多元化的集团，如通用电气、艾默生和FMC，均由多个不同行业的独立经营实体组成。这种高度多元化的集团的价值定位主要来源于总部的内部资本运作能力，而不是靠外部的资本市场机制（前面讨论过的控股公司模式）。此外，集团内的不同企业可以进行关键主题和信息的共享，这是独立面向市场运作的企业无法实现的。

这些多元化的集团基本采用"自下而上"的方法。价值创造的方法一般通过审批下属经营公司的公司级计分卡，并根据这些公司的特定战略进行监控。集团也可以强制确定一个框架，如哪些财务指标必须出现在计分卡上，同时在不同的维度加上一些共同的主题："成为客户最有价值的供应商"、"达到六西格玛质量水平"、"环境与安全方面的行业领先者"、"引进优秀员工"、"通过技术改进流程"。下属经营公司在这些总体框架下开发自身的计分卡,这样既能保持与总部的统一,又可以贯彻自身战略。

还有一些集团,虽然不是严格意义上的多元化大型集团,也采用了与多元化集团相似的方式。尽管每个经营单位可能处于同一大行业,如金融服务、零部件制造业,但仍然处于行业中的不同环节且实施着不同的战略。比如说,一家集团由一系列生命科技企业构成,其中既有提倡创新的产品领先型企业,又有主张物美价廉按期交货的大众商品企业,还有推崇为目标客户提供系列产品和服务的企业。这些企业同样必须识别自身的价值定位,并明确在同一个相对松散型的组织架构下如何创造更多的价值。

大多数成功的多元化集团都具备充分运用内部各业务经营单位特有优势的能力。艾默生处于一个比较成熟的行业,主要经营工程产品,它们的成功之处在于运用电子和机械技术的高效制造流程。FMC公司处于一个成熟的高资本投入行业,技术方面的进步则较为缓慢。GE一系列的综合业务,包括机车、飞机发动机、金融服务、医疗、能源、水处理、广播电视等,均有较长的开发过程及较长的合同周期。这种共性特质使得总部有机会为各业务经营单位增加价值。

有些企业集团认为制定一个统一的品牌战略还是非常有益的,可以在投资者和客户眼中提高一体化的形象。品牌代表的价值高于各业务经营单位的战略。GE在其发展历史中一直注重品牌建设,并策划了一系列主题:如"我们带来美好的生活"、"发展是我们最重要的产品"、"电器生活越来越美丽"。今天,为了重新强调创

组织协同

新,GE又提出了一个新的主题:"工作中的想象力"。每一个GE的下属公司都在传达着如何用他们的想象为客户提供新产品、服务和解决方案。

一个多世纪以来,艾默生一直被看做是一个为客户提供低成本工程产品的企业。启用新名字后(比原来更短)也重新定位了它的品牌。和GE一样,它强调创新和技术。所有下属公司的名字都以艾默生这个集团名字打头,它传达的信息是:所有的公司都将实现集团品牌的承诺:

> 在艾默生,我们凭借技术和工程为客户提供有效的解决方案。我们为立志于在全球获得成功的客户提供前瞻性解决方案。我们给客户不折不扣地提供无愧于艾默生品牌的、高质量的解决方案。
>
> 在全球的商界,艾默生品牌代表了全球技术、行业领先地位和客户导向;对于投资者,艾默生这个名字象征着有效的管理模式;成功的增长战略和强劲的财务表现;对于员工,艾默生的经历意味着有机会成长、成功和与众不同。[3]

高度多元化的企业在其平衡计分卡中也会有客户和内部流程方面的目标。客户维度会包括所期望的客户成果,如品牌形象、客户的获取、客户的满意度、客户的保留率、市场份额和客户利润。但这些目标通常不包括描述客户价值定位的目标或指标,因为每个下属业务经营单位都将有针对自己目标客户的个性化的价值定位。

在内部流程维度,多元化集团经常描述集团层面的关键流程主题,如六西格玛质量体系、电子商务能力、优越的环境、安全或就业环境。例如,很多集团推崇质量管理,以六西格玛作为集团主题。总部鼓励旗下的业务经营单位竞相获得国家和国际质量奖,以此表明在质量管理上的领先地位。集团设立内部质量奖,以促进内部各业务经营单位的竞争力。

为避免某一家企业出现失误或某个事故给整个集团造成不良影响,集团总部要求每家企业都严格遵守法规和社会规范。某个产品的质量隐患问题、某家企业的贿赂事件、某个破坏环境保护的事件、某家企业频繁发生员工安全健康方面的问题都会对外产生负面影响,由此影响集团的财务资源乃至整个集团的生存问题。如果从积极的角度来看,表现卓越或就业、环境、健康、安全及社区服务等方面将为所有业务经营单位吸引到顾客、投资者和员工。

严守法规和社会规范将有助于旗下所有业务经营单位因集团品牌的声誉而受益,如塔塔集团和暹罗白集团,它们要求旗下所有的企业严格遵守合同,以赢得良好的商业信誉,尽管有些企业是在某个发展中国家经营,不受严格的合同约束,因为这些国家还缺乏独立公正,不受贿赂的司法制度。[4] Amanco(地处中南美)基于三个基本业绩指标开发了战略图和平衡计分卡——经济、环境、社会,把企业定位于在其所经营的所有区域都成为领先型企业。[5] 一些多元化集团期望在经营、法规和社会规范实现优异运营,它们可以在集团的战略图和计分卡上体现反映集团定位的主题。

下面我们列举英格索兰集团开发战略图和计分卡的案例。这是一家多元化企业集团,通过集团品牌的清晰化和聚焦各业务单元共有的

组织协同

主题而创造了股东价值的提升。

案例：英格索兰（*Ingersoll Rand*）

英格索兰集团创建于130多年前，是建筑和挖掘设备的专业制造商。英格索兰目前是一个年收入超过100亿美元的多元化制造型企业。其旗下企业有大量的知名品牌，如美国冷王（Thermo-King）（冷藏）、Bobcat（建筑）、Club Car（高尔夫用车和专用车辆）和西勒奇公司（Schlage）（保安与安全）。

英格索兰历史上一向以产品为核心，它的每个品牌都有自己的客户和销售渠道。1995年至2001年这连续六年间，英格索兰每股股价增长超过20%。

1999年赫布·亨克尔成为英格索兰的总裁兼CEO。他原本希望继续保持过去已经成功的优异产品导向的价值定位，但是现在他希望能释放出交叉业务的能量，这将带来新的收入和增长点。交叉业务可以更好地发挥英格索兰销售渠道、产品和客户资源的作用，同时也可以更好利用员工的知识和经验。然而他意识到这种交叉销售在英格索兰是一种与现有企业文化不相容的新文化，需要进行一次自上而下的重大变革。

这项变革始于建立基于集团战略的新的集团架构（图3-3）。亨克尔将原有独立的产品单元组成四个全球化增长的业务板块：气温控制、工业化解决方案、基础设施、保安与安全。这些板块将更注重市场导向，分享销售渠道和交叉销售的机会。这些板块内的企业将力求为客户提供针对性的解决方案，替代原来单纯销售产品的模式，以创

财务与客户战略的协同效应

图3-3 英格索兰集团架构

英格索兰是一个全球性多元化工业集团，拥有市场领先的品牌，在增长性强的气温控制、工业化解决方案、基础设施和保安与安全领域为客户提供服务

总部：五个关键使命
- 建立公司统一形象
- 利用资源与协同效应
- 提升业务/板块及公司业绩
- 提供战略领导力
- 遵守法律和规范

业务板块的业务目标
- 培育并利用客户资源
- 为客户创造价值
- 提高财务及运营绩效
- 引进并培养人才
- 提供战略性运营领导力

GBS经营原则
- 服务的文化
- 迅速响应市场
- 业务管理
- 职能服务合同
- 流程标准化
- 最佳实践推广

公司治理 — 全球业务服务 — 全球增长平台

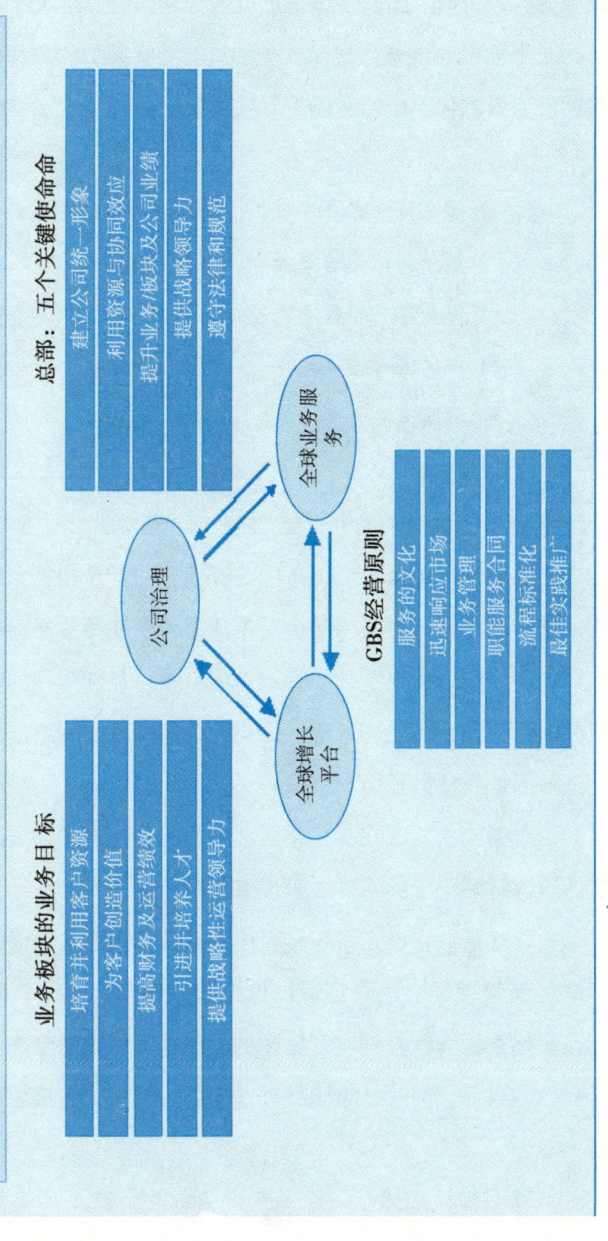

组织协同

造新的客户价值。团队合作是形成各板块内部协同效应的首要来源。

总部期望通过整合交叉业务和提升英格索兰的品牌投资价值实现集团价值最大化。总部有以下五项重要使命：

1. 建立符合客户、员工、投资者利益的企业新形象
2. 充分利用英格索兰资源并创造协同效应
3. 提升各业务板块的业绩
4. 提供战略领导力
5. 确保遵规守法

亨克尔将共享服务机构合并在一个新单位——全球业务服务中心（Global Business Services，GBS）内，这个机构代表了这个新组织的第三种元素。过去的服务分享只是停留在微观层面的事务性管理上。如今，GBS承担了建立标准流程及推广最佳实践的责任，以此形成并增强交叉业务协同效应。GBS与各个企业之间形成的服务合同为创造协同效应提供了机制保障。

企业架构的建成在英格索兰战略执行中是非常重要且基本的第一步。这深深触动了英格索兰管理者，尽管过去六年业绩表现出色，但仍然需要变革。它确定了一种新的方式来管理和建立清晰的责任制。同时促使管理层从过去舒适的框框中跳出来。管理基础架构建立之后，英格索兰管理者开发了集团的战略图，将集团层面的战略转化为可操作的目标。同时，集团战略图中的主题成为各板块业务规划的指导方针。

战略图模板描述了一个共同的价值观，这个英格索兰新的价值

观成为每个业务单位战略的基础。如图3-4所示,财务目标比较直观——增加收入、降低成本、提高资产利用率。客户角度在顾客和市场层面把握新战略的重点。提供用户解决方案的这一目标使得业务重心从过去基于单纯的产品战略转向基于对英格索兰员工积累的个人客户关系的利用。

计分卡的内部流程维度由三个基本流程主题构成——优异运作、客户亲密度、产品创新。这样每个业务板块就可以根据自身情况采用并适当调整相应的目标。例如,"推进优异运作"要求每个板块开发持续推进健康、安全与环保、生产、技术方面的战略;"以客户亲密度驱动需求"要求各业务单元针对关键客户制定有针对性的市场策略;"以创新驱动有力的增长"要求每个板块开发具有创新的、差异化的应用与解决方案。基于各自的不同特点,各板块和业务线采用的具体方法会迥然不同。但同时所有的板块和业务单位采用统一的框架面向市场。

战略中人员维度的界定是集团改革议程中最重要的维度——双重身份的角色。过去,所有的员工都是在单一业务线上工作。尽管这种战略可以提供清晰的利益点,但同时也意味着那些有形的和无形的资产被锁定了,不能用到集团需要的、可以发挥额外用途的其他地方。双重身份的角色向组织内的全体员工传递着一种信息,思维要超出自身业务范围之外,去发现为其他英格索兰的业务创造交叉业务价值的途径。最终,这种主题将促使各业务单元共享工厂资源,并将其他业务单元的产品销售给自己单元的客户。英格索兰设立了价值几亿美元的交叉业务销售目标,这是新增的,是现有业务外的增加量。

集团层面的计分卡随后被分解到各个业务板块及业务单元,它们

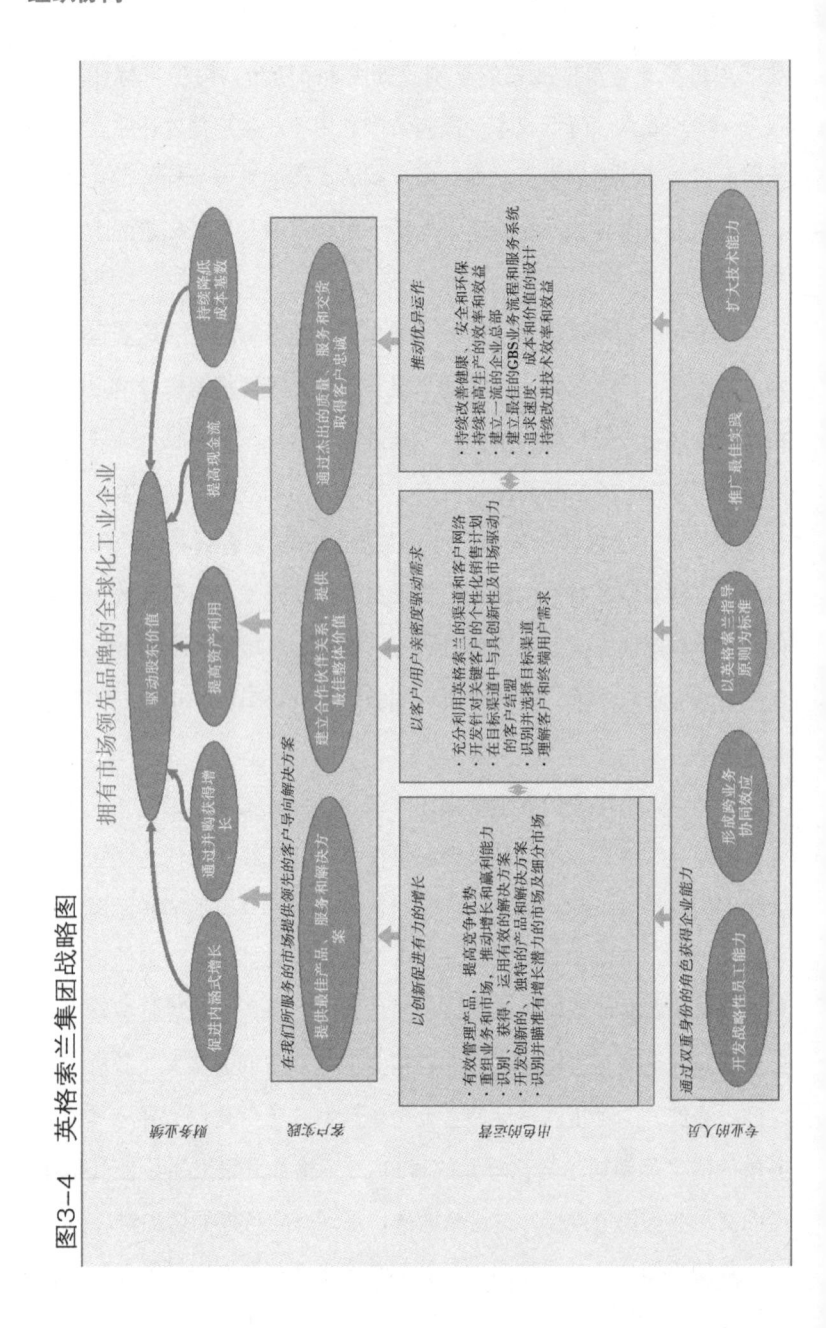

组织协同

图3-4 英格索兰集团战略图

财务与客户战略的协同效应

依据集团的模板顺次开发各自的战略图。集团战略由一系列"同一个企业"的行动方案所支持，见图3-5右侧的一栏。这些行动方案是执行集团层面新战略的必要行动。

作为英格索兰改革和协同战略的最后一个环节，亨克尔成立了一个新的企业领导小组（Enterprise Leadership Team，ELT），它由各业务板块、全球商业服务中心和总部的主要管理者构成。每一位领导成员对自己的业务单元或支持单元的经营负责，但同时集体接受推动英格索兰集团业绩的使命。集团领导小组的职责包括：

◆ 我们共同领导（实现集团财务业绩）
◆ 我们协助界定双重身份的角色，并排除成功道路上的障碍
◆ 我们共同指导战略行动方案
◆ 我们领导英格索兰的沟通团队
◆ 我们具备才华和能力的多样化
◆ 我们是培养教练的教练

企业领导小组的成立、新的集团架构、集团战略图、集团计分卡以及"同一个企业"的行动方案提供了整体的运营框架，促使英格索兰的产生价值超出了那种简单的合并式价值。

自2001年，报告显示企业每股收入已从疲软状态增加到原来的三倍，现金流猛增，累计现金流与1991年至1994年比增长了10倍；边际收益从2001年的6.3%（不包括重组费用）增加到11.9%。

与此同时，通过关注服务和经营修理零用件的市场（企业增长

075

组织协同

图3-5 英格索兰公司平衡计分卡(部分)

企业协同效应		公司价值定位	公司计分卡	公司行动方案
财务	●	·增加股东价值	·股东总回报 ·总收入增长 ·内涵式收入增长 ·营业收入增长 ·现金流	·以财务作为增长引擎 ·收购与整合 ·企业税
客户	◐	·提供领先的客户导向解决方案	·客户满意度调查 ·目标客户的绩效 ·完美订单百分比	·零售解决方案 ·英格索兰分销
内部流程	◐	·以创新推动有力的增长 ·以客户ID用户亲密度驱动需求	·新方案收入 ·产品于公司业绩	·供应商解决方案
		·推动优异运作	·交叉销售收入 ·来源于标准技术平合的收入之比 ·英格索兰质量指数 ·工作目缺口 ·危险工业坡成	·集团级的技术
学习与成长	◐	·通过双重身份获得企业能力	·员工满意度调查 ·领导力开发计划 ·业绩管理计划的参与	·战略管理系统 ·英格索兰大学/领导力学院 ·沟通

图例：企业角色
● 共享/优化的流程和指标
◐ 共享主题

战略的重要部分），企业重复业务的收入增长了一倍，损益状况显著改善，表现为资产负债率从2001年底的46.3%降低到2004年底的24.2%。

共享客户创造协同效应

许多分权式企业中内部不同的业务单元向同一客户销售产品，例如，德恩—欧美达公司（Datex Ohmeda，DO），原来是Instrumentarium集团的一个子公司（现为GE医疗的一部分），原来的组织架构由不同的产品单位组成。这些单位开发急救系统的全新产品，如麻醉设备、呼吸机、药物运输系统。很多产品线是并购进来的，他们只关注自身的硬件系统所带来的技术优势，通过各自的队伍进行销售。

德恩—欧美达公司的管理层发现了协同多元业务单元的机会，于是从产品导向战略转向客户关系的模式，强调为医疗产品的客户提供整体解决方案。通过整合不同产品的销售队伍，成立客户关系团队，德恩—欧美达公司扩大了为客户提供产品和服务的范围，大大增加了来自每个客户的业务收入。

总体上，凡是下属业务单位面向共同客户的集团都有机会通过多种产品与服务提供具有特性的解决方案，以实现客户满意度和忠诚度，这是那些产品种类少而专的集团无法相比的。

这类企业的平衡计分卡客户维度勾勒出如何通过为客户提供更加完整的解决方案实现结果性目标与价值定位。例如，一个客户维度的结果目标为提高客户份额，衡量的方法是整个集团的产品销售

组织协同

量在客户同类产品总支出的比例。其他的目标有目标客户使用的不同产品和服务的数量现有客户的生命期收益率、为客户提供的整体解决方案的质量。内部客户管理流程目标包括获得更多的、潜在价值更高的客户，使他们得益于整体性的解决方案，向现有客户交叉销售使其购买企业提供的其他产品和服务，目标客户的重复购买和增加购买量。

一些公共服务机构也通过集团化战略使多个业务单元共享客户资源。如夏洛特市、北卡罗来纳州、布里斯班、澳大利亚等政府机构都认为各市政部门就拥有着共同的客户，它们是所在区域的居民和企业。夏洛特和布里斯班均开发了市政府层面的平衡计分卡，清晰阐述自己的目标是成为所在地区最适宜生活、工作和休闲的最佳城市。各市政部门，如警察、消防、卫生、水电设施、规划、住宅、公园及娱乐等部门开发了各自的计分卡来传递城市的价值定位，那就是使夏洛特和布里斯班与那些不注意关注共同客户（即市民）的城市相比，提供了更好的市民服务。每个部门的服务还需要与其他市政部门的服务保持高度一致，以便为当地居民和企业带来独具一格的优良服务。

以下的案例源自美国媒介综合集团，它通过集团战略图和计分卡实现在多个业务单元共享客户带来的收益。

案例：美国媒介综合集团

美国媒介综合集团是美国东南部的一家媒体集团，2003年收入为8.37亿美元，拥有近8 000名员工。2003年，集团拥有25份日报，总发行量超出100多万份，100多份周报，26家互联网电视的电视台，占东南部电视覆盖的30%（全美国的8%），还有50多家与报纸和电台链接的网站。

美国媒介综合集团成立于150多年前，在20世纪90年代前一直以非系统性的模式发展业务，在美国各地不断收购各种出版社和电视台。竞争的加剧以及有线电视和网络的爆炸性增长，重重打击了美国媒介综合集团的股价。1990年J.斯图尔特·布赖恩（J.Stewart Bryan Ⅲ）任董事长兼总裁，着手进行大刀阔斧的改革，剥离老业务，并购新业务，重新聚焦其在美国东南部的历史根基。它剥离了东南部以外的企业，到了1995年，只剩下三份报纸、三家电视台、一家有线电视公司和一家报纸印刷厂。在他接手的五年里，美国媒介综合集团购买了东南部的22份报纸和23家电台，并卖掉了有线电视公司和报纸印刷厂。

至此，集团开始利用地区的集中优势着手执行新的协同战略。布赖恩希望报纸、电视和多媒体三大事业部可以利用各自与整体的战略创造协同效应。目标如他所述："不同的媒体形式在特定的同一市场进行协作，各业务在高度统一的目标指导下发挥各自优势提供高质量的信息。"

美国媒介综合集团期望聚集出版、广播和多媒体三合为一的整体力量在核心区域市场为客户持续提供无缝式的系列化信息平台。这个目标使三个业务成为当地居民获得信息的首选资源。这种专注也令它的广告客户获得了高质量的观众群，它们向这些广告客户提供了一体化媒体广告产品。

这种协同战略并不是美国媒介综合集团的习惯性行为。以前，报纸和广播常常为同一观众与争取广告客户费用而陷入鹬蚌之争，而多

组织协同

媒体运营商对电视台和报纸嗤之以鼻，称之为"旧经济"的崩溃。布赖恩感觉到创造新收益的协同战略需要平衡计分卡，以推动不同业务线之间高度的沟通、交流和合作。

美国媒介综合集团首先确定了使命描述："在战略性区域市场中持续确立优势地位，成为东南部高质量新闻、娱乐和信息的领先供应商。"然后集团开发了描述集团协同战略的战略图（图3-6）。下面，我们从最基础的学习与成长角度开始来介绍并分析每个角度的一些目标，来看这个战略图是如何表现协同战略的。

学习和成长

学习和成长维度的总目标是建立一个中心点以指导每个员工的日常活动。"关注职业和技能发展"的目标使销售人员得到多种媒体/多个市场开发的培训，这样他们可以更有效地向广告客户销售新的媒体产品。"促进变革文化和员工授权"的目标包括对员工的培训，帮助他们理解在美国媒介综合集团是为了企业整体的一个部分工作，而不要以为只是在某个单独的事业部（如报纸、电视台、网站）做个雇员。

内部流程

"开发和出版高质量作品"这个目标表明如何使三个事业部的编辑部合作挖掘素材。目的是有更多的素材、更高质量的作品，并且使作品的表现手段更加时尚。"提供创新的多媒体/多市场作品和销售"的目标是一个直接的协同目标。该目标的衡量指标包括以三个事业部合作实现的协同销售的目标客户（广告客户）数量、非传统的新广告客户数量和新项目销售数量。

财务与客户战略的协同效应

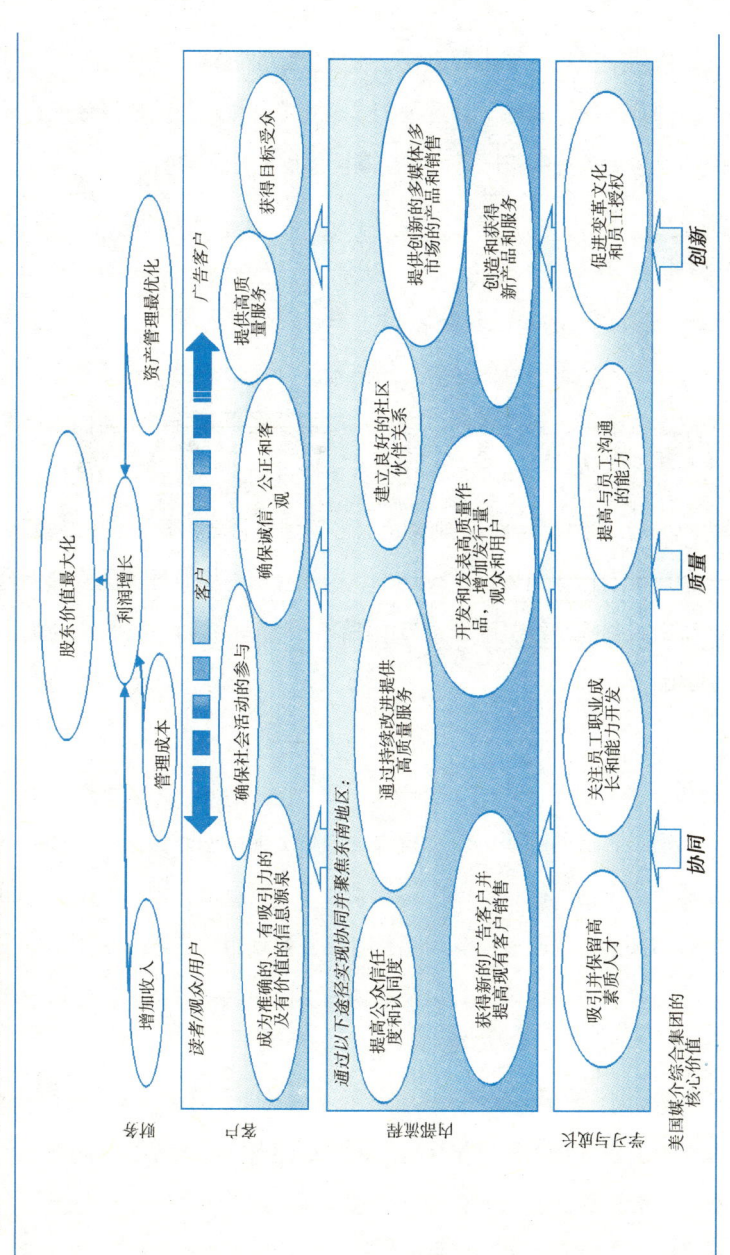

图3-6 美国媒介综合集团战略图

组织协同

集团期望这两项内部流程的目标将会影响第三项目标——"建立良好的社区伙伴关系"。这种三个事业部合作产生的协同效应比彼此间的竞争更能提高美国媒介综合集团品牌的地区知名度。

客户

"提供高质量的服务"的客户目标来源于对广告客户最新的在线调查结果。调研目的是想了解美国媒介综合集团协同多种媒体的新价值定位是否已经为当地广告客户增加了媒介渠道，使它们的信息传递给公众，为它们的业务领域带来更广泛的客户资源。"确保社区活动的参与"目标是对美国媒介综合集团是否成为良好的社会公民这一客户维度目标的表现进行跟踪。这一目标直接衡量美国媒介综合集团协同战略的受益范围，是否由于同一地区的多种业务带来更大的社会影响力。

财务

最终，协同战略的成功将表现为财务业绩的改善。"增加收入"目标由两个指标衡量。一个指标衡量三个事业部在现有传统业务基础上新增加的协同收入。这个指标直接衡量现有广告客户采用新的多种媒体或多个市场的收入，以及在协同供应中获得的新的广告客户带来的收入。

第二个衡量指标用来衡量传统的广告收入增长。这样同时促进三个事业部既可以继续聚焦它们的核心业务，也为新的协同业务作贡献。"管理成本"这一目标则代表了通过跨业务单元的流程重组和最佳实践分享来整合新闻产品的产出过程，达到规模效应。

财务与客户战略的协同效应

分解

美国媒介综合集团开发了集团层面的战略图和计分卡之后,下面的三个事业部的公司分别开发了各自的计分卡。这些计分卡分别体现了集团层面和各业务之间协同重点的不同。

美国媒介综合集团战略执行的独特之处是每个地区按顺序开发战略图和计分卡。首先,每一个地区的跨业务团队整合当地三个事业部的战略图和计分卡,然后开发本地区的"协同"战略图和计分卡,来反映协同的机会,再把这张计分卡与三个事业部分享,要求它们更新自己的计分卡来反映本地区的协同目标(图3-7)。

成果

2002年是出版业非常萧条的一年。而美国媒介综合集团各业务单位的收入增长了4%,每股收益几乎增长了三倍。多媒体广告占多媒体收入的42.5%。2003年营业收入只是小幅增长,而净收入却增长了10%以上。出版事业部的总收入增长处于全国领先报业的第二位,而多媒体的收入则猛增了60%。

统一客户价值定位创造协同效应

许多集团都期望旗下各个业务单元提出并始终提供统一的客户价值定位,从而创造价值。这样就可以保证客户虽然和不同的业务单元交易,但是可以得到同样的产品、服务和购买体验。

以集团形式运作、下面有很多独立业务单元的例子,包括品牌快餐店、饭店、酒店、加油站、服装店、便利店以及零售银行业等。经

组织协同

图3-7 美国媒介综合集团协同战略分解表

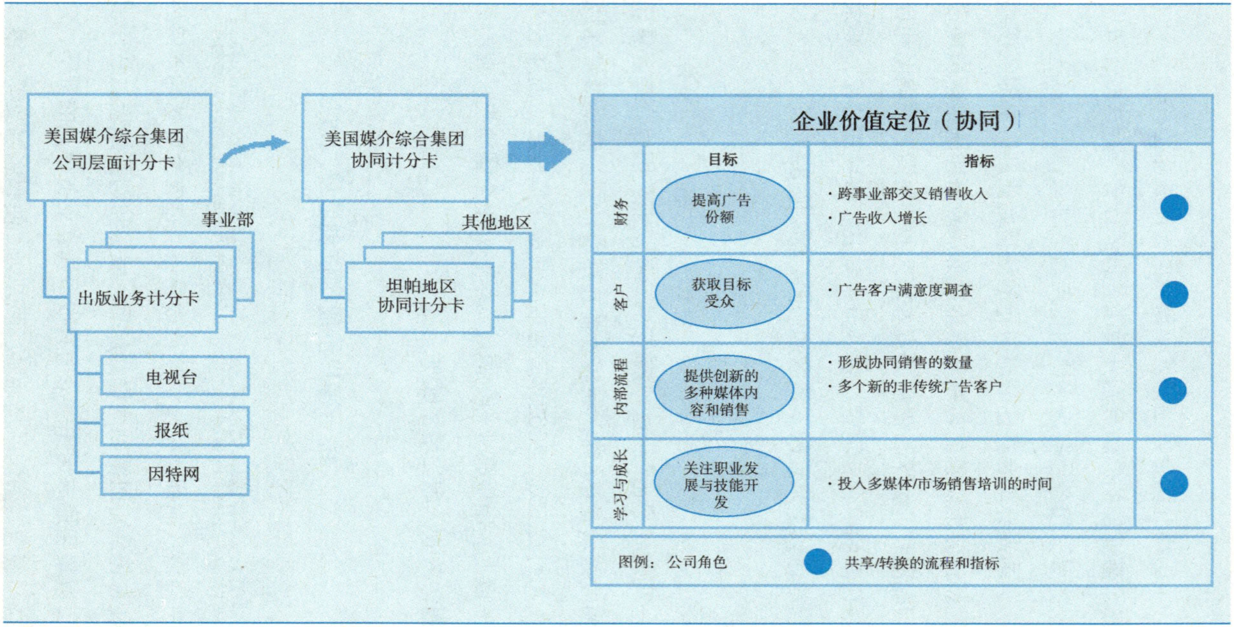

营零售业的集团公司一般会随时随地向顾客宣传它们的战略和品牌。集团的价值定位是通过在每一个门店向每一位顾客提供始终如一的客户体验和质量标准,从而赢得顾客的满意和忠诚。

集团计分卡财务维度包含一些财务指标以评估集团的战略成功与否,这些指标具有行业特点,如单店销售增长(零售业)、单个客房收入(酒店业)等。客户维度的目标通常是以顾客体验获得顾客的满意度和忠诚度。内部流程的目标强调各个门店要遵守集团统一价值定位的相关标准,如速度、质量、友好服务等。学习和成长维度强调员工的保留和成长,因为客户体验通过一线员工得以实现。

这一类企业的分解流程最为简单。集团总部的领导先决定各个门店要实行的战略和价值定位,然后把战略转化为平衡计分卡的关键指标,再传达并应用到各个零售门店。

下面我们将提供两个案例来阐述这种平衡计分卡的协同作用:一个是营利性企业希尔顿酒店,另一个是非营利机构市民学校。

案例:希尔顿酒店

到2005年为止,希尔顿酒店拥有大约2 300家全资、直辖管理和特许经营的酒店,总共360 000多间客房。1997年经历了业绩低迷时期后,希尔顿首先在其全资和直辖管理的酒店中推行平衡计分卡。希尔顿启动了平衡计分卡项目。集团层面,高管层开发了五个战略性价值驱动要素(即维度),根据这些价值驱动要素,为每个子公司的酒店开发了KPI指标(图3-8)。这样使每个酒店的业务符合总部战略方向,同时又根据它们上一年各自的经营状况,加上一个改进指数,制

组织协同

定出各自特有的KPI指标。

图3-8 案例：希尔顿酒店

价值驱动因素	公司价值定位	公司计分卡
财务：经营有效性，收入最大化	· 提供衡量成功的统一标准	☐ 毛利（GOP） ☐ 毛利率 ☐ 每个客房收入 ☐ 每个客房收入指数：与竞争者相比
客户忠诚	· 赢得每一个客户的满意和忠诚	☐ 顾客忠诚度指数 　☐ 满意度 　☐ 再住的可能 　☐ 推荐的可能
运作	· 始终如一地达成客户价值定位	☐ 品牌一致性指数 　☐ 品牌标准 　☐ 硬件条件 　☐ 总体服务 　☐ 整洁度
学习与成长	· 保留并发展人才	☐ 团队忠诚度 ☐ 培训指数 ☐ 员工多元化

　　统一的计分卡模板为连锁的每个酒店提供了清晰一致的信息。品牌的承诺是在任何一个希尔顿的酒店，顾客可以体验到水平一致的质量与服务，而各个希尔顿酒店的计分卡都要以集团内部的基准为衡量标准，与其他的希尔顿酒店作比较。通过这样的方式把集团的战略与每个酒店的指标连接起来，每个希尔顿酒店的管理者通过这些指标与员工沟通。酒店的团队把对指标的教育和理解融入到新员工入职培训与培训课程中去，并对九项KPI指标进行持续更新，这样员工就可以了解当前的指标表现和指标的趋势。最后酒店平衡计分卡的业绩将和管理层的奖金计划挂钩。另外，为确保平衡计分卡与酒店所有团队的各位员工挂钩，对于九项KPI指标都亮绿灯的团队，所有成员将每年分享到100万美金的"绿灯奖"。

　　1997年到2000年间，希尔顿实现了比其他酒店高出3%的边际利润，这项财务业绩通过以下指标实现：每个房间收入、客户满意度、老客户忠诚度（企业历史最高得分）、神秘购买者打分。

截至2004年，希尔顿开办了一些赌场酒店并兼并了Promus连锁酒店（旗下包括Doubletree, Embassy Suites, Homewood, Hampton Inn）。希尔顿的平衡计分卡深入业绩管理的各个方面，包括计划、预算目标设置、衡量指标（BSC）、持续流程改进、运营支持、奖励和嘉奖（图3-9）。

希尔顿新的绩效管理系统以网络为基础，具有数据分析功能，管理者可以挖掘问题的根源及数据背后的详细信息，以帮助他们作出持续改进的努力。现在希尔顿广泛采用了跨业务单位的数据库，开发了统计系统来连接流程、目标、领先和滞后指标。这些指标帮助识别数据变量之间的关系以及发现导致问题的根源，然后来衡量解决方案是否达到了预期效果。最后，系统允许计分卡按照组织层次进行分解，从集团到地区到各酒店、各部门，最终到个人层面，在整个组织进行协同与责任制的最优化。

案例：市民学校

市民学校是NPI集团旗下的一个机构（NPI在本章前文已经介绍过），是非营利机构中建立统一价值定位的典范。学校遍布波士顿及全美，为9～14岁的孩子提供课后辅导和暑假课程。通过与当地专家建立师生关系，孩子们学到了社会的实际技能，建立了自信，并融入到当地的社区中去。

组织协同

图3-9 希尔顿总部平衡计分卡

2005年运营平衡计分卡 总分：75.00 所有全资及直辖管理的酒店				
有效运作	收入最大化 增长	忠诚度	运作	学习与成长
超出预期利润	团体和餐饮业务的市场份额	建立并保持客户忠诚	以部门运作创造价值 价值创造	吸引并保留高端人才 人力资本
EBITDA(000) 实际：$710,986.00 年度目标：$673,642.33 红色警戒区：$639,050.15 权重：24%	销售 实际：55.40 年度目标：66.67 红色警戒区：33.33 权重：6.7%	客户忠诚 实际：70.11% 年度目标：71.36% 红色警戒区：65.61% 权重：13.8%	工程部 实际：75.90 年度目标：66.67 红色警戒区：33.33 权重：2.4%	人力资源 实际：54.80 年度目标：66.67 红色警戒区：33.33 权重：8.0%
生产力 改善成本结构	提高客户收入	形象一致性 传递品牌承诺	食品和饮料 实际：62.60 年度目标：65.67 红色警戒区：33.30 权重：2.4%	开发战略技能 培训 实际：100.00 年度目标：66.67 红色警戒区：33.33 权重：8.0%
财务运作 实际：83.00 年度目标：66.67 红色警戒区：33.33 权重：6.7%	经济收入 实际：39.00 年度目标：66.67 红色警戒区：33.30 权重：6.7%	品牌一致性 实际：39.00 年度目标：66.67 红色警戒区：33.30 权重：8.5%	前台 实际：91.40 年度目标：55.67 红色警戒区：33.33 权重：2.4%	培养多样化员工 多样性 实际：100.00 年度目标：66.67 红色警戒区：33.33 权重：8.0%
			管家部 实际：84.00 年度目标：55.67 红色警戒区：33.33 权重：2.4%	

088

财务与客户战略的协同效应

市民学校的计分卡（图3-10）承接了NPI集团计分卡五个维度的框架。它包括衡量学生的理论知识、社会发展，为员工的培训和发展提供指导与反馈。

市民学校的核心战略是以波士顿为基地，把成功模式推广到周边多个地区以及全美的各分支机构。截至2004年，市民学校的经营扩展到马萨诸塞州的六个城市，还包括加利福尼亚州的圣何塞（San Jose）、雷德伍德城（Redwood），得克萨斯州的休斯敦，亚利桑那州的图森（Tucson），新泽西州的新不伦瑞克（New Brunswick）。随着规模的扩大，市民学校总部采用了平衡计分卡的框架与各个学校沟通统一的战略。

总体上，每个新学校的员工并不熟悉平衡计分卡及术语，但是他们都理解社会影响和客户角度。市民学校运用平衡计分卡的关键指标来沟通对每个学校的业绩期望并对结果进行跟踪。如今已经有十几所学校运用同样的计分卡指标，对所有学校的业绩数据进行基准的比较，识别最佳实践机会并得以共享。建立统一的指标和管理系统是市民学校能够将学校规模迅速扩大到全国范围的关键因素，与此同时这种持续的经验和价值定位仍然在新创办的学校传播。

组织协同

图3-10　市民学校计分卡

角度	目标	指标和目标值
社会影响力	A. 提供高质量课程，教育孩子，加强社区建设，提高能力（书写、数据分析及口头表达）、入门、领导力、社区活动	1. 学生的影响得分为4分以上（5分制）（来自于利益相关方的10个关键问题） 2. 75%以上在校生的写作（目前占9/11）能力本学年增长一级、75%以上的学生的口头表达能力得到提高（数据来源于题目级别和教师评价）挑战性目标：大于80%
财务	B. 获得750万美元的现金或承诺四年期共2 500万美元的活动支持	3. 年底达到750万美元 挑战性目标1：高于850万美元 挑战性目标2：非基金会的基金增长（至少10%的相对增长）应超出2000~2001年间势用
	C. 预算控制在2001年水平	4. 5%以上资金剩余并控制在480万美元预算额度之内
客户	D. 学生：扩大学生需求和入学量	5. 注册学生数量从2000年度的1 248提高到1 530（±5%）挑战性目标，以2/3校园获得10%以上的申请者，或更多学生注册2001年秋季班的结果所体现的需求增长
	E. 教师：提供杰出的志愿者体验并增加志愿者数量	6. 85%以上的客户调查表明他们会：a）回报并培训实习生，b）推荐朋友做实习，c）自愿者体会打分达4.0分或以上，体现出自愿者受到了积极影响
	F. 培训伙伴：为第一年CSU伙伴提供高质量、效果好的培训	7. 两名以上的执行董事及参与人员对培训质量及影响的评分达到4.0（或更高）

（续图）

运营	G. 运用更准确的测评手段衡量社会影响	8. 完成以下工作：聘请外部评估机构进行3年评估，更新投资人调查，开发针对所有关键结果领域的有力测评工具
	H. 筹备CS（Citizen School）模式的全国推广	9. 出版：文档和CS最佳实践的内部刊物版本1.0
		10. 政策：与当地官员举行4次会议，与州政府/国家官员举行4次会议，在5个媒体进行正面宣传
	I. 深化学校合作	11. 12个学校理事中的8个，12个校长中的8个（或小学联络员），为以下合作打分4分或以上：a）学院协同，b）入学需求，c）社区参与
	J. 稳步实施行动计划	12. 第一季度实成功完成75%以上的行动计划目标 挑战性目标：85%以上的行动计划
学习与成长	K. 维持较高的全职员工保持率，提高员工的多样性	13. 全职员工保持率达到2001年1月员工人数的75% 挑战性目标：保持率达到85%
		14. 制定招聘战略，提高少数民族的雇用与保留
	L. 将技术服务作为一项可靠的沟通与运作工具	15. 第二个季度末，每个工作站均有以下功能的软件：数据库、电子邮件、互联网、MS Office。每个全职员工都有权限使用电子邮件和电话语音箱
	M. 进一步开发在职人员培训课程	16. 2001年所有全职员工参加以下培训：CS战略规划、CS平衡计分卡、办公技术以及领导确定的两个其他课题 挑战性目标：参加培训的CS员工满意度得分达到4分以上
	N. 通过开发并执行高质量人力资源流程和制度加强面对面沟通	17. 年底对所有员工完成：a）工作描述，b）绩效回顾，c）持续的福利培训，d）开发一份新的员工清单和离职面谈流程

组织协同

小　结

即使最多元化的集团都可以通过有效地运作内部资本市场创造价值，这样的模式比单个企业独立向外部寻找资本机会更加行之有效。这类集团可以通过高端财务指标来描述并监控目标以创造价值。

多元化集团创造价值的方式还可以通过明确集团层面的主题，统一每个运营单元的品牌形象及利用与这些目标相关的能力，如良好的治理、产品质量、客户导向的解决方案、社区责任、优良的环境。当不同的业务单元整合它们各自的产品与服务，为客户带去方便及全面解决方案时，就会产生客户导向的价值。此外，同一业务但不同地区的各业务单元向客户提供一致的高质量购买体验或者服务流程时，也会产生客户导向的价值。在这些集团里，总部宣传贯彻统一的品牌和经验，并利用平衡计分卡去激励和管理所有不同地区各业务单元的服务结果。

协同内部流程和学习与成长战略:
整合的战略主题

组织协同

第3章阐述了企业通过整合各业务单元财务和客户方面的资源，形成其价值定位从而产生协同效应。本章中，我们将探索组织通过整合内部流程和无形资产创造企业层面协同效应的机会。我们将讨论四种企业价值定位：共享流程和服务、价值链协同、无形资产和企业层面战略主题。

共享流程和服务创造协同效应

企业创造价值最常用的方法是在各个事业部之间共享通用的流程和服务。共享流程和服务所带来的价值来自于两个方面，一方面企业通过流程集中化获得规模效益；另一方面从集中的资源中获得收益，这些资源包括专业知识和技能，使企业可以掌握关键流程的运行和服务。

在业务流程上实现规模经济早已成为大企业的目标和竞争优势。从跨入现代商业时代起，规模就创造了机遇。一个多世纪以前，标准石油（Standard Oil）就是通过大型精炼厂和分销系统建立了行业主宰性优势。如今，像花旗银行和美国银行这样的大型银行，通过合并银行的后台支持部门和并购后的其他金融机构创造了规模效益。时装零售商The Limited公司经营男女时装、童装，通过整合多个事业部的采购流程节省了大量开支，创造了巨额效益。它通过集中零售连锁店的房地产管理流程获得了同样的收益。在这两个案例中，如果没有实现对流程的集中化管理，各个事业部将会在开放的纺织品和房地产市场上进行内部竞争，就不能形成规模优势，从海外制造加工商和房地产开发商那里获得最佳交易。

协同内部流程和学习与成长战略：整合的战略主题

信息技术管理也可以创造规模效益。一些大型企业每年在IT系统上投入十多亿美元，如金融服务业的花旗银行、保险业的美国好事达集团（Allstate）和能源业的英国石油（BP），如果这些企业的采购和大型流程中心实现规模化运作，自然有机会降低成本，增强专业技术能力以提高生产力。需要以高效IT手段才能达成共享的技术能力将促进组织还可以提高数据中心的安全性、运营平台标准的灵活性以及运用新技术的及时性。

业务流程里的知识经济也为大型企业提供了同样的潜力。尽管对流程的实际管理可能是分散的，但是对通用管理哲学、体系和能力的共享可以创造可观的效益。例如，质量运动中就产生了很多体系，包含全面质量管理（TQM）、美国Baldrige国家质量体系、欧洲质量管理基金组织（EFQM）以及最近的六西格玛。作业管理法源于组织的成本模型，可以促进流程改进，加强管理深度。客户管理，包括客户价值管理、客户关系管理、客户生命周期管理，为的是让管理者和员工专注于运营的改进，从而为客户提供更好的服务。

这些流程管理方法帮助很多企业实现了质量、成本、制造周期和服务交付周期等方面的巨大改进。很多同样采用平衡计分卡执行战略的组织不可避免地要将平衡计分卡与原有的管理方法整合，而原有的管理方法通常会含有上述一种或多种管理准则。因此有些组织对这些管理方法所承担的相应角色会感到困惑，特别是当某种管理方法已经存在的时候，不知道如何去整合它们。

如果企业进行全面部署，那么平衡计分卡可以有效地结合上述一种或多种管理方法，创造远远超出某单项管理方法所产生的最大化优势。因为平衡计分卡可以把这些管理方法提升到组织的全局层面，将

组织协同

其置于战略管理的大环境中。平衡计分卡的因果关系链能够帮助企业识别对战略成功影响巨大的流程改进项目和行动方案。

案例：东京三菱银行（美洲区总部）

东京三菱银行（Bank of Tokyo-Mitsubishi，BTM）是世界最大的银行之一，设在纽约的美洲区总部（headquaters for the America，HQA）负责管理北美和南美地区的批发业务。2001年，HQA引入平衡计分卡管理项目，以明晰战略并使战略在各个层面得以沟通，从而提高责任感、促进团队协作并降低企业风险。我们在前一本著作中介绍过美洲区总部的战略图。[1]这里我们再来回顾一下这张战略图（图4-1），该图展现了美洲区总部三个关键战略主题：增加收入、管理风险、提高生产力。风险管理的主题提供了一个典型范例，且说明了公司如何通过管理通用业务流程创造了企业价值。

在美洲区，东京三菱银行专注于银行批发业务，有12个分行、11个支行、2个信贷产品办公室和4个代表处。在这些基层组织之上是4个独立管理的事业部（全球公司业务、投资银行业务、债券和企业中心），每个事业部直接向其东京总部的归口部门汇报。这种复杂的组织结构对有效沟通，尤其是有效的风险管理提出了很大的挑战，出现了各种矛盾，如业务推广和信贷审批。集中化领导与本地自主的矛盾、境外员工与本地人员的矛盾等也都提出了新的挑战，需要进一步澄清工作责任制。

战略图的框架要求东京三菱银行所有组织层面能够清晰地描述战略。这样就易于确定与战略执行相关的风险了。在战略执行过

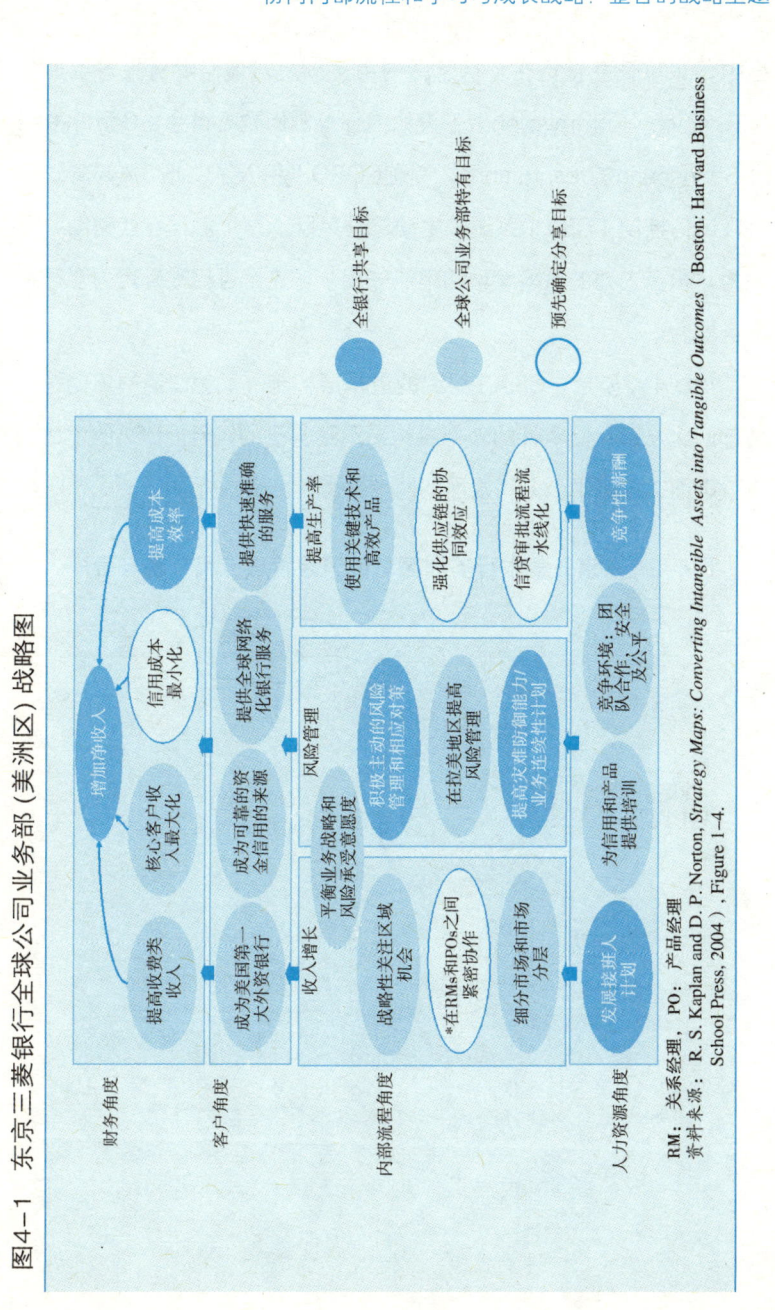

协同内部流程和学习与成长战略：整合的战略主题

图4-1 东京三菱银行全球公司业务部（美洲区）战略图

财务角度／客户角度／内部流程角度／人力资源角度

全银行共享目标
全球公司业务部特有目标
预先确定分享目标

财务角度：
- 提高收费类收入
- 增加净收入
- 提高成本效率
- 核心客户收入最大化
- 信用成本最小化

客户角度：
- 成为美国第一大外资银行
- 成为可靠的贸易信用的来源
- 提供全球网络化银行服务
- 提供快速准确的服务

内部流程角度：
- 收入增长
- 战略性关注区域机会
- 平衡业务战略和风险承受意愿
- 细分市场和市场分层
- *在RMs和IPOs之间紧密协作
- 风险管理
- 积极主动的风险管理和相应对策
- 在拉美地区提高风险管理
- 提高灾难防御能力业务连续性计划
- 提高生产率
- 使用关键技术和高效产品
- 强化供应链的协同效应
- 信贷审批流程流水线化

人力资源角度：
- 发展接班人计划
- 为信用和产品提供培训
- 竞争环境：团队合作、安全及公平
- 竞争作薪酬

RM：关系经理，PO：产品经理
资料来源：R. S. Kaplan and D. P. Norton, *Strategy Maps: Converting Intangible Assets into Tangible Outcomes* (Boston: Harvard Business School Press, 2004), Figure 1-4.

组织协同

程中,东京三菱银行在全行范围内由美国反对虚假财务报告委员会(Treadway Commission)下设的内部控制问题委员会(Committee of Sponsoring Organizations,简称COSO)引入了COSO风险管理和自我评估控制(CSA)系统来主动管理风险。这个流程在战略图中表现为"积极主动的风险管理和遵法守规",这个目标被确定为全行共享目标。

如图4-2所示,CSA在组织的最基层实施。实施CSA的依据是业务部门比从事风险审计的外部机构更清楚自己的风险。CSA的评估结果自下而上地集中到公司层面的两个平衡计分卡指标中:

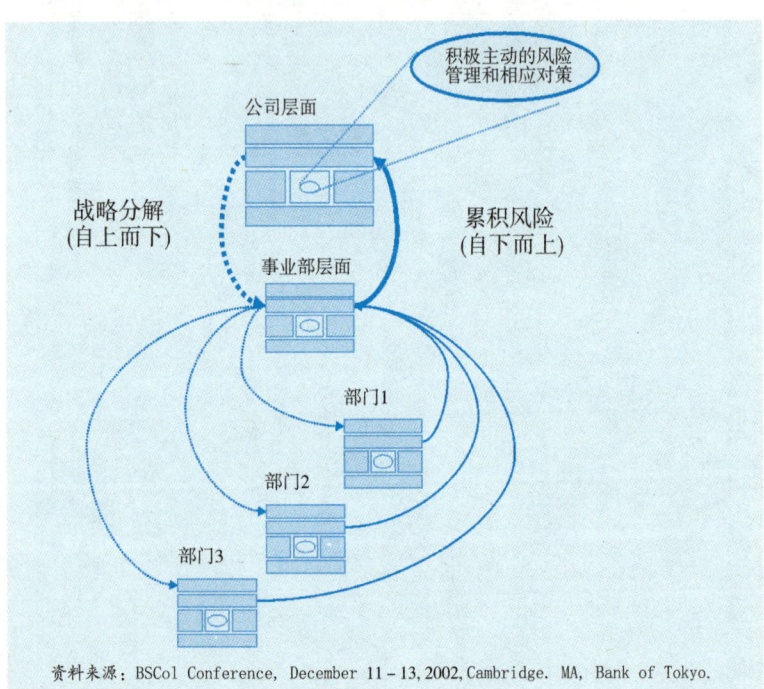

图4-2 东京三菱银行美洲区总部风险管理流程分解与管理

资料来源:BSCol Conference, December 11-13, 2002, Cambridge. MA, Bank of Tokyo.

◆ 各业务部门分享所发现问题的比例（目标值=50%）。这个指标凸现了在所有其他渠道（包括内部审计、外部审计）发现的问题中，由COSO自我评估识别的风险问题所占的比例。该项指标产生了立竿见影的效果，业务部门变得积极地识别曾经一度忽略或未及时响应的风险问题。

◆ 一定时期内解决问题的比例（目标值=100%）。对该指标进行月度回顾促使风险问题得到了更迅速的解决。

通过将战略图和平衡计分卡从公司层面分解到各事业部，美洲区总部确定了其企业价值定位中的一个要素：开发一套风险管理流程的通用方法，并与平衡计分卡中的指标相连接，大大降低了业务风险，保障了股东价值。

价值链协同效应

事实上，每个组织都处于一个更广阔的竞争（或合作）环境中。在这个环境中，客户需要将不同企业提供的产品和服务加以结合，以实现更高层级的价值定位。例如，一位消费者购买新汽车时，通常他必须找到贷款渠道。汽车制造商可以选择只卖车而让消费者自己办理贷款，也可以选择建立一个新的业务为客户提供贷款服务。消费者买了车以后还需要汽车服务和维修。同样，制造商可以选择让消费者自己寻找服务站，也可以选择建立新的业务线，提供厂家培训过的机械师维护卖出的汽车。

贷款与服务两项业务为制造商创造了扩展客户关系的机会，增加

组织协同

客户在汽车方面相关支出的花费，同时也提高了车主向该制造商购买下辆新车的可能性。通过增加这些新业务，制造商可以提供更有吸引力的客户价值定位——以新增业务提供一站式消费。

许多行业都有类似延长客户价值链的机会。如IBM最初是一个专注于计算机硬件和软件的制造企业，后来通过建立咨询服务事业部扩展到客户价值链的前端。该事业部负责为客户设计整体解决方案，而最终使用的当然是IBM自己的产品。IBM还在价值链的末端增加了另一条业务线——外包业务，负责帮助客户运行和维护计算机系统。

Brown & Root 工程服务公司把六个独立的利润中心（工程部、采购部、建筑部、安装部、运行支持部、供应部）的服务整合为一站式的服务体系，从而建立了新的客户价值定位。调整后的企业为消费者提供一站式服务，同时也大大提升了经营效率，帮助用户大幅度降低成本。

总部的积极推动是价值链整合成功的关键因素。以上案例中所提到的每个利润中心其实都非常乐于继续专注于现有的市场、客户和服务方式。然而新的战略要求这些独立的利润中心整合它们的经营活动。比如，汽车制造商必须调整销售流程，以鼓励客户在购买汽车的同时实现贷款和服务业务的交叉销售。IBM也必须建立一个客户制管理流程来提供一系列完整的服务范围。Brown & Root 也必须学习如何以团队形式面向市场，而不是像以前一样作为各自独立的公司出现。每个案例中，企业自上而下工作的优先顺序都要求各战略事业部扩大其运作范围，以支持企业战略的实现。

图4-3展示了一个常见的企业价值链整合战略的价值定位和典型的计分卡。财务目标关注的是交叉业务战略的预期结果。每个战略事

业部都有可能承担创造交叉销售收入的目标，即交叉销售其他单元的服务或者整合性服务。同时，也要承担降低交叉销售活动成本的责任。例如，汽车制造商会希望服务公司与经销商销售代表合作，共同促成新的交易。

保留老客户所需的成本比获取新客户所需的成本要低得多。公司计分卡中的客户角度体现了这个益处，如一站式服务和成本降低，这是新的整合战略为客户所创造的价值。这些益处的衡量方式可以是关系拓展的宽度、深度、客户花费、服务项目数量以及由共享或整合服务而降低的成本。

内部维度关注的是支持交叉业务战略所需的新业务流程。其中可能包括涵盖跨业务线的采购流程、统一的客户管理、交叉模式的销售、营销以及新服务项目的开发。

学习与成长维度关注的是实现交叉业务战略必需的新行为和能力。这里的突出问题是要提高对交叉业务的认识度、产品线知识、团队合作和共享激励机制。

图4-3的企业价值定位和计分卡确定了价值链整合战略所要求的具体交叉业务目标。这些企业目标随后被分解到战略事业部，然后由事业部把上级的目标融入到事业部自己的战略中。

案例：万豪度假俱乐部（MVCI）

万豪是高档宾馆和度假胜地的代名词。除了旗舰品牌万豪酒店，母公司还拥有其他品牌，如万丽酒店（Renaissance）、万怡酒店（Courtyard）、菲尔费尔德旅馆（Fairfield Inn）和丽思卡尔顿酒店

组织协同

图4-3 战略体系：价值链整合

协同效应	企业价值定位	典型的计分卡衡量指标
财务	确定通过价值链整合实现交叉业务的收入增长和生产率提高目标	・协同服务收入所占百分比 ・全生命周期成本降低
客户	确定整合各事业部的服务形成的新客户价值定位	・客户关系的持久度 ・采用服务价值链（#，%） ・客户份额
内部流程	确定各事业部整合的无缝运作所需的新流程	・订单管理——生产力 ・客户管理——效益 ・关键流程周期
学习与成长	确定价值链整合所需的知识、系统和文化	・交叉业务知识 ・团队合作 ・团队奖金

（The Ritz-Carlton）等。万豪的常年旅行项目——"万豪礼赏"（Marriott Rewards）在行业中是最大的项目。

1984年，随着对美国度假集团的成功并购，万豪介入分时度假的酒店业务。这项业务是指购买一个时段的客房使用权，如一周。这个模式吸引了寻求度假屋快乐的个人和家庭消费者。1984年，这还是个新兴的行业，但在这之后的20多年里，这项业务以强劲的两位数增长趋势在扩大。如今，万豪度假俱乐部拥有四个品牌：MVC International、Horizons、 Grand Residence Club和丽思卡尔顿俱乐部（The Ritz-Carlton Club）。每个品牌侧重于不同的细分市场。2003年，收入大约为12亿美元，每年新增3~5家度假酒店以保持两位数的增长速度。

MVCI的巨大成功绝不是轻而易举实现的。MVCI的核心经济模式由四个非相关的业务组成，每项业务在行业价值链中占据相似的一环。如图4-4中所示，包括土地开发商、建筑设计师、施工承包商共同选址、获得许可和产权、设计并建造度假酒店。销售与营销部门向终端客户销售分时度假产品。银行贷款部通过向消费者提供贷款服务来支持销售。酒店管理部经营整个度假酒店并承担顾客服务的最终责任。

尽管四个部门的分工和职责很清楚，但是它们各自的文化和能力难免存在差异。这四个部门曾经一度陷入隔阂中：各部门从事各自的工作，很少和其他部门沟通。比如，如果开发部遇到问题或者计划延误，它们没有及时与其他部门沟通。而此时，销售与市场部认为项目能够按时完成，所以它们开始市场的开发活动，寻找客户，销售产品。经营部也是假设项目很快就会完成，所以开始在全球招聘和配置专家团队。由于价值链的连续性，一个环节的小问题会在下面一系列

组织协同

环节中的影响逐步升级放大。显然，MVCI失去了通过整合价值链创造协同效应和价值的主要机会。

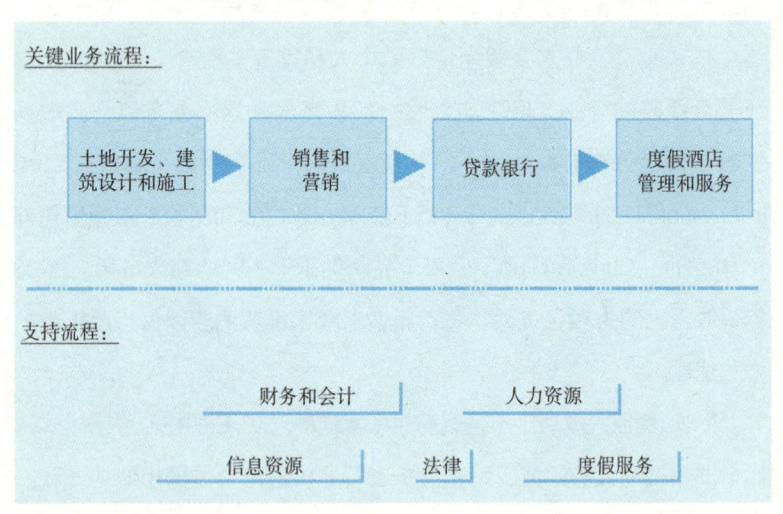

图4-4　万豪国际度假俱乐部（MVCI）的行业价值链

关键业务流程：

土地开发、建筑设计和施工 → 销售和营销 → 贷款银行 → 度假酒店管理和服务

支持流程：

财务和会计　　人力资源

信息资源　　法律　　度假服务

罗伊·巴恩斯是一个在酒店业工作了20年的老将，他被MVCI委以重任并着手解决这个问题。他的职位是战略管理和客户战略高级副总裁，具体职责是帮助MVCI完成从创业型企业管理发展到战略型管理的思想定位的转变。巴恩斯的具体目标是重组公司，打破原有的四个壁垒型部门，创建一套与公司战略挂钩的一体化的业务流程。他选用平衡计分卡作为支持这项变革的工具。

图4-5是MVCI公司层面的战略图，它以一体化、纵观全局的方式描述了战略。战略图反映了思想定位的转变，从原先的各自为政的职能转变为一套整体的业务模式。这张公司战略图确定了在组织基层整合团队行为的目标。

图4-6显示了公司战略图和平衡计分卡建立后，向组织的四个层

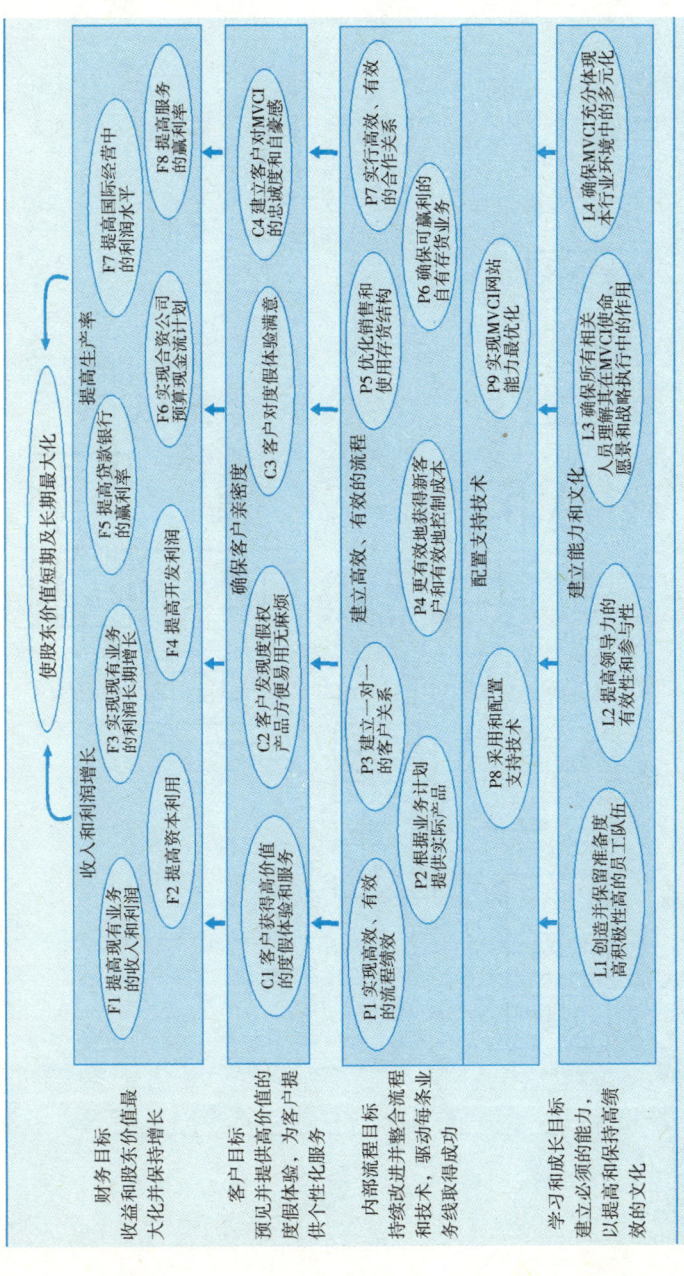

协同内部流程和学习与成长战略：整合的战略主题

图4-5　MVCI公司战略图

	使股东价值短期及长期最大化		
财务目标 收益和股东价值最大化并保持增长	收入和利润增长 F1 提高现有业务的收入和利用 F2 提高资本利用 F3 实现现有业务的利润长期增长 F4 提高开发利润	提高生产率 F5 提高贷款银行的赢利率 F6 实现合资公司预算现金流计划	F7 提高国际经营中的利润水平 F8 提高商服务的赢利率
客户目标 预见并提供高价值的度假体验，为客户提供个性化服务	C1 客户获得高价值的度假体验和服务	C2 客户发现度假权产品方便易用无麻烦	C3 客户对度假体验满意 C4 建立客户对MVCI的忠诚度和自豪感
	确保客户亲密度		
内部流程目标 持续改进并整合流程和科技，驱动每条业务线取得成功	P1 实现高效、有效的流程绩效 P2 根据业务计划提供实际产品	P3 建立一对一的客户关系 P4 更有效地获得新客户和有效地控制成本	P5 优化销售和使用存货结构 P6 确保可赢利的自有存货业务 P7 拥有高效、有效的合作关系
	建立高效、有效的流程	配置支持技术	
	P8 采用和配置支持技术	P9 实现MVCI能力最优化	
学习和成长目标 建立必须的能力，以提高和保持高绩效的文化	L1 创造并保留准备度高积极性高的员工队伍	L2 提高领导力的有效性和参与性	L3 确保其任EMVCI使命、愿景和战略执行中的作用 L4 确保MVCI充分体现本行业环境中的多元化
	建立能力和文化		

资料来源：BSCol Conference, Chicago, May 11 – 13, 2004, Roy Barnes, MVCI.

组织协同

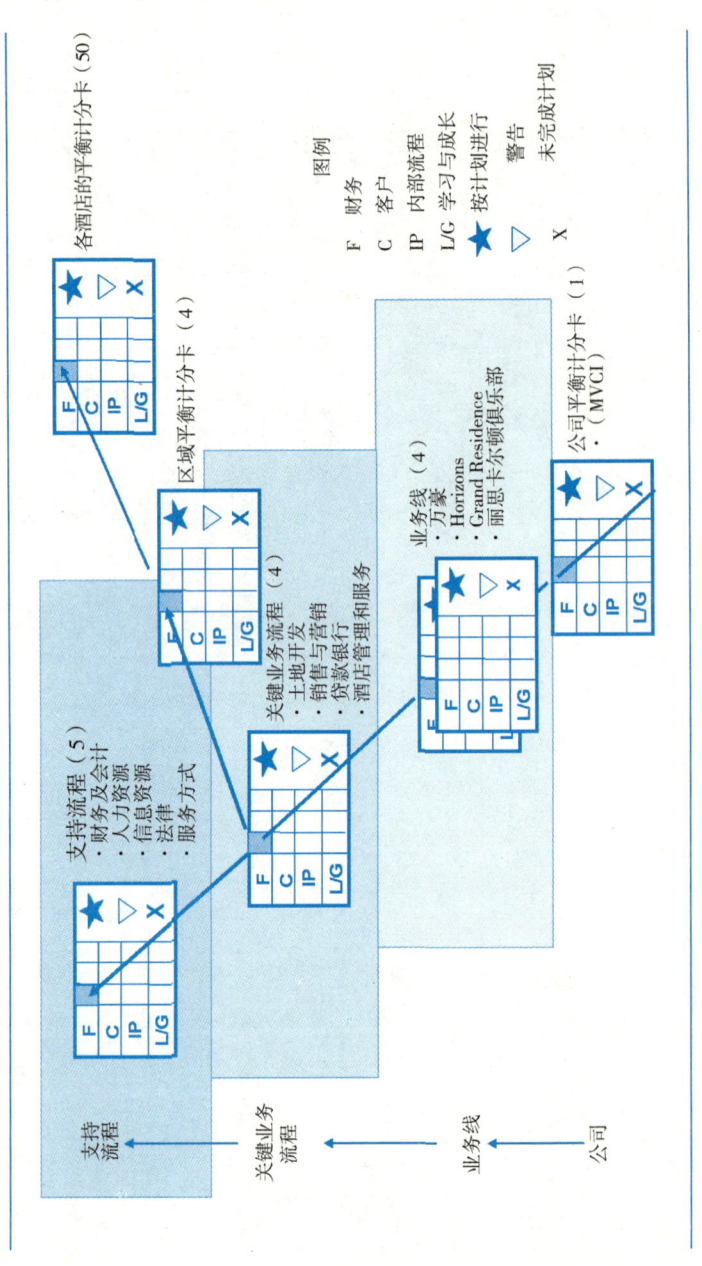

图4-6 MVCI公司计分卡分解

图例:
- F 财务
- C 客户
- IP 内部流程
- L/G 学习与成长
- ★ 按计划进行
- ▽ 警告
- X 未完成计划

层级（从下到上）:
- 公司：公司平衡计分卡（MVCI）(1)
- 业务线：业务线 (4)
  - 万豪
  - Horizons
  - Grand Residence
  - 丽思卡尔顿俱乐部
- 关键业务流程：关键业务流程 (4)
  - 土地开发
  - 销售与营销
  - 贷款银行
  - 酒店管理和服务
- 支持流程：支持流程 (5)
  - 财务及会计
  - 人力资源
  - 信息资源
  - 法律
  - 服务方式
- 区域平衡计分卡 (4)
- 各酒店的平衡计分卡 (50)

协同内部流程和学习与成长战略:整合的战略主题

级进行分解的过程:从MVCI公司层面分解到业务线,从业务线分解到价值链上的四个部门(即关键业务流程),从部门分解到地区,最终从地区分解到每个度假酒店。每个层面都需要将自身战略与高层分解下来的战略加以协同。

尽管战略图和平衡计分卡为巴恩斯提供了他所需要的工具,他仍然需要一个延伸的实施流程来实现预期的行为变革。他的变革管理方法由五个步骤组成:

1. **推介平衡计分卡概念**。与组织各层面的业务领导进行会谈,一对一地推介新战略并建议用平衡计分卡来管理新战略。

2. **连接平衡计分卡与其他治理方式**。把平衡计分卡纳入每年的战略开发、计划、预算、目标设定、业绩回顾和调整流程中。

3. **传达平衡计分卡战略**。确定目标听众,选择合适的信息和传播渠道。尝试用七种方法对每条信息进行七次传递。

4. **连接平衡计分卡与薪酬体系**。把个人激励与平衡计分卡挂钩。

5. **保持对平衡计分卡的持续关注**。用平衡计分卡监控业绩和管理公司重点工作。确保管理层对业务战略执行情况始终一目了然。

MVCI用了一年多的时间在内部建立起新的管理方式,这份努力所带来的效益是相当可观的。现在,每个部门都能够了解它的上游部门的关键驱动因素,就能更好地帮助本部门监控那些与上游部门具有关联性的行动方案状态。这样,当开发部遇到问题时,其他部门就会得知情况并采取相应的行动。仅仅计算价值链上协调改进的成果,MVCI有据可查的节约就达几百万美元。企业价值链整合战略确实创

组织协同

造了巨大的协同效应。

利用无形资产创造协同效应

任何企业,无论多么多元化,都可以通过领导力和人力资本开发的积极管理创造企业价值。在当今知识化全球经济中,无形资产,如人力资本,占组织价值的近80%。将无形资产转换为有形结果已成为大多数组织的一种新的思维方式。那些掌握了这一流程的组织,尤其是具有高效人力资源中心的组织,就可以创造巨大的竞争优势。

由于每个组织都需要发展员工和领导,都需要形成一定的组织氛围,企业价值定位就可以为人力资本的开发提供有效的流程。这一流程将跨越不同的战略事业部,比如它们各自的具体能力素质要求可能不一样,但开发和整合的流程却是相同的。企业总部可以推动三个流程为不同的战略事业部开发人力和组织资本:(1)领导力和组织开发,(2)人力资本开发,(3)知识共享。

领导力和组织开发

现代人力资源中心都被寄予很高的期望,希望它们能指导组织的领导力发展和企业文化构建。虽然优秀的领导力和有支持力的文化很难量化,但这却是成功执行战略的重要驱动因素。开发这些资产的初衷是确保这些因素和企业战略保持协同。领导者必须理解它们要引领组织走向的战略,必须建立一套价值观来支持战略的实现。这里所指的企业价值定位就是确保领导力和文化与战略的协同。

国际化工公司(Global Chemical)起初就遭遇过领导力和人力资

协同内部流程和学习与成长战略：整合的战略主题

本开发与企业价值定位错位的经历。当时，总部人力资源中心对国际化工的某战略事业部进行了一次评估（图4–7）。这个评估的参考点是组织的变革计划，即这个战略事业部根据新战略所需采取的七项行动。[2] 表格中间一栏显示的是这个战略事业部在员工发展规划中的文化价值定位。尽管这个战略事业部的战略需要从原来的产品导向往咨询导向、客户解决方案方向转变，但在"期望价值"中客户导向并没有被提及。

与此相同，战略事业部的战略要求区域中心发展的最优化。尽管这种细化创造了显著的效益，但是它需要再进行全球性的高层次团队合作。但是战略事业部的人力资源部制定的"期望价值"中没有体现团队合作。因此组织期望的文化和战略变革计划的协同性指标只达成70%。

图4–7最右边一栏显示的是这个战略事业部用来发展领导干部的领导力模型。同样，这个由本事业部人力资源部门开发的模型，在关注客户和团队合作目标上也没有得到体现。领导力与组织发展规划之间的脱节通过评估便显现出来了，然后总部对这个战略事业部的规划进行了几项主要的改进。公司总部的这一行动方案提高了战略事业部通过重要的无形资产获得战略效益的能力。

人力资本开发

企业可以通过改善所有事业部的人力资本开发来创造企业价值。即使是在多个不同行业经营的高度多元化企业，也能够通过有效管理企业内部劳动力市场而创造价值。

我们以印度塔塔集团这样的商业集团为例。总体上，发展中国家

组织协同

图4-7 国际化工公司领导力和文化与战略的协同

战略需要的新行为	国际化工公司的组织变革计划	国际化工公司的期望价值	协同指数	国际化工公司领导力模型	协同指数
1. 关注客户	被客户看做是理解他们业务的博学的合作伙伴		○		○
2. 创新	坚持接受新思想,敢于试验并承担可控风险的文化	我们相信授权的价值在于促进快速决策	●	我们的领导确定了变革的需要和契机——他们克服了旧的思维方式	●
3. 实现结果	建立结果导向意识,成本有效性和高效的文化	我们注重关注业务成果的结果	●	我们的领导人代表了最高能力——他们提供必要的资源	●
4. 理解战略	强化世界级企业形象	我们清晰地沟通战略和目标	◐	我们的领导人将组织战略转化为某些具体部门的愿景	◐
5. 责任感	向员工授权和赋予责任感	我们期望清晰地设定责任和个人目标	◐	我们的领导人确立工作的优先顺序和工作的重点目标	◐
6. 开放式沟通	确保跨部门和地区的知识的传授	我们崇尚公开的观点交流	○	我们的领导人倾听不同的建议、替代方案和关注的问题	○
7. 团队合作	跨区域、跨文化的业务流程管理				
			70%		70%

图例: ● 良好协同   ◐ 部分协同   ○ 没有协同

协同内部流程和学习与成长战略：整合的战略主题

的教育体系在为提高学生成功就业所必备的基础技能方面比较薄弱。这些国家的多元化大型企业有实力投资设立教育和培训项目，培养新进员工，然后可以从员工在企业追求终生职业发展中获益。在劳动力成熟度和流动性都比较强的国家，个人在企业得到培训以后，通常能得到更高的报酬，如果本企业不加薪，他可能跳槽到竞争者那里。一个积极管理其内部劳动力市场的控股企业，公司层面的平衡计分卡将会包括企业内部关键员工在公司内部轮岗，以及高管在集团内部的不同公司内交叉提升等目标。

　　大型多元化企业，如GE，也为不同业务领域的员工提供额外的职业发展机会。前首席学习官（CLO）史蒂夫·克尔（Steve Kerr）描述了GE的产品线和地区多元化如何为年轻、有潜力的经理人提供全球"爆米花摊"的独有发展机会——这些小型业务的成功或失败不会对GE每年位列前三的经营收入产生什么影响。[3]GE根据收集到的这些小型业务单元管理者的业绩来决定哪个管理者值得提拔，值得进一步培养，并赋予GE在全球其他地区的不同企业以更大的责任。经过20年左右的经验积累，GE培养出了一批胜任大的产品和区域组织管理的领导与管理者。

　　企业的学习与成长目标与很多工作相关，如招募最优秀的员工，运营一个优秀的企业大学服务于内部培训和教育，为企业有才能的管理者提供不同的职业发展机会，在整个公司运营中分享相似流程的最佳实践知识。

　　企业最大的回报来自于对战略性能力越来越大的关注。很多组织设立了专门的管理职位——首席学习官来实现这一目标。战略能力素质是员工必须具备的支持战略的技能和知识。在员工学习与发展方面

组织协同

的投资奠定了企业长期、持续不断进行变革的立足点。对于知识型组织来讲，改进支持客户价值定位的业务流程的能力，取决于员工是否具备因战略而改变行为和运用知识的意愿。因此，希望确保战略成功的组织应该了解自身所需要人员的能力素质。它们需要对目前战略能力素质加以评定，并制订计划以填补组织能力素质库中存在的差距。

尽管能力发展项目不是一个新概念，但是将这些项目与战略相结合的概念是新的，有时候可能通过使用平衡计分卡来实现。近几年，组织开始定义战略岗位群，或者与具体战略流程相关的能力"组"。通过确定有关的战略岗位群，组织可以确保发展的是正确的能力——可以加速产出战略成果的能力。旧金山的威廉姆斯—索拿马公司（Williams-Sonoma）的人力资源高级副总裁约翰·布朗森（John Bronson）特别强调理解并管理战略岗位群的重要性，他估计公司里面大量岗位组中，仅有五个岗位组决定着公司80%的战略绩效。[4]（平均来说，大中型企业的所有岗位群中只有10%是战略性的。）

弥补战略性能力素质不足的方法有几种：招聘、培训、职业生涯规划和外包。如何恰当地组合这些方法取决于战略的时间表，也要考虑可用人才库所具备的灵活性。

瑞士一家具制造商Kinnarps运用平衡计分卡实现了员工的能力开发和战略执行的协同效益。公司的内部培训学校Kinnarps学院绘制了每个员工的能力图，并将员工的能力和战略岗位实际需要的能力进行比较。然后学院为员工开发了定制化的能力发展课程，以使其获得支持企业战略目标所需要的能力。Kinnarps学院的院长说，平衡计分卡帮助学院在能力开发上更具前瞻性、更具目标导向性。[5]Kinnarps采用IT系统追踪能力开发的投入；系统绘制战略与所需技能匹配图，并显示由于员工能力层级的差异而产生的财务损益。由此大家对于缩短能力差距将对财务结果产生影响力的重要性有了更好的理解。

知识共享

所有企业都可以从内部知识共享中获益。即使在高度多元化的业务单元,各自有不同的目标客户和多元价值定位,仍然可以使用很多相似的流程,如薪资体系、月度财务报告、招聘、年度员工绩效回顾、采购、供应商甄选和付款、交货、收款和计划安排等。

通过分享某些通用流程的信息,企业有更多的机会发现可以在跨业务单元迅速进行共享的最佳实践。相比各独立公司自己定期寻找标杆,这种最佳实践知识的获取和共享既可以更快地实现,也可以节省更多的成本。对于知识共享,企业的规模越大,多元化程度越高,流程创新并惠及整个组织的机会就越大。

在许多案例中,知识获得和传授的责任已被委派给组织内的一个新角色——首席知识官(CKO)。尽管最佳实践管理领域是成熟的,但把具体的最佳实践与战略成果的输出连接起来的方法却并不容易理解。传统的运用最佳实践的方式和战略是明显孤立的。如今我们看到很多组织通过运用平衡计分卡报告的功能,根据创造战略成果的能力识别那些高绩效团队、部门或者单元。这样可以验证高绩效的原因并在整个组织中广泛传播这个信息。通过这种方法可以教育并培训其他团队、部门或者单元,并了解如何去改进它们的绩效。

冠城国际公司(Crown Castle International,以下简称CCI)的知识管理系统(CCI-Link),是一个企业最佳实践的大型数据库和图书馆。这个知识管理工具可以收集并分享在跨国分权经营模式下所有的

组织协同

企业内部业绩信息和最佳实践知识。

CCI运用平衡计分卡对其40个区的代表处的战略绩效指标进行对标。对标可以帮助管理者发现哪个战略流程和实践在公司中是最佳流程,帮助他们对组织内其他领域的人员进行这些流程和实践的培训,使大家都能够达到最高业绩水平。对内部最佳实践的关注使CCI可以吸取经验教训,帮助协同整个组织的战略、计分卡、流程改进和培训活动。

CCI的知识管理实践为组织协同和高效运作作出了很大的贡献,特别是在公司裁员时期这种贡献更大。CCI-Link的核心架构适用于跨地域组织。分处于各个国家的业务机构拥有通用的传统职能项,如财务、资产和人力资源,但是具体内容却可以非常本地化。详细的分析有助于区分不同地域之间的实际差异,使管理者可以真正了解业绩成败的基本原因。

小　　结

建立企业的人力资本和组织资本是企业每个人的工作;人力资源部起了牵头的作用。我们的经验表明,如果这些流程与战略相连接,企业人力资本的价值会大大提升。我们已经在其他篇章讨论过如何创造协同和衡量战略准备度,以使人力资源管理者能够管理这些流程。[6]战略图为协同人力资本和战略提供了另一个工具。

很显然,人力资本的管理科学正应运而生。运用这门科学需要新的管理流程。根据平衡计分卡协会和人力资源管理协会的调查,尽管看起来有43%的企业的人力资源部指派代表帮助事业部管理人力资源

协同内部流程和学习与成长战略：整合的战略主题

关系，其实只有19%的企业真正实现企业战略计划和那些流程的协同。[7]发展这些新流程将会提高组织无形资产的价值。

案例：IBM的学习

员工素质、领导力和文化早已成为IBM的特色和成功基础。经历了20世纪60年代、70年代、80年代的几十年时间，IBM的员工创造了商业史上最成功的企业。他们结合了新技术时代的领导力和强有力的营销流程，创造了高度的客户忠诚度。IBM在其员工能力和领导力——企业成功的基石——开发上做了相当大的投资。

这个成功在20世纪90年代遭遇了停滞。虽然IBM实验室还是不断地开发出未来的新技术，但企业组织却改变不了原先的业务模式。曾经是IBM主要资产之一的强大的企业文化，这时候变成了一项负债。它成为企业变革的障碍，而IBM所处的这个行业恰恰又是一个以变革为特性的行业。在20世纪90年代初期，IBM亏损约160多亿美元。很多人甚至觉得应该把企业拆分出售。

郭士纳（Lou Gerstner）这个IBM从外部聘请来的首席执行官却持相反观点。他相信客户希望有家公司可以整合多个信息技术领域，而IBM就是整合者的最佳人选。历史证明了这份远见卓识的正确。到2000年，IBM恢复了行业领导者地位。在彭明盛（Sam Palmisano）的领导下，新的IBM不断发展。领导力、文化和员工学习仍然是IBM战略的核心。

2001年5月，特德·霍夫（Ted Hoff）加入IBM担任学习副总

组织协同

裁，帮助公司开发无形资产。作为IBM的首席学习官，霍夫负责公司的学习项目，开发管理培训计划，员工的职能指导，技术和销售培训以及技能培训。他成为IBM高级管理团队的一员，也是全球人力资源领导团队的一员。

霍夫一上任就发现IBM仍然在学习上投入巨资：每年花费10多亿美元。尽管投入这么多，但一线经理们并不知道公司在他们身上花费了多少，也不知道他们到底获得了什么回报。学习是"人力资源的事"。公司也没有协同学习和业务的战略计划流程。学习并没有定位成对业务和组织成功的关键驱动力。霍夫在IBM的使命就是扭转这一现状。

图4-8总结了IBM把10亿美元的学习投资和企业战略进行协同的方法。如表左侧所示，IBM拥有清晰的战略制定流程和领导力驱动的执行方法。右侧的表格总结了开发战略性技能的投资。然而历史上并没有一种有效的方法来保证所有这些投资的协同性。表格中所示的事业部战略图被证实是缺失的一环。把业务战略转化为战略图，是使学习型组织集中投资于战略优先工作的一个重要步骤。

他们开发了一个"五步战略性学习计划"方法，在每个主要事业部运用。在开始流程之前，必须先和一线管理人员建立紧密的合作伙伴关系。霍夫从他的部门中为每个单元指定一个学习经理，他的角色是协同者，其职责是（1）理解事业部战略；（2）开发合适的学习战略。

第1步——理解并确认业务重点。学习经理负责研究和分析事业部的战略。其典型的资源包括：战略文档、市场信息、预算、业务计

协同内部流程和学习与成长战略：整合的战略主题

图4-8　IBM协同战略学习与事业部

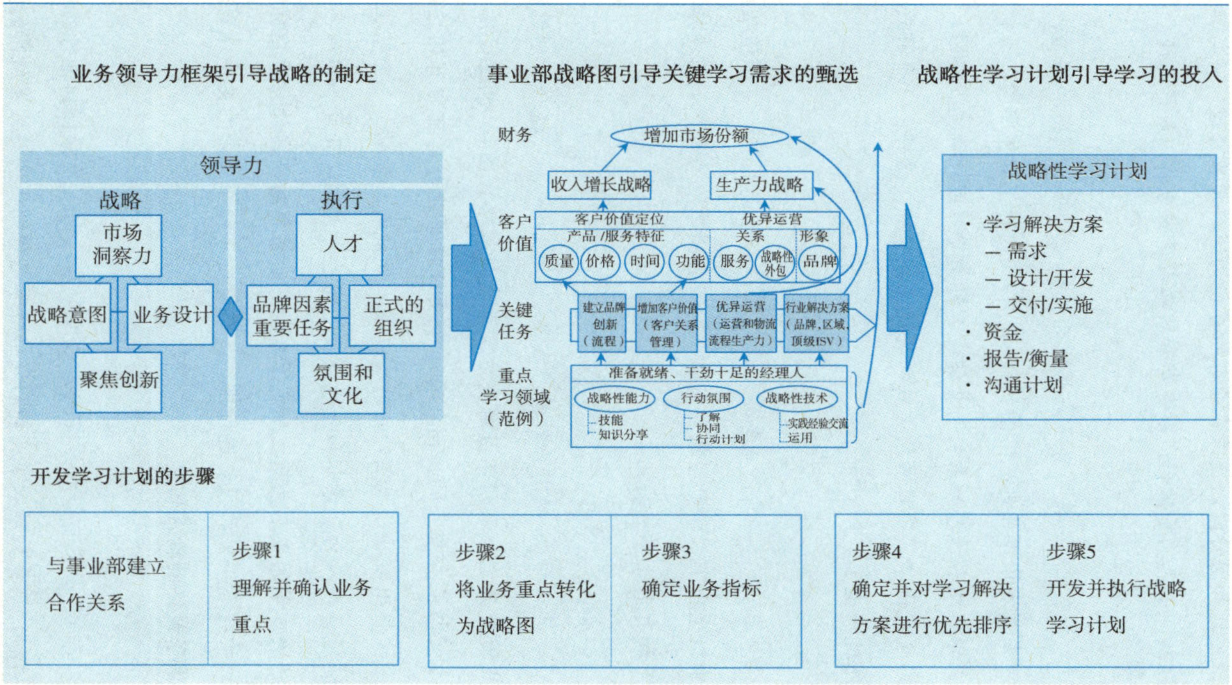

组织协同

划和因特网以及跟事业部的直接沟通。学习经理同时与其他职能团队，如人力资源部、财务部和战略部进行合作以履行其使命。

第2步——将业务重点转化为战略图。根据调研和沟通，学习经理先制定出事业部战略图的初稿。初稿列出了具体问题、目标和战略主题。然后通过一系列高管访谈，再由学习经理确定战略图。访谈有助于找出学习项目必须关注的关键业务领域。这样，一个有效的战略图就产生了。

第3步——确定业务指标。平衡计分卡的指标和目标值从战略图中衍生出来。学习经理利用这个过程去指导他的客户如何连接无形资产和有形业务结果。

第4步——确定并对学习方案进行优先排序。这个计划过程的终点就是开发一系列学习解决方案来支持战略。图4-9阐述了潜在解决方案与业务重点的协同。每一个项目在事业部里都会有相应的支持人。超出学习领域之外的解决方案（如氛围、激励）也会整理出来，随后会在人力资源部和一线经理之间进行讨论。开发和实施每个潜在解决方案的成本也随之确定下来。然后根据对平衡计分卡指标的预期影响将各项目的投资进行排序。这份清单为事业部的支持计划建设提供了最终的输入信息。

第5步——制订并实施战略性学习计划。步骤1到4进行的业务分析和计划最后融入事业部的战略性学习计划。实施方案所需的资金也

协同内部流程和学习与成长战略：整合的战略主题

图4-9 IBM执行方案和业务伙伴的协同

战略主题	重要任务	业务指标	业务目标值	备选学习方案	成本预算	优先次序
"塑造品牌"	· 定位具体的应用软件和客户增长机会	· 新产品替代	· 20%年度增长	· 综合培训项目：新产品培训(网络学习)，3天研讨会	· 10万美元(网络学习)模块；5万美元的研讨会设计和开发；每人500美元的交付和实施成本	2
				· 把客户模块放进销售课程	· 5万美元，不再有其他实施成本	4
	· 与地区办事处合作促进销售	· 收入	· 增长16%	· 在美国、中欧和东南亚的15次路演	· 5万美元	1
	· 强化与业务伙伴的关系	· 商业伙伴满意度	· 年终满意/非常满意达到85%	· 通过网络课程和新的学习手册培训区域销售代表关于渠道销售操作的知识	· 8万美元的开发成本加上每册3美元的印刷和配送成本	3
				· 激励业务伙伴建立客户多元化	· 非学习性方案	n/a

组织协同

到位。支持计划实施的沟通方案也制定出来了,同时对计划实施的一套评价、报告和回顾流程也开发出来了。

通过战略图和平衡计分卡的运用,IBM现在的学习投资与业务目标实现了"一目了然"式的协同。这种方法使IBM不同部门的协同产生了实质性的区别。如霍夫所说:"我们现在和业务部门在同一个桌面上。"[8] 学习部门都参与战略规划、预算和投资/回报讨论。如果需要,他们可以直接跟高层管理者汇报。学习组织的员工现在也为业务结果负责。更重要的是,IBM将大部分的无形资产(学习项目)转变成有形的业务成果了。

利用企业战略主题协同

大型的产品多元化且跨区域的组织也在努力争取从他们分散经营的业务单元中创造规模经济的竞争优势。这些企业面临以下挑战:一方面事业部必须对本地市场和挑战作出响应;另一方面也要通过与其他事业部的协同来帮助整个企业获得经营规模和范围效益。由于相对独立的业务单元承担着多种责任,因此很难对其业绩和责任界定一个合理的基础。

一个多世纪以来,企业不停地扩展新的产品线、新的细分市场和新的区域,它们采用了各种组织设计方法,我们在第2章部分地阐述过。这些方法中包括以职能划分、以产品划分、以客户和细分市场划分或者以地区划分,但没有一种方法是完美无缺的,也尝试过一些更新的形式——包括矩阵式组织、技术型组织、渠道型组织、网络和虚

协同内部流程和学习与成长战略：整合的战略主题

拟型组织。尽管在组织结构和形式上进行了这么多的创新变革，但协调、协同和责任的问题依然存在。

有些结构复杂的组织已经运用公司层面的战略图和平衡计分卡来创造多元化、分散型的业务单元间的协同。一般来说，这两个工具可以使企业清晰地描述其战略主题。这些企业认为，如果按照现有的组织结构，在各运营单元之间重新分配职权、职责和决策权，创造不了它们所期望实现的企业层面协同效益的奇迹。它们不再继续追寻理想中的、可望不可即的组织架构解决方案，而是用公司层面的平衡计分卡构建它们的战略主题，他们相信这些战略主题将提供有信息依据的解决方案，让各业务单元在获得本地区收益的同时也能贡献于整个公司的目标。

利用战略主题协同不同的组织，对于公共机构和部门尤其有价值。公共机构需要解决的问题非常复杂和困难：吸毒、非法入境、流浪、贫困、靠福利生存、未成年怀孕、环境污染、国家安全、犯罪、情报、结构性失业以及其他，等等。任何单一的组织单元、机构或部门都不可能拥有解决这些问题所有的权力、资源和知识。

与私营企业的不同之处在于，政府机构和部门希望通过新的协同解决这一系列的问题需要付出艰巨的努力，而且取得的结果只有通过时间才能得到验证。每个部门都有自己的受众，很典型的就是在各自的州或国家议会各有自己的一群拥护者。要改组或合并这些机构使之更有效地完成一项使命通常会立即遭到非常集中、高密度和有组织的抵制。

因此，政府如果希望创造积极的社会影响，不得不和现有的这些机构合作，即便这些机构在某种程度上处于自由散漫、无管理兼有历

组织协同

史遗留痕迹的状态。政府面临的挑战是，如何在各个机构拥有不同的使命、不同的历史和文化、不同的支撑基础的情况下来推动这些机构进行合作协同，达到孤立操作无法实现的成果。处于政府不同层级、拥有不同权限的各个机构如果希望产生积极的社会影响，就必须调整它们的努力方向，这不是政府官僚的自发行为可以实现的。

在这种情况下，平衡计分卡提供了一个理想的机制，为政府机构建立高层次的协同目标，使得各个政府机构可以共同完成使命。因此我们希望看到公共机构的计分卡包含高层次、多组织的行动方案或者战略主题。平衡计分卡为各政府机构高层代表的讨论和合作提供了有利的环境和流程。

我们将用三个案例来解析企业层面的战略主题在协同多样化、分散经营的组织中的作用。杜邦工程塑料是私营企业的代表，它采用的是五个以时间次序排列的战略主题。加拿大皇家警察属于公共机构，也采用了五个战略主题来协同其国际、国内、省级、市级各下属机构。华盛顿州鲑鱼保护行动阐述了该组织运用高层平衡计分卡协同不同机构和政府部门，解决主要公共政策问题的过程。

案例：杜邦工程塑料公司

杜邦工程塑料公司（The Engineering Polymers，以下简称EP）拥有25亿美元的年销售额，全球共30个经营单元，雇用了4 500名员工。与很多产品多元化的跨国组织一样，EP在八个全球业务和六个共享服务单元实施协同化战略的过程中也遇到了困难。

与很多矩阵型组织相同，EP各部门的角色和责任不清。人们采

协同内部流程和学习与成长战略：整合的战略主题

取的一些行动方案并没有达到跨业务的协同，也有另外一些新措施，但通常缺乏资金和人员，因此没有产生效果。在引进平衡计分卡前的五年间，EP的年收入累计增长为10%，主要是通过成本削减和生产率提高实现的，收入的实际增长率每年只有2.5%。集团副总裁兼总经理克雷格·内勒尔（Craig Naylor）看到了如何利用平衡计分卡去协同所有员工、事业部和共享的服务部门对整个收入增长战略的作用。计分卡指标可以为验证战略提供持续反馈。[9]

新战略有一个高层次的目标，即通过同时提高生产率和增长机会实现股东价值最大化。生产率的提高需要持续且逐步变革的流程。公司希望通过向客户提供更多的一体化的产品和服务创造更多的增长机会。杜邦工程塑料公司的高管团队围绕着五个以时间序列排列的战略主题建立了EP的平衡计分卡和战略图，这些战略主题描述了各业务单元如何协同它们的行动去实现收入增长和成本削减的财务目标。五个主题如下：

优异运营：采用流程改进工具，如六西格玛和成本削减，来实现大幅度的生产率改进。

供应和服务：通过物流优异运作缩减订单到现金的周期，形成客户的差异化服务。

产品和应用方案管理：专注于高利润的产品和应用方案，引进新产品和应用方案。

客户管理：向目标客户提供独有的整体解决方案，优质的产品组合，低廉的产品价格，并确保供应质量。

新业务设计：开发获取和服务终端用户的全新方式。

组织协同

　　这些战略主题的顺序符合成功执行战略所需的时间要求：改进运营流程和物流将会达成近期（9~15个月）的效果。开发能够提供更全面客户解决方案的产品需要两到三年。实现开发和采用全新业务模式的收益则需要三到四年。

　　EP开发了战略图，并指定一个管理者对每个战略主题负责。例如，图4-10展示了战略图的第一个主题——优异运作。这个主题强调向客户更好、更快、更低价格地提供现有产品。这个主题的指标和目标值与具体的成本、质量、生产和设备可用性方面的改善紧密相关。这个主题的战略行动方案包括六西格玛质量项目和事业部间的最佳实践分享，以实现所有部门学习与改进率最大化。图4-11展现了完整的EP战略图，该图的建立基础是五个以时间次序排列的战略主题。

　　EP将五个主题看做企业战略的DNA，这个基因代码将会深入到每个事业部和共享服务部门。EP将这些高层的战略主题分解到三个主要地区和五条产品线的平衡计分卡。这些事业部的计分卡重点显示了这五个主题如何在每个地区和产品线得到执行，同时每个单元根据本地战略制定独有的目标和行动方案。

　　全球职能单元——制造、IT、财务、HR、市场与研发部门同样也构建了自己的计分卡，保证开发和实施优异的职能运作活动，以支持全球、各地区和产品线的战略。每个主题的实际内容会因每个事业部而不同，但是所有的事业部将围绕五个主题确立自身的战略（图4-12）。这个方法为跨业务部门的联动和协同提供了前所未有的机会。

　　我们注意到，只有一部分事业部需要为所有的五个主题作贡献。有一些事业部仅关注两个主题。在构建自身的战略图和计分卡的时

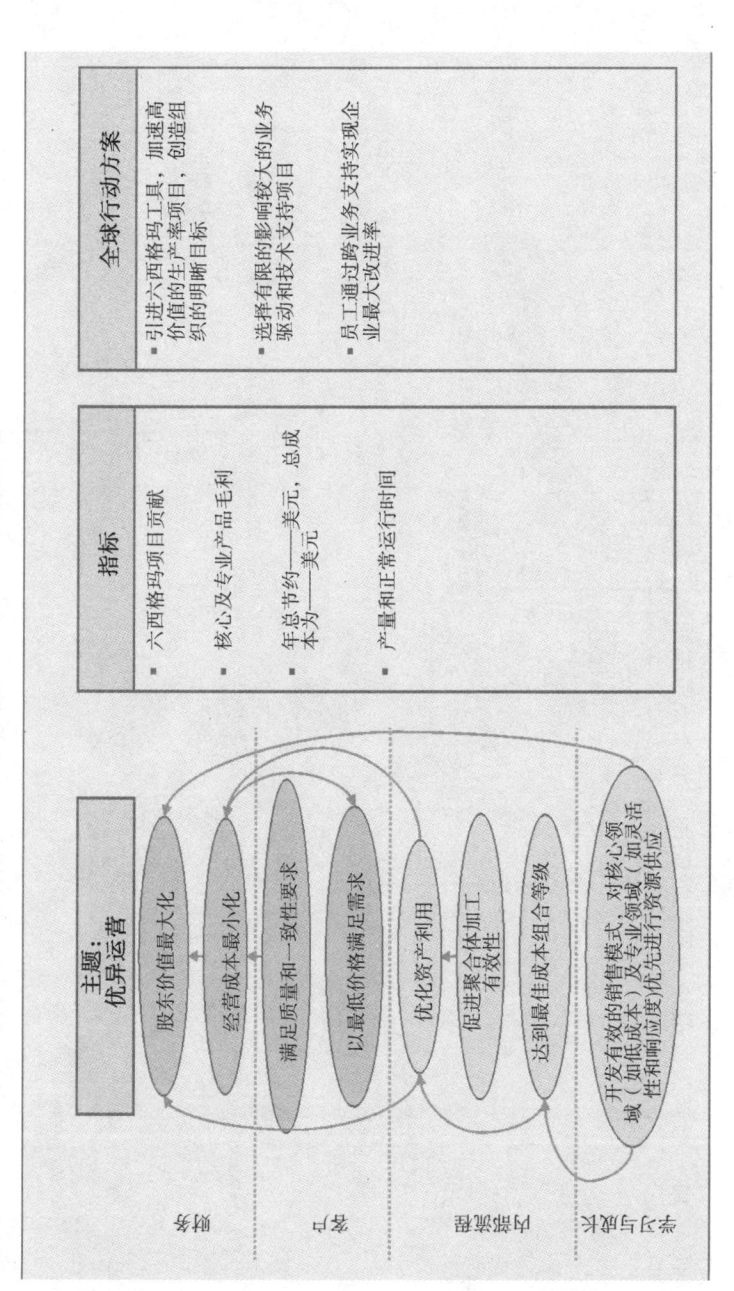

协同内部流程和学习与成长战略：整合的战略主题

图4-10 杜邦工程塑料公司优异运营主题：战略图、指标和行动方案

主题：优异运营	指标	全球行动方案
财务 股东价值最大化 经营成本最小化 **客户** 满足质量和一致性要求 以最低价格满足需求 **内部流程** 优化资产利用 促进聚合体加工有效性 达到最佳成本组合等级 **学习与成长** 开发有效的销售模式，对核心领域（如低成本）及专业领域（如灵活性和响应速度）优先进行资源供应	■ 六西格玛项目贡献 ■ 核心及专业产品毛利 ■ 年总节约——美元，总成本为——美元 ■ 产量和正常运行时间	■ 引进六西格玛工具，加速高价值的生产率项目，创造组织的明晰目标 ■ 选择有限的影响较大的业务驱动和技术支持项目 ■ 员工通过跨业务支持实现企业最大改进率

125

组织协同

图4-11 杜邦工程塑料公司的战略图,五个公司主题

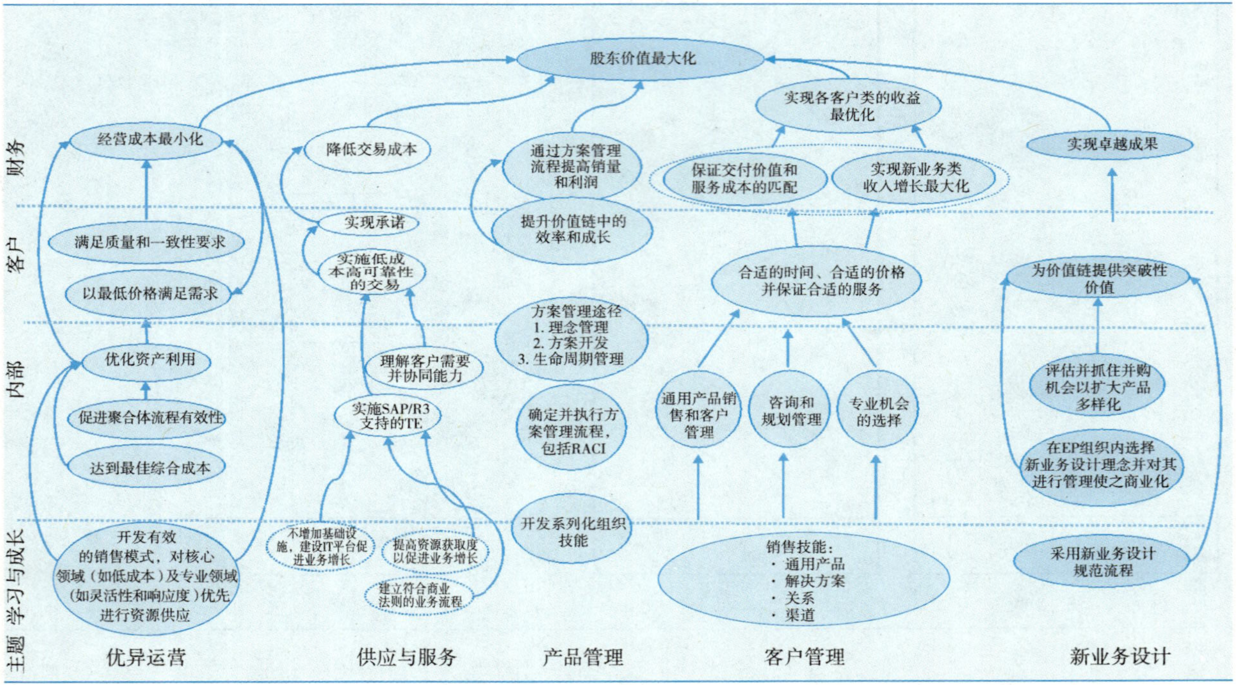

协同内部流程和学习与成长战略：整合的战略主题

图4-12 杜邦工程塑料公司：协同业务、区域、支持职能和五个战略主题

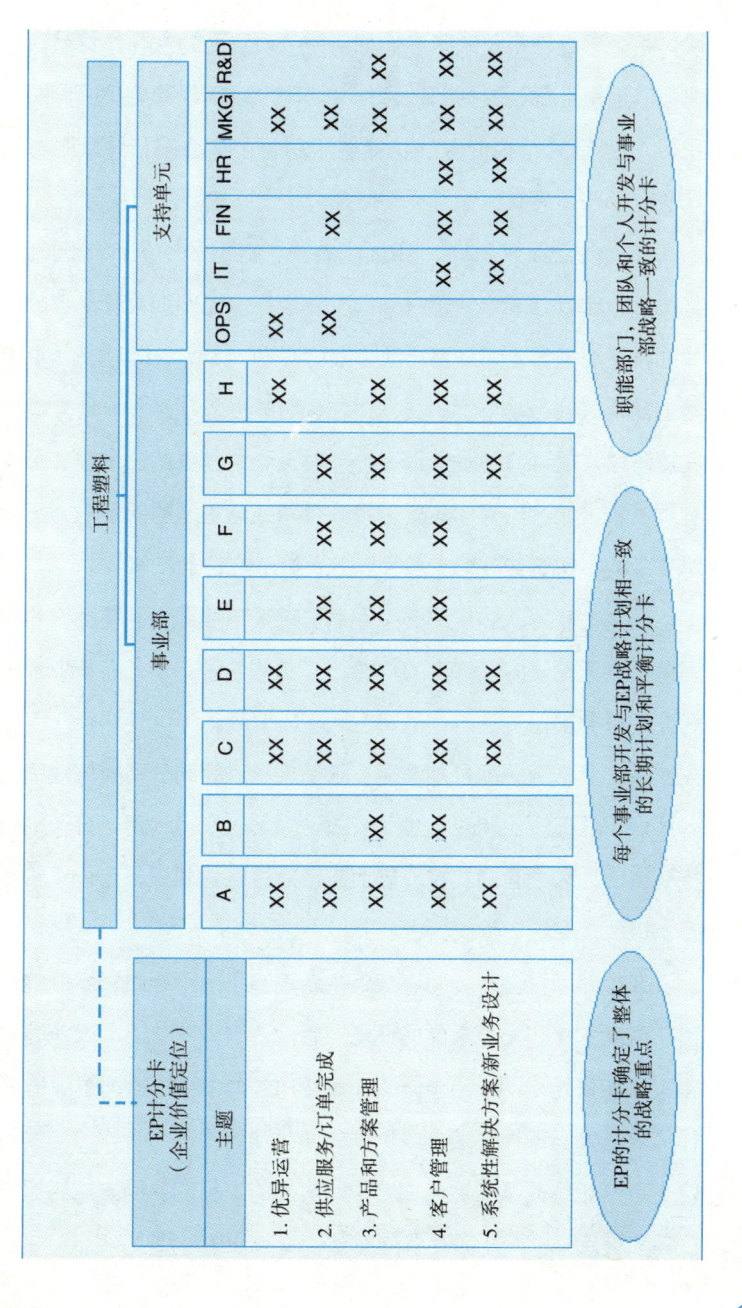

EP计分卡 (企业价值定位)		事业部								支持单元				
		工程塑料												
主题	A	B	C	D	E	F	G	H	OPS	IT	FIN	HR	MKG	R&D
1. 优异运营	xx		xx	xx	xx	xx	xx	xx	xx				xx	
2. 供应服务订单完成	xx	xx	xx	xx	xx	xx	xx	xx	xx		xx			
3. 产品和方案管理	xx	xx	xx	xx	xx	xx	xx	xx		xx		xx	xx	xx
4. 客户管理	xx	xx	xx	xx	xx	xx	xx	xx			xx	xx	xx	xx
5. 系统性解决方案新业务设计	xx		xx	xx						xx	xx	xx	xx	xx

EP的计分卡确定了整体的战略重点

每个事业部开发与EP战略计划相一致的长期计划和平衡计分卡

职能部门、团队和个人开发与事业部战略一致的计分卡

组织协同

候,每个事业部都反映了它们如何为公司层面的主题作贡献,以及如何与其他事业部和支持部门合作并协同,以实现跨业务的协同效益。图4-12所示的结构使得EP的高管了解每个事业部和共享服务单元的特性有哪些,又有哪些目标需要几个单元间的协同解决方案。

和大多数组织一样,EP面临着一个典型的冲突。地区事业部及其员工希望专注于事业部日常的有效运作。他们很难花足够的精力来关注自身业务与公司战略行动方案的协同。为了取得对EP的五个新战略主题相关的行动方案的更多关注,虽然很多项目和行动方案已经在实施阶段,管理者还是取消了许多对五个主题中的一个或几个完全没有贡献的区域性项目。这就为提高公司战略主题的新行动方案和计划留了余地,使这些战略主题可以融入员工的日常工作。

通常,矩阵式组织的一个致命弱点是事业部、职能部门和地区之间关于资源配置的无休止的争论。EP的报告说,切入各事业部、地区和共享服务部门的这五个战略主题非常清晰,极大地明晰了工作的优先次序,使资源分配更加透明。这使大家对驱动公司整体业绩的要素有共识,从而讨论和对话也更有效了。员工们也利用计分卡框架和指标获得计划和项目的支持。因为有了对战略的共识,整个组织可以进行积极的、有建设性的讨论。

在杜邦工程塑料公司,战略主题表述了一个相对稳定的战略,即使在高度变化和竞争激烈的环境里也没有很多变化。尽管策略和行动方案可能每两个月就变化一次,但EP的战略主题强调组织的基本目标:改进供应链,使之更好工作并和分销商更紧密合作,与终端用户建立新的业务关系。这些主题不是短期的。它们始终支撑组织的未来方向和重点——而不只是几周、几个月或几个季度。

协同内部流程和学习与成长战略：整合的战略主题

案例：加拿大皇家警察

加拿大皇家警察（RCMP）有2.3万名员工，每年拥有30亿加元的预算，是加拿大国家警察服务机构，也为加拿大省、地区、市提供外包警察服务。加拿大皇家警察有四个层级——国际、国家、省/地区（八个省三个地区）、地方（200个市，190个一级国家社区）。在21世纪，加拿大皇家警察面临一系列的挑战，如警察机构进入新世纪所需要的财务和资源。新任警察局局长朱利亚诺·查卡德利下决心要改进加拿大皇家警察的管理。他的目标是使加拿大皇家警察成为优异运作的战略中心型组织。尽管查卡德利是一个有很强领导力和远见的管理者，面对如何协同分散在全国的加拿大皇家警察的所有单元，实现全局层面的重点排序还是感到重重挑战。

加拿大皇家警察的高层项目组通过流程将愿景和使命——"安全的家园，安全的社会"——转化成各单元都能理解的操作语言。项目组建立了高级执行委员会（SEC）的战略图（图4-13）。

最高层面维度（客户、合作伙伴和利益相关者）抓住了加拿大皇家警察对核心服务对象的价值定位：财政部门和其他各级政府机构（国内和国际），以及直接接受警察服务的市民。例如，对财政部门的价值定位是"成为政府机构里的最佳管理机构"，而对地区合作伙伴的价值定位是"以核心价值为本，成为值得信赖的伙伴"。每个目标都跟最核心的战略目标——"最高水准的警务服务"相联结。本质上，加拿大皇家警察的价值定位是以合理的成本向合作伙伴、利益相关者和市民提供世界级最高水准的服务。

组织协同

图 4-13 案例：加拿大皇家警察

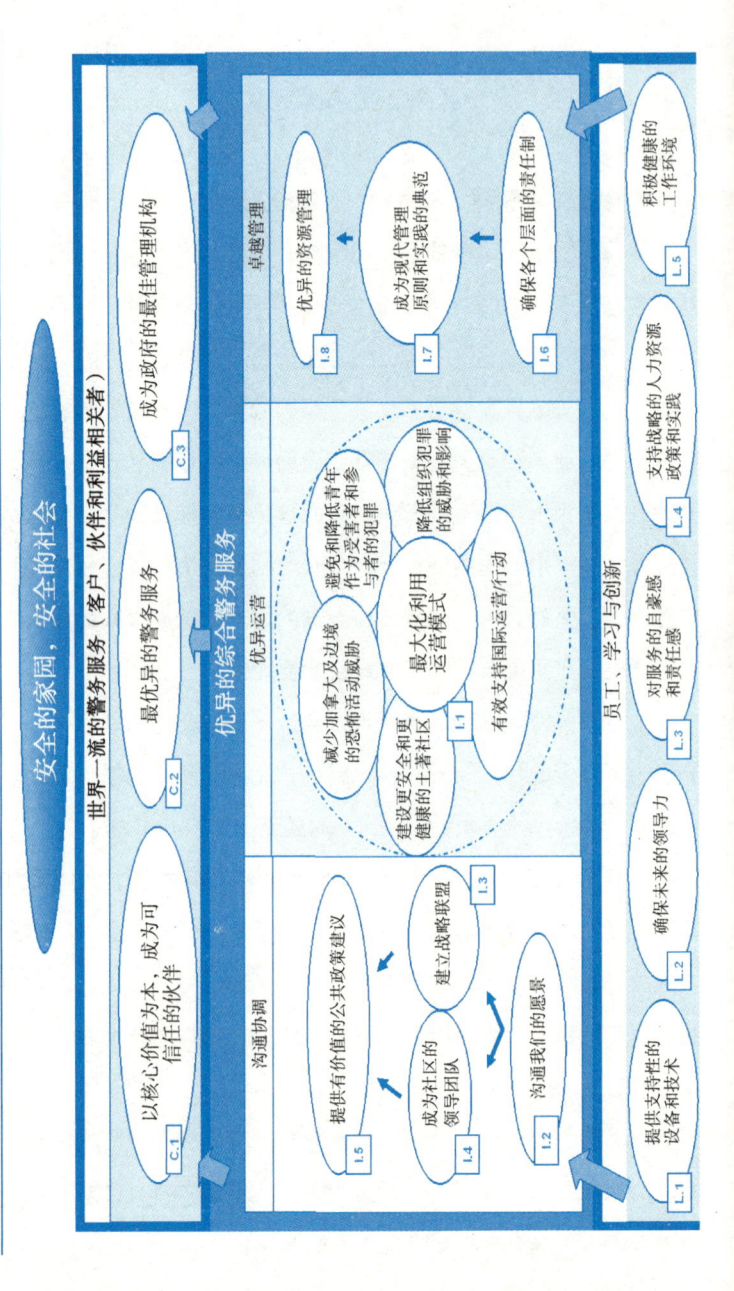

安全的家园，安全的社会

世界一流的警务服务（客户、伙伴和利益相关者）

- C.1 以核心价值为本，成为可信任的伙伴
- C.2 最优异的警务服务
- C.3 成为政府的最佳管理机构

优异的综合警务服务

优异运营
- I.1 最大化利用运营模式
  - 减少加拿大及边境的恐怖活动威胁
  - 建设更安全和更健康的土著社区
  - 避免和降低青年作为受害者和参与者的犯罪
  - 降低有组织犯罪的威胁和影响
  - 有效支持国际运营行动

沟通协调
- I.2 沟通我们的愿景
- I.3 建立战略联盟
- I.4 成为社区的领导团队
- I.5 提供有价值的公共政策建议

卓越管理
- I.6 确保各个层面的责任制
- I.7 成为现代管理原则和实践的典范
- I.8 优异的资源管理

员工、学习与创新
- L.1 提供支持性的设备和技术
- L.2 确保未来的领导力
- L.3 对服务的自豪感和责任感
- L.4 支持战略的人力资源政策和实践
- L.5 积极健康的工作环境

协同内部流程和学习与成长战略：整合的战略主题

内部流程维度围绕三个主题建立，每个主题包含了支撑加拿大皇家警察三个核心价值定位的目标。沟通协调主题清晰说明了支持组织成为与可信任伙伴的沟通、合作和联盟的目标。聚焦于短期结果的运营主题强调经营模式——加拿大皇家警察方法的运用，即在所有的调查活动中以情报研究为导向的方法。这个主题的核心是提供优异的客户服务，因为优异的服务将会提高所有警务运行的质量。最终优异管理主题能支持财政/预算机构的需要。

人员、学习和创新维度显示了加拿大皇家警察以高科技和强劲领导力为支撑，为员工提供有激励的、安全的工作环境的重要性。

新战略的核心包括了内部运营主题，这些主题描述了五个在日常警务活动中全局高层面的重点工作：

- ◆ 降低组织犯罪的威胁和影响
- ◆ 降低加拿大和国际性恐怖活动威胁
- ◆ 阻止和降低青少年作为受害者及参与者的犯罪行为
- ◆ 有效支持国际行动
- ◆ 为土著社区更安全和更健康作贡献

加拿大皇家警察认识到，这五个战略重点的每一个重点都需要全国范围的战略协调，他们为每个重点工作开发了一个"虚拟"战略图（图4-14显示了其中一个战略重点的战略图：为社区更安全和更健康作贡献）。五个重点主题的战略图都有自己的指标、目标值和执行战略重点所需要的行动方案。加拿大皇家警察专门任命了一位高管为这些战略主题的管理者。这位高管召集了加拿大皇家警察的管理小组

组织协同

图 4-14 更安全、更健康的社会战略图

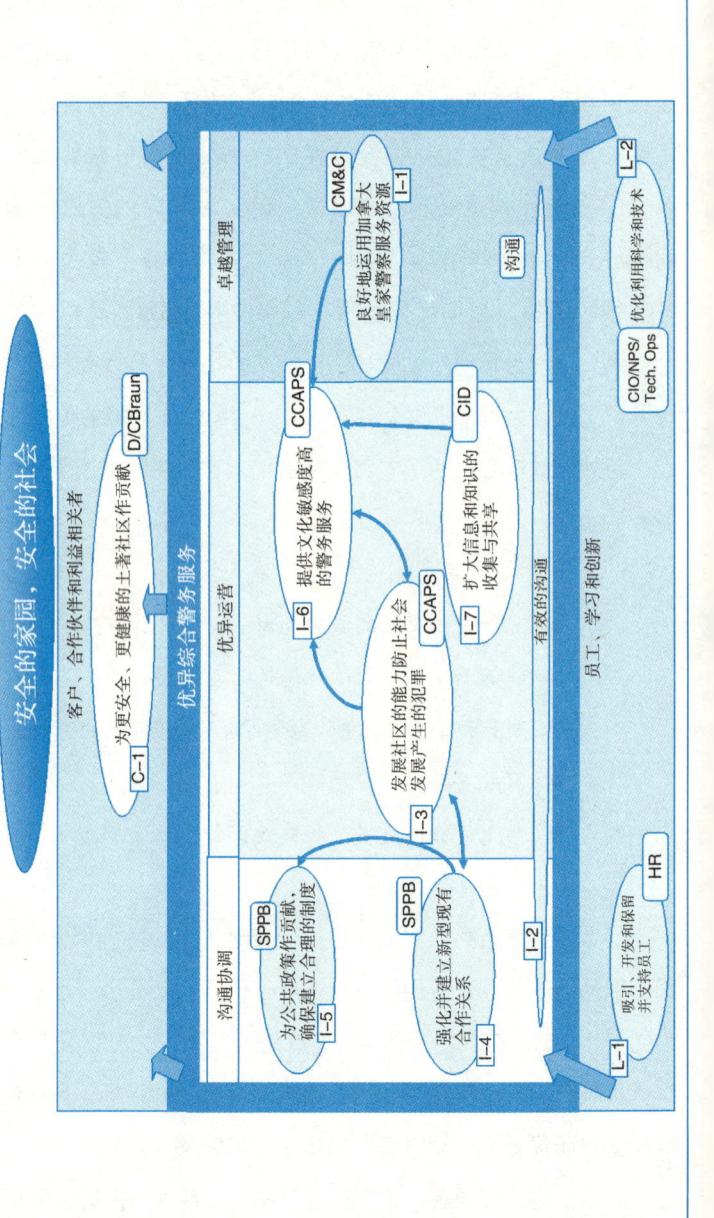

安全的家园、安全的社会

客户、合作伙伴和利益相关者
- C-1 为更安全、更健康的主管社区作贡献
- D/CBraun

优异综合警务服务

沟通协调
- SPPB I-5 为公共政策作贡献，确保建立合理的制度
- SPPB I-4 强化并建立新型现有合作关系

优异运营
- I-3 发展社区的能力防止社会发展产生的犯罪
- CCAPS I-6 提供文化敏感度高的警务服务
- CCAPS I-7 扩大信息和知识的收集与共享
- CID

卓越管理
- CM&C I-1 良好地运用加拿大皇家警察服务资源

沟通

有效的沟通

员工、学习和创新
- HR L-1 吸引、开发和保留并支持员工
- CIO/NPS/Tech. Ops L-2 优化利用科学和技术

132

协同内部流程和学习与成长战略：整合的战略主题

定期举行会议，对重点工作目标的执行进行回顾，如战略图和平衡计分卡如何才能用来管理"虚拟组织"，这个案例显示，某一项战略重点工作并不只是由某一个组织来全权承担责任和义务。

有了总部战略和五个战略重点的战略图与计分卡，就可以向地区警察局进行分解。为确保这些战略重点工作的协同性和一致性，"虚拟"战略图中的每个目标都分配到业务线或者总部服务部门，并纳入相关战略图。地区警察局在斟酌了国家重点工作在本地区的相关性后，将这些高层的战略重点工作进行本地化，以反映地区运作中的具体实际情况。此外，地区警察局的战略图涵盖了本单位日常的警务责任（图4-15）。比如，像加拿大西北地区这样的皇家警察，那里的恐怖活动、组织犯罪或者国际犯罪较少发生，就不必将这类重点纳入它的目标。显然，只要设定降低青少年犯罪和为土著社区更安全、更健康作贡献这样的目标就可以了。相反，位于多伦多的某个警察局可能就不像西北警察局那样为社区作那么大的贡献，但是会包括降低组织犯罪、国际犯罪和恐怖活动方面的目标。这样，所有单位在实施当地日日夜夜警务工作的同时，还在加拿大皇家警察的战略重点工作中扮演了重要角色。

有了平衡计分卡作为加拿大皇家警察的核心管理系统，各地区警察局自己负责日常运作，而高级管理委员会现在可以更关注于战略重点工作。战略目标的数据每60天更新一次，使高管们随时掌握加拿大皇家警察重点工作在各地区的执行情况。

组织协同

图 4-15 "G"警察局战略图

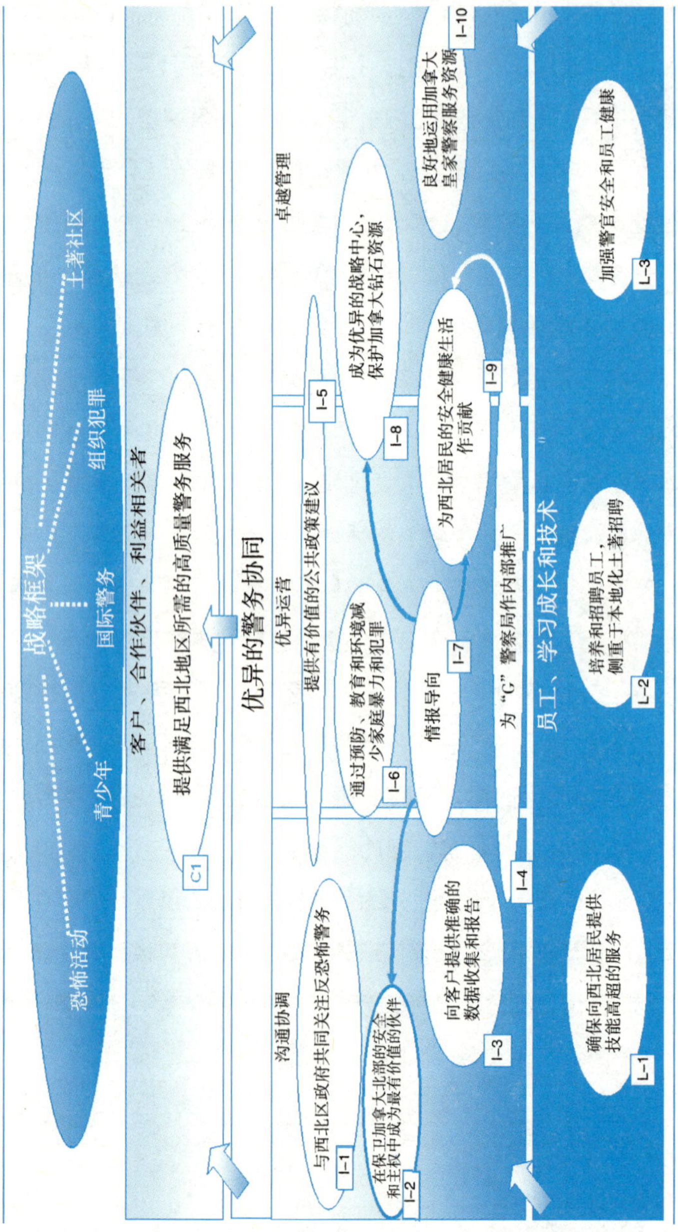

战略框架
- 恐怖活动
- 青少年
- 国际警务
- 组织犯罪
- 土著社区

客户、合作伙伴、利益相关者

C1 提供满足西北地区所需的高质量警务服务

优异的警务协同

优异运营
- I-5 提供有价值的公共政策建议
- I-6 通过预防、教育和环境减少家庭暴力和犯罪
- I-7 情报导向

卓越管理
- I-8 成为优异的战略中心，保护加拿大钻石资源
- I-9 为西北居民的安全健康生活作贡献
- I-10 良好地运用加拿大皇家警察服务资源

沟通协调
- I-1 与西北地区政府共同关注反恐怖警务
- I-2 保卫加拿大北部的安全和主权中成为最有价值的伙伴
- I-3 向客户提供准确的数据收集和报告
- I-4 为"G"警察局作内部推广

员工、学习成长和技术
- L-1 确保向西北居民提供技能高超的服务
- L-2 培养和招聘员工，侧重于本地化土著招聘
- L-3 加强警官安全和员工健康

协同内部流程和学习与成长战略：整合的战略主题

案例：华盛顿州鲑鱼保护行动

加拿大皇家警察是大型公共机构实现协同效应的优秀案例。但是有些问题是超出任何单个政府机构或职权范畴的。我们来看一下华盛顿州鲑鱼保护的案例。根据濒危动物保护法，联邦政府要求华盛顿州大幅度增加全国范围内河海流域中的鲑鱼数量。如果美国政府对华盛顿州的恢复计划和计划执行成果不满意，政府会进行干涉，可能会拆除水电大坝、禁止或严格缩减占用森林、农业发展、水利生产、改善交通、土地使用变更、休闲娱乐项目，如钓鱼和划船等，直至华盛顿州实施了可信合理的计划，并达到鲑鱼的再生数量。

州长加里·洛克（Gary Locke）要求每个办事处设计与鲑鱼保护相关的业绩指标，但是他对这些相互独立的机构能否通过共同努力制订出预期的可靠、可信、可行的计划以增加鲑鱼数量表示怀疑。没有哪个机构可以单独地控制影响鲑鱼繁衍的所有环境条件。治理的架构相当分散，包括6个相邻的州、另一个国家（加拿大）、8个美国政府管理机构、12个州的管理机构、39个县、277个市、300个水和污水区域、170个地区的水供应商和27个自治的印第安人部落（那里的居民喜欢打猎和捕鱼）。如果让州政府机构各自独立管理，它们也许会设立一些自身可以控制的能够影响鲑鱼产量的衡量指标。然而如果下面的机构没有一致全面的战略，还是会导致它们的努力以失败而告终。

华盛顿州已经有了一套完整的战略流程去设定鲑鱼恢复计划。从这个行动方案来看，建立以保护和提高鲑鱼数量为战略主题的平衡计分卡是一个合理的步骤，尽管没有哪个机构在鲑鱼恢复工作中大权独

组织协同

揽,也没有任何层面的机构在其主要职权或责任上拥有鲑鱼恢复的权利。把一群博学并对这项工作有兴趣的资深管理者召集起来,为鲑鱼的恢复任务发挥集体智慧,建立起这项行动的平衡计分卡,来体现鲑鱼恢复任务的全面、一体化的战略(图4-16)。此外,公开透明的流程为参与者提供了信任和决心,既在各自的机构内部工作,又进行跨机构的协作,共同实现这一富有挑战的鲑鱼恢复目标。

各机构的代表返回各自的机构后就确定本部门的业绩指标、目标、计划和支持高层面战略主题的行动方案。各机构的计分卡不仅包括其直接控制下的行动方案,更重要的是,它们还必须和其他政府机构、市民和其他单位进行联合,为成功作出整体努力。

对于每一个平衡计分卡指标,鲑鱼恢复小组确定一个执行负责人和跨机构支持工作组来确保进行良好的数据收集与指标报告流程。执行负责人也有权召集会议来讨论如何对那些影响指标的行动方案提供资金,以及有关流程和指标结果的问题。

通过这种途径,平衡计分卡提供了一种机制,这种机制使各个分散的机构就某个共同的行动计划达成一致,然后采取必要的管理行动:收集和报告数据、配置资源、召集回顾和解决问题的会议,并根据经验和新知识调整战略。

战略制定的流程先要建立起来,然后由平衡计分卡提供一种与公众交流业绩的进程情况。更重要的是,计分卡提供了一种规范,召集多个单元的人员去阐述重要的战略主题(实际上这是一个虚拟组织)。计分卡同时包括了期望的成果(如何衡量战略主题的成功)和业绩驱动因素,特别是团队实现战略主题期望成果需要的内部流程和学习与成长方面的工作。然后各个组织单元确定自己的战略和计分

协同内部流程和学习与成长战略：整合的战略主题

图 4-16　鲑鱼恢复计分卡目标

目标： 使鲑鱼、虹鳟和鳟鱼数量达到健康、合理的水平，并改善鱼类生存的环境

客户： 保护华盛顿州高质量生活的一个重要因素
- 我们将拥有高产的多样性的野生鲑鱼资源
- 我们将符合濒危动物保护法水资源保护法的要求……

流程： 我们的生存环境、捕捞行为、孵卵环境、水电活动有益于野生鲑鱼
- 确保湖水和江水环境健康、可用
- 确保河水和溪水水源充足，满足鲑鱼生存的需要
- 确保水源清洁和凉爽，适合鲑鱼生存
- 采取捕捞管理行动，保护野生鲑鱼
- 加强遵守资源保护法

协作： 我们与市民和鲑鱼恢复伙伴们合作
- 我们将和居民们广泛接触
- 鲑鱼恢复任务明确定义、合作关系得到加强

财务和基础设施： 我们成功的要素包括……
- 实现成本效率高的恢复工作和政府资源的有效利用
- 采用最有效最友好的科学方法把监控和调研结合到计划和实施中
- 居民、鲑鱼恢复伙伴和政府职员可及时获取成功所需要的信息、技术支持和资金

组织协同

卡,包括各自对战略主题计分卡中所阐述的目标所作的贡献。主题式计分卡提供了召集管理会议的机制,来自不同机构和支持者的代表可以共同解决问题而不是由各机构内部自己解决。

小　　结

任何企业都可以实现巨大的规模效益,只要能整合服务于各业务单元的关键流程,如生产、分销、采购、人力资源管理或者风险管理等。整合共享流程的决策在公司总部层面形成,并成为企业价值定位的组成部分。创造企业价值的另一种途径是鼓励各业务单元整合原有的独立产品或服务向目标客户提供整体解决方案。

企业可以通过为员工提供在不同业务单元、不同地区工作的机会来加强人力资本和员工职业生涯发展。这也可以促进知识和最佳实践在所有业务单元与支持单位的分享,以便新的思想可以迅速在企业内部传播并得以吸收,其速度远远高于业务单元独自开发或研究这些思想。

最后,当企业形成加强各业务单元连接和协作的战略主题时,企业会产生协同效应。战略主题体现在企业的战略图和平衡计分卡中,为矩阵式组织提供了一种选择,各业务单元管理者建立的战略图和平衡计分卡中既有与公司层面重要工作紧密相关的目标,也有本单元具体的目标。实际上,业务单元的管理者以双重身份的角色进行经营,既为本业务单元工作,同时也为整个企业作贡献。

协同内部流程和学习与成长战略：整合的战略主题

在公共机构，可以开发高层次的战略图和平衡计分卡，如促进鲑鱼恢复、国家情报、国家安全或者禁毒等，要实现这些公众利益，需要来自于各方面的机构和单位的共同努力。

支持单元的协同

组织协同

在第3和第4章我们分析了企业是如何通过协同业务单元和企业战略来创造股东价值的。其实，企业同样可以通过把支持单元与业务单元协同在一起来创造价值。我们来考虑一下FMC集团总裁拉里·布瑞迪（Larry Brady）所提倡的方法：

> 我怀疑有哪些公司能够清楚地回答这个问题："我们的职能人员如何提供竞争优势？"我们最近开始要求这些员工能够回答他们提供的是低成本服务还是差异化服务。如果他们都没有做到，我们可能会将这项职能外包。[1]

我们在第2章提及支持性或者共享服务的支持单元，例如人力资源、财务、采购、法律等部门，它们起源于19世纪的职能化组织。这些业务单元的员工具有专业知识和技能，他们能够在组织内高效地完成一些职能性工作，例如设计薪酬和晋升体系、运营信息系统、国际化财务运作、管理法规及诉讼事务等。为了达到运营效益最大化，企业一般都把这些支持单元集中起来，它们的运营费用大概占销售收入的10%～30%。

几十年来，组织的高层管理者一直在努力寻找有效的方法来监控和评估他们的支持单元，以确保他们带来的收益大于所产生的成本。有些组织，例如Hackett集团，提供相关的标杆对比信息，把本企业支持单元的运营费用水平与相似企业作对比。但是这种对比的意义不大，除非企业的目标就是尽可能花最少的钱在支持单元上面，而且不打算运用支持单元来创造竞争优势。

支持单元的产出经常是无形的，例如专家建议、一名受过良好培

支持单元的协同

训积极工作的员工、一份报告、一个关键流程的设计和运作,或者与业务单元的合作关系等,因此当一个企业试图评估某个支持单元的有效性或效率的时候,往往会发现这些产出难以量化。传统的管控语言将支持单元称为"纯费用中心",使之与标准的成本中心区别开来。标准成本中心的预算费用是可以通过紧密的因果关系机制,与其生产的标准产品和服务直接进行对比的。[2]

职能人员通常是某一领域的专家,他们的文化与一线运营单元的经理们往往相差较大。因此造成的结果是,支持单元与业务单元常常是各自行事;业务单元的经理经常指责他们待在总部的职能壁垒中,不能响应他们的业务需求。在我们所作的两项调查中,被调查者认为,三分之二的人力资源部与信息技术部没有与业务单元或企业战略形成协同。一旦这种不协同得到纠正,支持单元的工作重点将转移到满足内部客户的需求上,组织的股东价值就可以得到大幅提高。

支持单元的流程

支持单元可以通过一套系统化的流程来达到组织协同从而创造价值(图5-1)。首先,根据业务单元和企业总体战略,确定它们需要提供的一系列战略化服务。这一流程起始于对企业和业务单元战略的清晰理解。然后各个支持单元要明确它们如何帮助业务单元和企业实现它们的战略目标。例如,如图5-1所示,人力资源、信息技术以及财务部门先根据企业战略确定出一系列对战略的成功实施具有最大影响的战略化服务项目。

第二步,支持单元要在自己的内部建立协同以成功执行部门战

组织协同

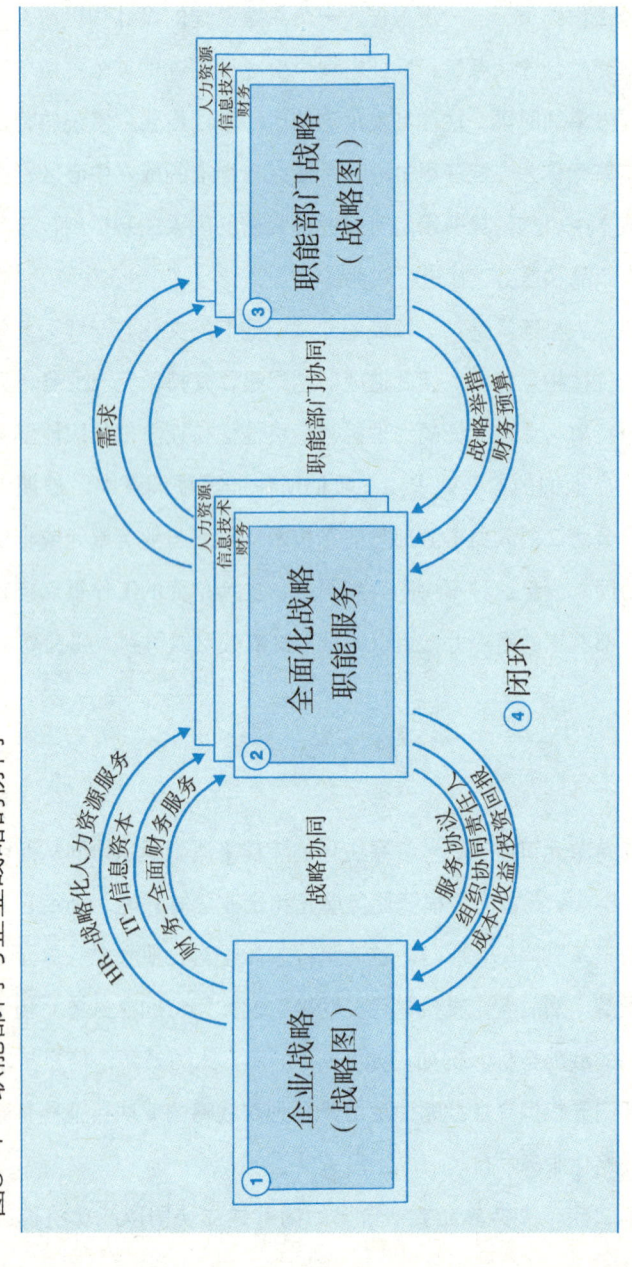

图5-1 职能部门与企业战略的协同

支持单元的协同

略。它们需要制订部门战略计划，描述如何获取、开发并达成它们对运营单元的战略化服务。这一套计划将是支持单元制定战略图、计分卡、行动方案和财务预算的基础。

最后，支持单元要评估自己部门行动方案的实施结果，完成这一循环。评估方法可以采用服务协议、内部客户反馈、客户打分以及内部审计等。

举一个具体的案例，佳能（美国）公司是一家生产并销售照相机、复印机和专业光学产品的业内领先企业。佳能每年举行一次战略研讨的论坛，业务单元和支持单元在论坛上共同协调下一年的战略。业务单元先向支持单元演示它们的战略，并说明它们需要哪些职能支持来完成战略目标。支持单元的管理者对其上一年的绩效进行回顾，并提出今后的战略目标、目标值和行动方案。然后业务单元和支持单元的管理者通过互动交流，最终通过支持单元的工作计划，包括战略图、计分卡指标、目标值和行动方案。论坛一般在做年度财务预算的过程中举行，这样可以确保支持单元所需要的资源以及它们的战略性行动方案都包含在预算的决策中去。

支持单元的战略

基于本章开始部分拉里·布瑞迪所说的，什么样的战略才是最适合支持单元的呢？原则上来讲，支持单元可以和业务单元一样，通过在低成本、产品领先或完整的客户解决方案其中任何一个领域运作出色而创造竞争优势。毋庸置疑，支持单元的有些活动应该尽量控制成本，比如一些常规性工作，像工资发放、福利管理、电脑系统维护

组织协同

等。这些常规性工作对企业都是必需的工作,但是即使把这些日常工作做到了世界领先水平,最多也只能算低成本贡献,而无法为企业提供区别于竞争对手的任何其他竞争优势。

再说,支持单元如果想通过采取这种单一的低成本战略来提供所有的服务,结果会很有可能被外包出去。内部的单元相对于外部的外包公司,在一些常规的流程上不可能长期保持成本优势。后者常常能够因为规模经济,或选择在低成本地区提供服务而保持优势。

产品领先战略在服务型单元里面也很难保持。新的服务能力容易很快被他人模仿。尽管产品领先战略仍然有潜力可以挖掘,但在我们合作过的组织里面没有人要求他们的支持单元在创新方面做到优秀。所以在实际工作中,支持单元总是会选择客户解决方案或客户亲密战略。它们在提供基础服务方面努力做到低成本高品质,同时也会发现一些新的服务项目,来支持不同业务单元的差异化需求和战略要求。

客户亲密战略需要支持单元和它们的内部客户之间建立合作伙伴关系。这就要求支持单元的员工具有关系管理能力、客户服务意识和团队协作意识,这对于以前处在集中式职能壁垒中的部门来说是从未想过的。因此,从原有的职能专家转变为业务单元可信赖的顾问和合作伙伴便成为支持单元的一种关键能力。

全面战略化服务

支持单元通过它们提供的服务来支持业务单元和企业战略(图5-2)。每个支持单元根据自身特点制定出一套战略项目。典型的战略化服务包括10~20个行动方案。在这里我们着重分析以下三个重要

支持单元的协同

图5-2 连接企业战略与职能战略的战略化职能服务

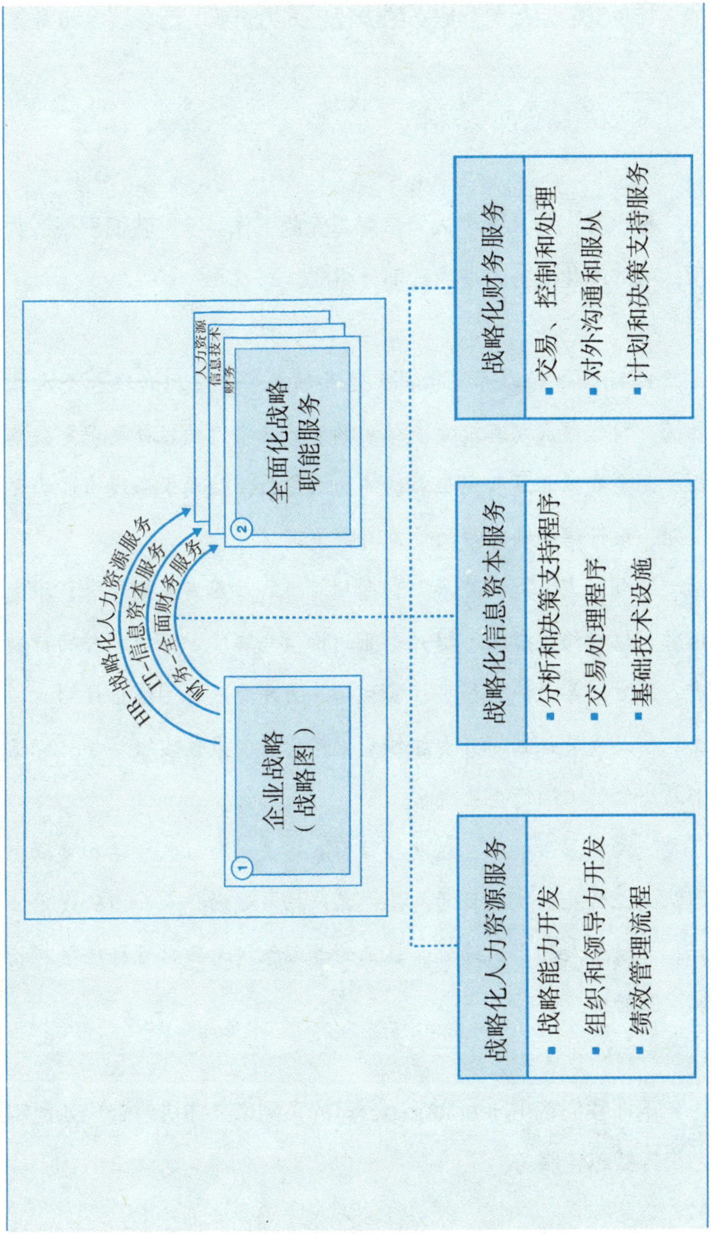

① 企业战略（战略图）

② 全面化战略职能服务

HR-战略化人力资源服务
IT-信息资本服务
F-全面财务服务

人力资源
信息技术
财务

战略化人力资源服务
- 战略能力开发
- 组织和领导力开发
- 绩效管理流程

战略化信息资本服务
- 分析和决策支持程序
- 交易处理程序
- 基础技术设施

战略化财务服务
- 交易、控制和处理
- 对外沟通和服从
- 计划和决策支持服务

147

组织协同

的支持单元制定战略化服务的流程：人力资源、信息技术和财务。

人力资源战略化服务

根据我们与几十个人力资源单元的工作经验，我们发现人力资源部门的战略化服务通常由三部分组成：

1. *战略性能力开发项目*：这些项目旨在发现和培养个人需要具备的、对组织成功具有重要作用的能力。项目内容包括确定战略岗位群、制定和培养这些岗位群的能力、分析岗位要求和现有能力之间的差距、设计培训项目帮助员工消除差距。

2. *组织与领导力发展*：这些项目旨在培养发展领导者、推进团队协作、培育组织合力、提升企业的价值与环境。可能包含的行动方案有：开发领导力能力模型、实施领导力发展项目、继任计划、核心员工轮岗与发展计划、开发组织文化及价值、最佳实践共享，以及在内部与全体员工沟通企业战略。

3. *绩效管理流程*：这些项目旨在定义、激励、评估和奖励个人与团队的工作业绩。项目的具体内容包括：帮助个人和团队设定绩效目标、考核个人和团队绩效、员工的奖励系统与战略目标连接、指导实施变革管理。

下面我们将用Handleman公司的案例来具体讲解公司如何制定人力资源战略化服务。

支持单元的协同

案例分析：Nandleman公司

Handleman公司是一家音乐产品的管理商和分销商，拥有2 300多名员工，销售额达到13亿美元，服务的领先零售商包括沃尔玛和Best Buy。音乐行业所面临的一系列挑战包括技术变化、盗版、顾客集聚化、市场萎缩等。在董事长兼总裁史蒂夫·斯乔姆（Steve Strome）的领导下，Handleman公司采用了平衡计分卡作为框架来明晰和执行公司战略。

图5-3的上半部分是Handleman公司的战略图（不包括学习和成长角度）。其中一项核心流程是应用客户需求的专业知识，从而使自己变成艺人、唱片公司（提供音乐产品）和零售商（销售音乐商品）三者之间不可或缺的一个桥梁。出色运作的关系管理和供应链管理等关键内部流程可以促进Handleman公司提供的服务质量高于零售商直接向市场销售。这种战略性的转换过程帮助公司进一步开展多种具有增长潜力的业务，以便充分地利用公司核心能力和商业专长。Handleman把公司战略图分解到下属三个地区的事业部：美国、加拿大和英国，以及三个共享支持单元：人力资源、信息技术和财务。

图5-3的下半部分列出了Handleman公司人力资源部为支持公司战略而设立的战略性行动方案。从行动方案A开始，人力资源部与相应的业务单元针对流程角度的每一个主题，确定出一到两个能对该主题产生最大影响的岗位群，一共确定出了九个战略岗位群，如图5-4的下半部分所示。总体来说，这九个岗位群的员工人数大概占总员工2300人的不到10%。这样人力资源部就可以把主要精力放在这些关键战略人才的发展上。

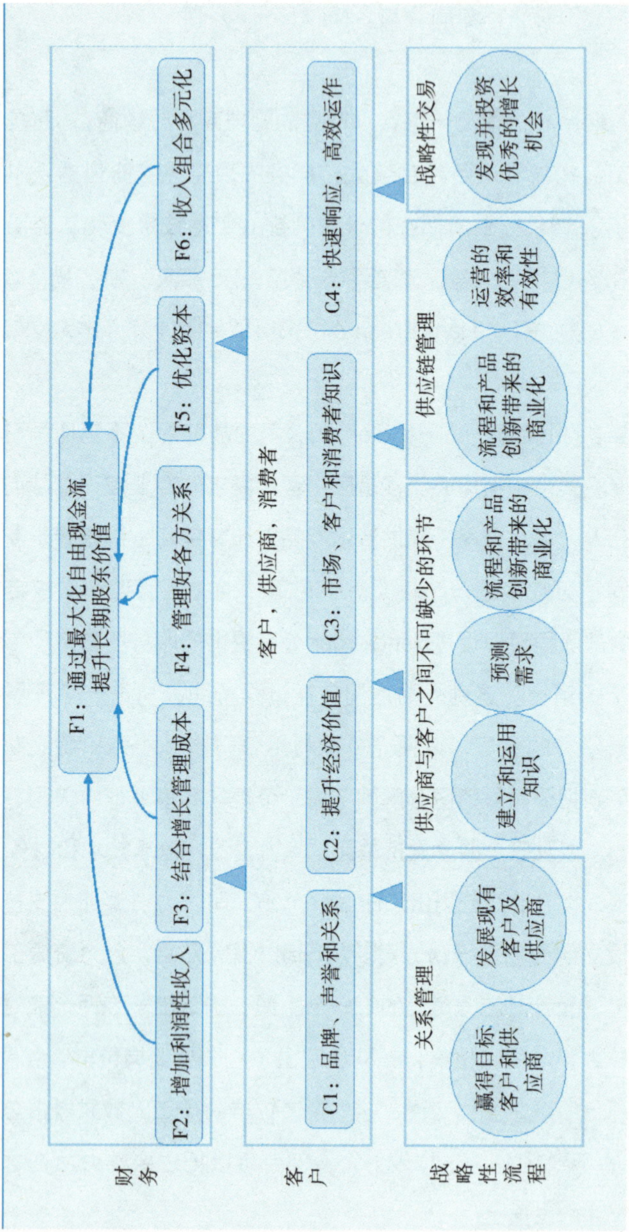

组织协同

图 5-3 Handleman 公司人力资源的战略化服务

财务层:
- F1: 通过最大化自由现金流提升长期股东价值
- F2: 增加利润性收入
- F3: 结合增长管理成本
- F4: 管理好各方关系
- F5: 优化资本
- F6: 收入组合多元化

客户层（客户、供应商、消费者）:
- C1: 品牌、声誉和关系
- C2: 提升经济价值
- C3: 市场、客户和消费者知识
- C4: 快速响应、高效运作

战略性流程:
- 关系管理：赢得目标客户和供应商；发展现有客户及供应商
- 供应商与客户之间不可缺少的环节：建立和运用知识；预测需求；流程和产品创新带来的商业化
- 供应链管理：流程和产品创新带来的商业化；运营的效率和有效性
- 战略性交易：发现并投资优秀的增长机会

支持单元的协同

（续图）

人力资源的战略化服务	
战略能力开发	Ⓐ 明确战略岗位群 Ⓑ 编制能力档案 Ⓒ 制订培训和能力发展计划
组织领导力发展	Ⓓ 制订继任者发展计划 Ⓔ 促进组织协同
绩效管理流程	Ⓕ 绩效和发展流程 Ⓖ 薪酬和奖励 Ⓗ 战略沟通

组织协同

每一个岗位群的经理和员工，都有一位人力资源部的同事和他们进行面谈，确定他们要达成岗位绩效必须具备的核心能力（图5-3下半部分中的行动方案B）。图5-4的下半部分对每个岗位群的能力档案进行了总结。例如，客户经理必须具备丰富的行业知识，擅长关系管理、沟通和谈判。产品经理必须掌握技术能力，例如定价、产品采购和库存管理；还要具备人际关系能力，例如谈判能力和供应商关系维护能力等。这些能力档案如果再配上每个岗位群现有员工的能力评估报告便形成了识别个人及组织的能力差距的一个框架。

图5-3中的行动方案C，由培训部门根据能力档案制定统一的培训课程清单，以消除各个岗位群的能力差距。他们识别出六个全球性的核心能力可适用于所有的岗位（图5-5的纵向标题）：商业敏锐度、计划及组织能力、沟通技巧、团队协作意识、公司价值意识以及领导技巧。此外他们还发现了13项具体工作岗位的能力：最佳实践；消费者、客户和行业知识；财务分析；创新；商人气质；谈判技巧；流程化；项目管理；质量意识；关系管理；结果导向；战略性思维；科技知识。

接下来，培训部门实施了系列化共九个管理开发项目，帮助员工培养和加强所在岗位需要具备的具体能力（图5-5横向标题）。通过这一方法，培训项目就直接与组织的战略要求挂起钩来，培训的预算和资源也有效地用在了那些投资回报最高的领域。

人力资源部与绩效管理中心（平衡计分卡团队）同时也完成了其他行动方案的实施：

行动方案D，制订继任者发展计划：发现并培养具有高成长潜力的个人,为每个关键岗位制订继任计划。

行动方案E,促进组织协同:指导组织各个层面设计和分解计分卡。

行动方案F,绩效和发展流程:帮助主管和员工制定与战略挂钩的个人目标、计分卡、发展计划和绩效回顾。

行动方案G,薪酬和奖励:开发新的激励项目,奖励高绩效者,激励员工实现与战略相关的财务和非财务目标。

行动方案H,战略沟通:通过多种渠道宣传组织战略,例如,非现场研讨会、内部通讯材料、管理会议、培训项目等。

在实施平衡计分卡三年后,Handlemen公司被*Crain*杂志提名为"2003年密歇根东南部最适合工作的企业",并连续四年入选"底特律101家最佳就业公司"。Handleman还连续三年被评为全国零售商协会的年度最佳批发商。这一奖项高度认可了Handleman公司的杰出成就以及它在音乐行业供应链整合中所扮演的重要角色。

信息技术共享服务

信息技术的不断发展给每一个企业带来了巨大的潜力,使它们有机会通过协同信息技术和企业战略来实现业绩突破和创造竞争优势。[3] 如果谁不能在IT方面成为领先者,那么它就有可能被竞争对手

组织协同

图 5-4 Handleman 公司的战略岗位群和能力档案

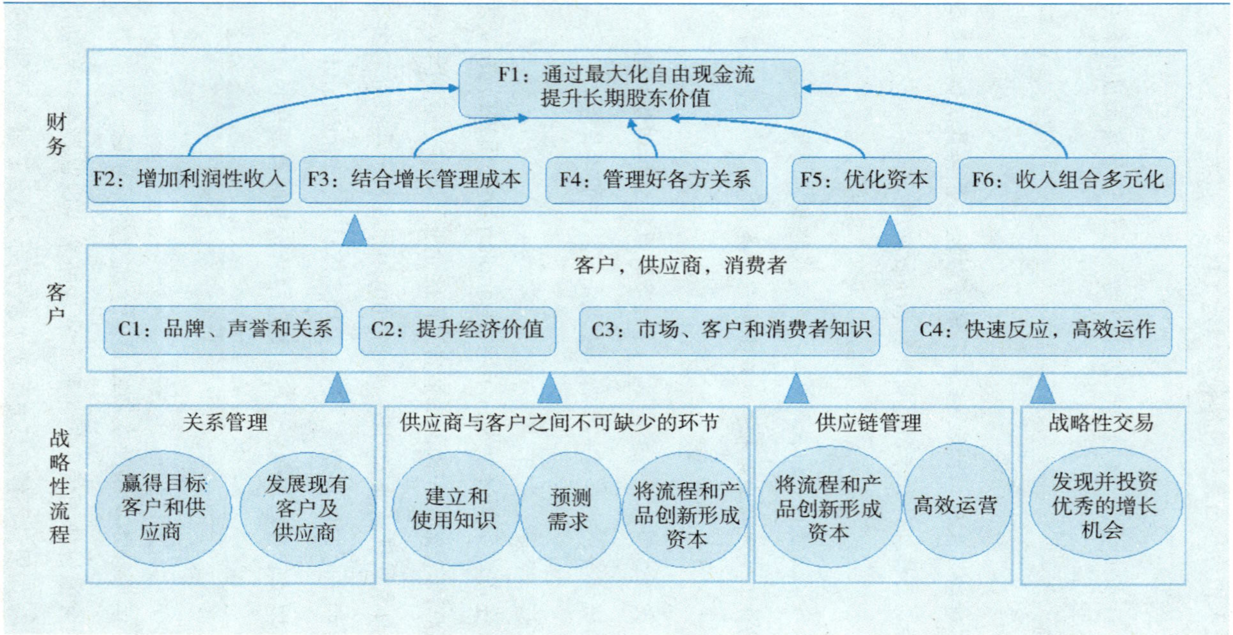

（续图）

支持单元的协同

	客户经理	区域销售	产品经理	内部顾问	分析师	经理人	供应链经理	战略规划师	项目经理
A 战略岗位群	能够建立和维护内部和外部客户关系；处理客户问题时要展示自信的态度；能够运用专业的沟通技巧；具备丰富的行业知识	具备关于消费倾向和市场的深层知识；运用创造性思维推动销售；能够运用专业的沟通技巧；能够估算销售数字	演示行业知识时带有激情和热情；平衡定价与库存实现最佳业绩；能够分析定价模型并开发产品购买模拟情境	以身作则拥有自信的态度；具有大局观并维护全面的解决方案；推广内部和外部最佳实践；建立并维护内外部关系	能够运用、识别和改进需要的技术；理解供应商定价模式；注重细节和质量；具备行业及客户知识	注重结果并能够快速解决问题；能够快速适应改变；能够分析产品线变化的影响；为预期结果提供清晰方向	了解从艺人到消费者之间所有产品线的步骤；识别供应链持续改进的机会；运用创新性思维发现创新的解决方案	具有大局观并能够发现机会；运用财务分析评估机会的价值；敢于创新；能够说服管理层	具有大局观并聚焦组织的最大利益；清晰地、谦和地收集并分享信息；能够开发并维护可行的项目计划
B 能力档案	拥有很强的谈判技巧	以身作则拥有自信的态度	拥有很强的谈判技巧；建立并维护供应商关系	拥有很强的沟通能力和影响力，推动解决方案的实施并解决问题	了解消费者趋势	能够激励并启发不同文化的人为成功努力	具备解决问题的能力；了解内外部最佳实践	拥有很强的谈判能力；能够建立并维护外部关系	具备解决问题的能力；能够分配团队职责，按时按质交付产品

组织协同

图 5-5 培训项目与战略所需的核心能力连接

课程	共享核心能力						具体岗位核心能力											
	商业敏锐度	计划/组织	沟通技巧	团队协作	企业价值	领导力	最佳实践	C/C/I知识	财务分析	创新	商业化态度	谈判技巧	流程	项目管理	质量	关系管理	结果导向	战略性思维	技术
管理层发展项目																			
说服和影响他人表得成功	X	X																	
非财务领导的财务课程		X	X						X		X								
高效项目管理							X				X			X					X
培训及指导技巧			X			X	X												
领导力道德				X	X	X		X							X				
掌握商务写作技巧			X																
多元领导，重视差异					X	X										X			
领导变革				X	X	X										X		X	
冲突管理				X	X							X					X		

超越。所以，企业即使不能成为领先者，至少也要做一名快速追随者，能够迅速地开发和应用新的IT技术。

每个组织都必须制定和实施相应的IT行动方案来协助执行企业战略。与人力资源服务相似，IT服务通常也由三部分组成：

1. 商业分析和决策支持：能够支持分析、诠释和共享信息或知识的应用程序。

2. 交易性处理：能够自动完成企业内部具有重复性的基础工作系统。

3. 基础设施：共享的技术和管理经验，帮助组织有效交付和应用信息资本。

图5-6展示了Sport-Man公司（以下简称SMI）的信息方案。图的上半部分是公司战略图，下半部分是公司一系列战略应用程序。由于零售业的交易性程度很高，所以通过有效的自动化交易系统可以实现可观的运营规模效益。

沃尔玛能够一跃成为世界零售商巨头，其中的一个因素是源于其对供应链的重新梳理及构建，将顾客购买点与供应商补给系统连接起来。SMI公司确定了三个战略性交易处理程序。图中的B1是店面管理系统，能够自动处理销售信息；B2是库存控制系统，确保SMI公司主要商品始终不断货；B3是配送系统，能够迅速从地区配送中心到库存补货。

由于零售业的交易所产生的数据量十分庞大，因此企业必须有效应用商业分析和决策支持系统来了解消费者行为并快速作出调整。

组织协同

图 5-6 SMI公司战略化信息资本

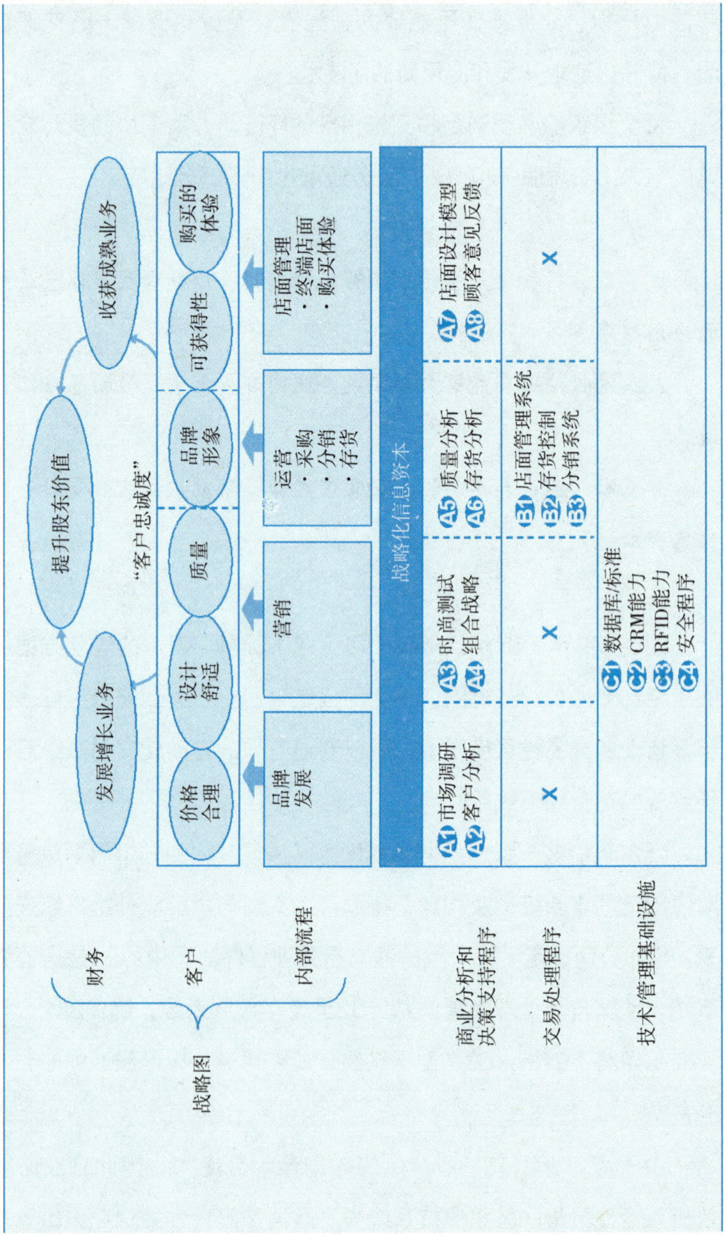

战略图：

- 财务：发展增长业务 → 提升股东价值 ← 收获成熟业务
- 客户："客户忠诚度"
  - 价格合理
  - 设计舒适
  - 质量
  - 品牌形象
  - 可获得性
  - 购买的体验
- 内部流程：
  - 品牌发展
  - 营销
  - 运营（采购、分销、存货）
  - 店面管理（终端店面、购买体验）

战略化信息资本：

商业分析和决策支持程序	①市场调研 ②客户分析 ③时尚测试 ④组合战略 ⑤质量分析 ⑥存货分析 ⑦店面设计模型 ⑧顾客意见反馈
交易处理程序	X、X、X
技术管理基础设施	⑨店面管理系统 ⑩存货控制 ⑪分销系统

- ⑫数据库/标准
- ⑬CRM能力
- ⑭RFID能力
- ⑮安全程序

支持单元的协同

SMI公司确定了八个这样的系统来支持企业战略的每一个主题。例如，有两个模拟与跟踪客户行为的系统支持"品牌发展"这一主题。市场调研系统（A1）用来对不同的顾客群体进行分析和价值定位的选择；顾客分析系统（A2）用来查看顾客利润率、交叉购买情况以及年度购买周期。

开发这些交易和分析系统的前提是要有一套稳定的基础架构。一般来说，一半以上的IT预算都是投入到这些基础架构上面的。[4]SMI公司确定了四个基础系统：C1是数据库系统，用来支持分析和决策支持系统；C2是客户关系管理平台（CRM），用来支持店面管理；C3是投资开发供应链管理的射频识别（RFID）微型芯片技术；C4是数据中心安全系统升级。

IT部门和人力资源部门的服务一样，一般也包含10～20个具体的系统来支撑企业战略，外加一些行动方案来支持各个业务单元的战略。这些行动方案需要转换成具体的计划，明确如何开发这些系统以及如何管理开发。

全面的财务战略化服务

财务部肩负着具体的法律和运营职责，包括财务交易管理，例如应收账款、应付账款以及薪酬发放；提供法定财务报告，例如为投资者提供报告、内外部审计人员的关系管理、对董事会提供报告等；还需提供管理报告，例如月度财务报告和预算差异分析报告等。

这些职责是每个组织都需要履行的。但是如果财务部门不能够明确其价值创造的战略，这些运营性和法规性的工作将占据其所有的时间。财务部在履行其运营性和法规性职责的同时，还可以通过与一线业务管

组织协同

理人员建立战略合作伙伴关系,为企业创造价值。例如,他们可以帮助一线经理了解客户和产品线赢利报告,并与他们共同制订行动计划,把不赢利的产品和客户关系转变成赢利。企业层面的战略化服务就是把跨业务的行动方案和项目整合到定期的预算和计划流程中。

在图5-2中,我们列举了财务部门战略化服务的三个组成部分:

1. 交易控制及处理:改进交易系统的架构,提高系统有效性,例如改进运营资本管理和风险分析,协助业务单元提升资产回报和风险管理。

2. 对外沟通和守法:确保遵守法规要求和对外沟通,保证对外报告及信息披露足以反映企业的战略。

3. 计划和决策支持:提供分析、咨询和系统支持,提升组织的战略管理。

图5-7是一家我们把它取名为Retail 的公司所开发的一系列财务服务。Retail公司与前文提到的Handleman公司架构相似。图的上半部分是公司的部分战略图,明确了财务目标、客户目标和四个内部流程维度的主题。财务部与业务部门主管举行了一次研讨会,明确了它们的服务如何为战略增值。图中被阴影覆盖的这些目标就是讨论后确定的。

图的下半部分是财务部提供的战略化服务。计划和决策支持部分包含三个行动方案:A是开发统计模型,处理历史数据以提高预测准确度;B是实施作业成本分析法,计算供应商和产品线的利润率;C是实施财务计划软件,支持公司兼并活动的流程。其余的行动方案更像是基础工作,因此没有与战略图中的具体流程对接。

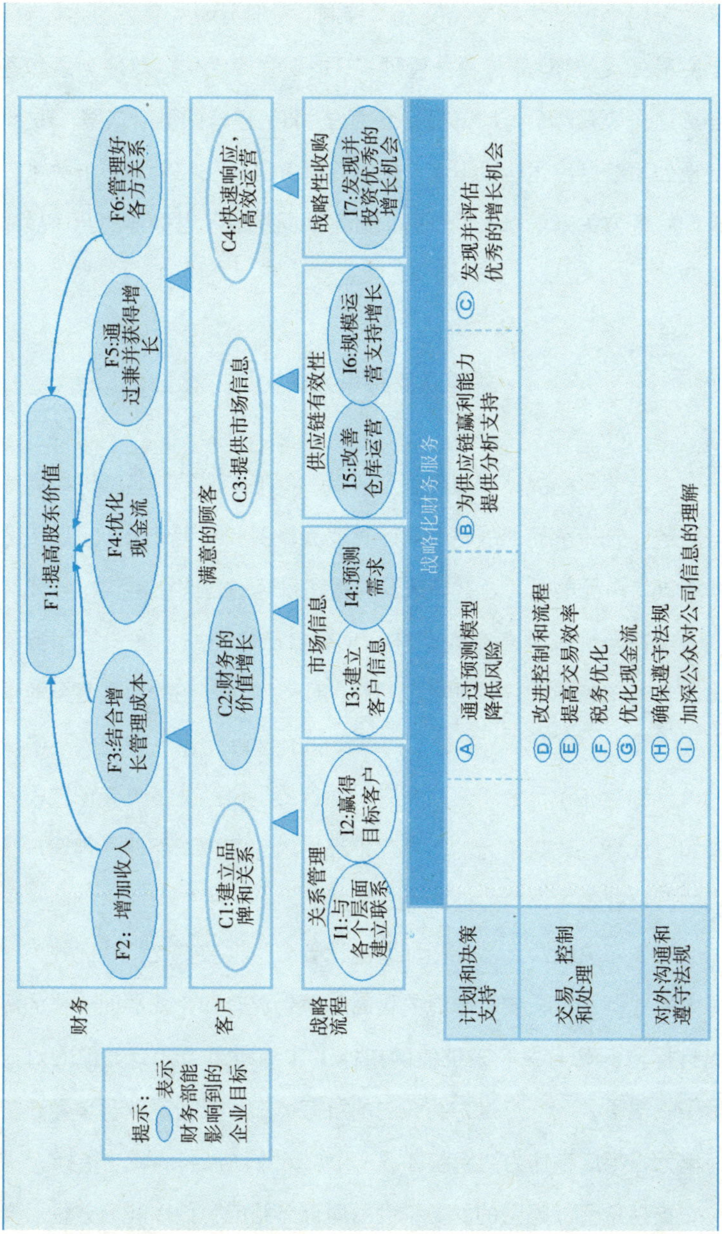

支持单元的协同

图5-7 Retail公司财务部战略服务

财务
- F1: 提高股东价值
- F2: 增加收入
- F3: 结合增长管理成本
- F4: 优化现金流
- F5: 通过兼并获得增长
- F6: 管理好各方关系

客户（满意的顾客）
- C1: 建立品牌和关系
- C2: 财务的价值增长
- C3: 提供市场信息
- C4: 快速响应、高效运营

战略流程
- 关系管理
  - I1: 与各个层面建立联系
  - I2: 赢得目标客户
- 市场信息
  - I3: 建立客户信息
  - I4: 预测需求
- 供应链有效性
  - I5: 改善仓库运营
  - I6: 规模运营支持增长
- 战略性收购
  - I7: 发现并投资优秀的增长机会

战略化财务服务
- 计划和决策支持
  - Ⓐ 通过预测模型降低风险
  - Ⓑ 为供应链赢利能力提供分析支持
  - Ⓒ 发现并评估优秀的增长机会
- 交易处理和控制
  - Ⓓ 改进控制和流程
  - Ⓔ 提高交易效率
  - Ⓕ 税务优化
  - Ⓖ 优化现金流
- 对外沟通和遵守法规
  - Ⓗ 确保遵守法规
  - Ⓘ 加深公众对公司信息的理解

提示：○ 表示财务部能影响到的企业目标

组织协同

有四个行动方案支持交易、控制与处理活动：D是加强控制；E是交易处理效率；F是税务管理；G是现金流优化。对外沟通和遵规守法这一块有两个行动方案，分别为：H是遵守萨班斯法案；I是更好地把公司信息传达给投资者，以支持财务目标F6"管理多方关系"：管理好各方关系。以上九个行动方案共同构成了财务部的全面战略化服务。

建立支持单元的协同

支持单元的战略化服务确定以后，接下来必须制定战略以完成这些服务。支持单元的战略也要转化成战略图和平衡计分卡，以传达给所有支持单元的员工，并用来监控战略目标的达成结果。

支持单元和业务单元一样，也有自己的使命、客户、服务和员工。有些支持单元，例如金融机构的IT部门，它们的预算甚至能够列入《财富》1 000强。但是支持单元和业务单元还是有很大不同。支持单元的存在不是为了赢利；它们的目的是协助业务单元创造收入和利润。此外，支持单元的客户几乎都是内部客户，而非外部客户；它们的客户就是内部的业务单元及其员工。

在制定支持单元战略图和平衡计分卡时，要把支持单元视为"业务中的业务"，在支持单元的最高层面也要有和企业层面一样的高层次目标，例如有关股东价值的指标（非营利组织要有类似的对应指标）。很重要的一点是，组织内的所有员工，无论是业务单元还是支持单元，都应该作为组织整体的一个部分关注最终的成功指标。

支持单元战略图的财务维度由两部分组成：效率和有效性。支持

支持单元的协同

单元的效率主要针对传统的事务，例如服务成本以及预算控制。支持单元的有效性指的是支持单元对企业战略的影响。有时被称为"关联计分卡"。支持单元应该把企业层面的计分卡中那些原本支持单元所能直接影响的目标和指标都作为有效性的目标和指标纳入本部门的计分卡中。

例如，人力资源部通过领导力开发项目，可能就会提升企业兼并式增长的能力。那么，"成功的兼并式增长"这一目标就需要包含在人力资源部的关联计分卡中。虽然人力资源部不能直接控制这一目标，而且要实现这一目标还需要其他部门的努力，但还是可以根据这张关联计分卡来衡量（当然也有激励）人力资源部的绩效。因为这样可以确保支持单元一直都会记住自己存在的最终目的，即协助企业和业务单元执行战略。

我们注意到有些支持单元制定的战略图看起来像一个非营利组织，它们把客户维度放在最上面，财务维度作为辅助维度，着重于效率、生产力和资源管理。虽然我们理解这样的做法，但我们接触到的大多数支持单元还是希望被看做是能够为企业的价值创造作贡献的一个单元，因此特意在它们的战略图和平衡计分卡的最上层加入一些企业层面的财务目标。它们希望能够推动企业价值的创造，而不止一个被动的内部支持单元。

支持单元一般有两类客户：（1）业务单元的经理，直接为这些管理者提供服务；（2）员工或者是外部的人员。支持单元的客户亲密战略或整体解决方案战略需要支持单元与这些客户建立合作伙伴关系。任何一个支持单元都应该理解客户的战略，并利用自身专长开发并提供服务，为客户的成功作贡献。

组织协同

支持单元平衡计分卡的内部流程维度一般有三个主题。第一个主题注重本部门的运营效率,支持财务维度的效率目标,主要指标包括单次交易的成本、质量以及响应时间。

第二个主题关注支持单元如何管理与内部客户的关系。服务型企业,像IBM、埃森哲、EDS,都会投入大量的时间来确定高效关系管理所需要的流程和技能。这是客户开发战略的核心。支持单元同样也是服务型单元,它们也需要类似的投入来研究客户关系管理流程。一些客户关系管理的技巧,例如设定专门的关系经理、整合计划、服务协议、客户回顾等,都是被实践证明的非常有效的方法。

第三个主题关注对业务的战略性支撑。这一主题旨在推动战略的有效性部分,为客户提供新的能力以提升它们的战略。这一主题的结构因职能而异。这种结构应该反映出我们前面所提及的全面的战略性职能服务中的具体内容和要求。

学习与成长维度反映了支持单元员工对于培训、技术以及良好工作环境的需求。

总而言之,支持单元的战略必须与企业及业务单元的战略建立协同。全面战略化服务框架(图5-1)明确了支持单元要如何把它的目标与业务单元协同起来。这一连接应该在支持单元计分卡中的客户维度中清晰反映出来。阶段性的客户回顾应该衡量服务项目中行动方案的进展程度。计分卡的内部流程维度需要明确支持单元向业务单元提供战略支持的方式。

下面我们将展示如何开发人力资源、信息技术和财务部门的战略图和平衡计分卡。

支持单元的协同

图5-8 人力资源战略图模板

财务角度

- 服务成本 — 人力资源效率 — 预算管控
- 服务成本影响 — 人力资源有效性 — 对企业成果的影响
- 创造股东价值
- 关联计分卡

客户

- 积极的工作环境
- 提供高质量服务
- 战略化解决方案 — 业务伙伴 — 可信赖的教练和顾问

内部流程

- 优异运营
  - 薪酬和福利
  - 员工和人才管理
  - 学习与发展
  - 沟通
- 建立业务单位伙伴关系
  - 客户关系经理
  - 整体计划
  - 服务协议
  - 客户意见反馈
  - 体现价值
- 为业务提供战略支持
  - 能力开发
  - 领导力和文化
  - 绩效管理

学习与成长

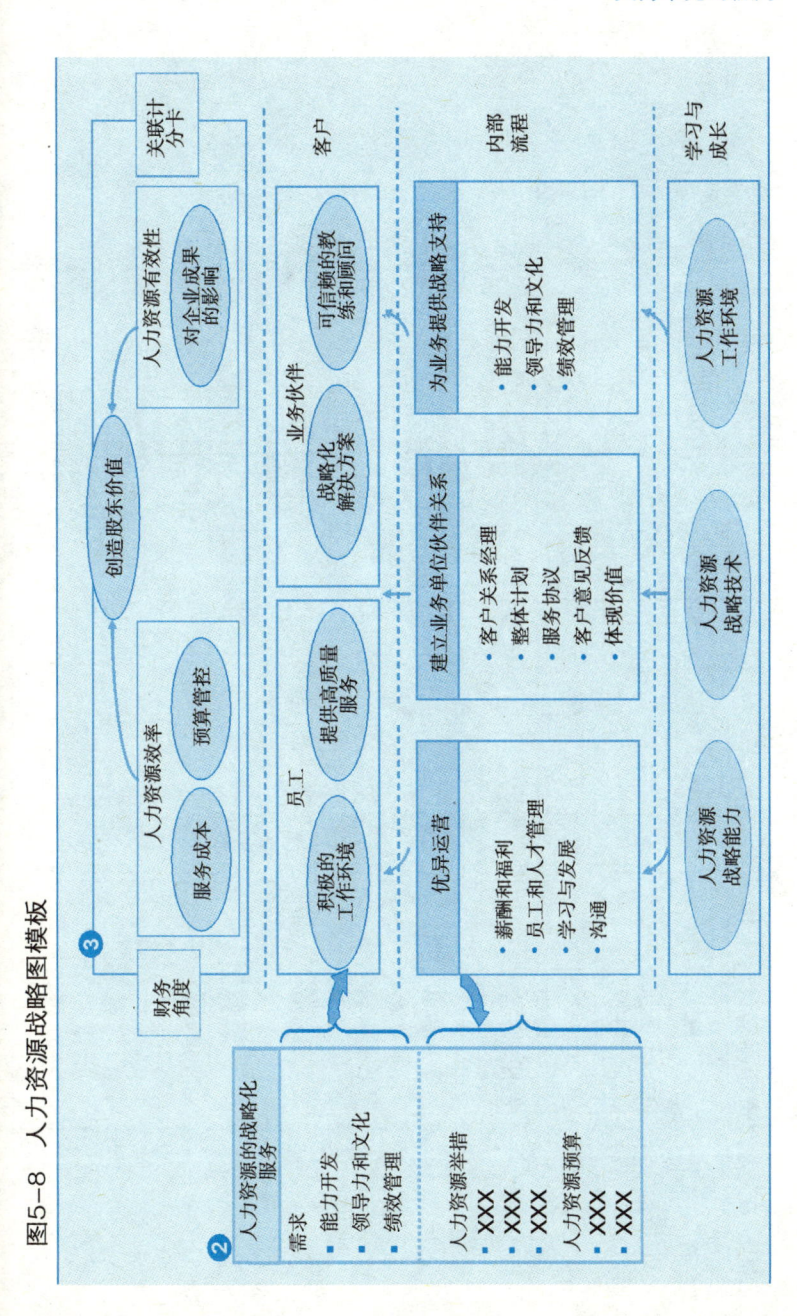

- 人力资源战略能力 — 人力资源战略技术 — 人力资源工作环境

❷ 人力资源的战略化服务

需求：
- 能力开发
- 领导力和文化
- 绩效管理

人力资源举措：
- XXX
- XXX
- XXX

人力资源预算：
- XXX
- XXX

165

组织协同

图5-9 人力资源平衡计分卡模板

	战略目标	战略性指标	目标值	行动方案	预算
相关关系	M1. 创造股东价值 M2. 企业计分卡中HR能影响到的目标 M3. M4.	□ 股票价格翻番 □ 企业计分卡中HR能影响到的目标 □	□ 竞争标准		
效率	F1. 提升人力资源效率	□ 实际成本与预算成本比较 □ 人均HR成本	□ 100% □ 竞争标准的90%		
人物	C1. 创造积极工作氛围 C2. 建立战略合作伙伴关系 C2. 确保人力资本准备度	□ 员工满意度反馈 □ 服务协议反馈 □ 人力资本准备度	□ 80% □ 85% □ 75%	□ 员工调查 □ 协议回顾方案 □ 人力资本准备度报告	$ CCC $ BBB $ AAA
	I1. 实现人力资源优异运营	□ 事务处理成本 □ 周期 □ 错误率/投诉量	□ 降低5% □ 21天 □ 降低50%	□ 作业成本法 □ 流程再造 □ HR流程全面质量管理	$ NNN $ OOO $ PPP
内部流程	I2. 建立业务单位伙伴关系	□ 已有的服务协议(%) □ 已有的HR战略计划(%) □ 与客户共处的时间	□ 90% □ 90% □ 10小时/周	□ 服务协议项目 □ 人力资源战略计划流程 □ 关系管理项目	$ KKK $ LLL $ MMM
	I3. 为业务提供战略支持 a)清养战略优化员工能力	□ 人力资本准备度	□ 100%	□ 战略岗位群确认 □ 能力矩阵 □ 培训与发展	$ DDD $ EEE $ FFF
	b)发展领导人,建立支持型文化	□ 领导力协同 □ 文化协同	□ 100% □ 100%	□ 领导力开发 □ 使命、愿景、价值观	$ GGG $ HHH
	c)创造高绩效组织	□ 员工协同	□ 100%	□ 战略沟通 □ 绩效管理项目	$ III $ JJJ
学习与成长	L1. 提供战略性人力资源信息 L2. 发展战略性人力资源能力 L3. 填充人力资源领导库 L4. 增加最佳实践共享 L5. 确保战略协同 L6. 创造共享愿景和文化	□ 人力资源应用系统准备度 □ 人力资源能力准备度 □ 关键岗位梳理图 □ 最佳实践运用个数 □ 个人目标与BSC连接百分比 □ 战略认知度(%)	□ 100%(对比计划) □ 100%(对比计划) □ 80% □ 50% □ 80% □ 80%	□ 人力资源统计计划 □ 人力资源能力计划 □ 人力资源领导力开发项目 □ 知识管理项目 □ 平衡计分卡分解 □ 战略性教育和沟通	$ QQQ $ RRR $ SSS $ TTT $ UUU $ VVV
				总计预算:	$ XYZ

支持单元的协同

人力资源部门的协同

图5-8 是一个人力资源部门的战略图模板；图5-9是对应的平衡计分卡模板。[5] 实践证明这两个模板提供了一个有效的始点，人力资源部门可以根据实际情况在模板的基础上进行定制完成自己的战略图和计分卡。

人力资源计分卡的财务维度有两块内容：人力资源效率和人力资源有效性。效率一般针对与服务成本相关的运营问题，可经常采用与外部标准对比的方法。例如，为强调生产力，可能就会采用"人均福利管理成本"这样的指标，与外部服务机构提供的服务收费标准进行比较。

人力资源有效性可以通过关联计分卡来衡量——可直接沿用企业计分卡中的几个人力资源部门可以间接影响到的指标。例如，如果企业战略是通过兼并取得增长，那么人力资源关联计分卡可以衡量"关键员工保留率"、"交叉销售额"，或者"兼并后产生的收益"等。

人力资源组织有两类客户：一是一线业务单元，人力资源部需要向它们提供服务；另外就是企业员工，他们是人力资源各类服务的直接受益者。业务单元需依赖于人力资源部提供专业知识方面的支持。有些公司为了反映出这种专业合作伙伴关系，特意把计分卡的客户维度改为委托人维度。

人力资源则要负责提供其战略化服务中与业务部门共同确定的那些解决方案。体现合作伙伴关系的计分卡指标可包括业务单元对共同计划中交付成果的反馈（交付成果在支持单元与内部客户之间的服务协议中已有描述），以及业务部门经理对参与工作的人力资源部人员的专业能力以及服务态度的评价。人力资源部与企业员工

组织协同

的这一层客户关系可以通过对所提供的项目和服务调研的员工满意度调查来衡量。

内部流程维度一般由三个主题组成。主题一"实现优异运营",是针对企业层面人力资源项目完成的效率,目的是在提供各种高质量服务的同时不超出预算。衡量的内容一般为各种人力资源服务的单项交易成本、服务质量和及时性,例如,薪酬福利项目、招聘、培训和年度绩效考核。

主题二"建立业务单元伙伴关系",在实际工作中经常被忽视。其实这需要一个业务单元关系管理的正式流程。人力资源部门需要采用类似于业务单元进行外部客户管理的正式流程(计划、客户管理、反馈和回顾)。这一主题的计分卡指标可以体现与合作伙伴关系的状态,例如实施人力资源战略支持计划的业务单元的比率,以及客户开发指标,如为客户提供咨询的时间。

主题三"为业务单元提供战略支持",把人力资源组织与全面战略化服务连接。这一主题的目标一般有三个方面(图5-8):培养战略性的员工能力;发展领导人,提升组织文化;宣传对绩效管理的重视。为了满足提供战略化服务所需要的条件,人力资源部要制定具体的项目和举措以满足业务战略的要求(包括各个举措需要的预算),并订立服务协议,确定具体的时间节点、交付成果和人员配备。

人力资源战略图的学习与成长维度能够纠正很多人力资源组织存在的一个典型问题:鞋匠的孩子没鞋穿。人力资源部员工与其他员工一样,也需要培训、信息系统、协同和绩效管理。尤其是当人力资源部的价值定位强调为业务单元量身定制提供咨询服务时,其员工更加需要掌握一系列全新的知识及技巧。针对人力资源部员工的内部项目标准应该与针对业务单元的内部项目具有相同的高标准。同时，人力资源部内部员工也应该被视为人力资源部门的客户，尤其是在战略规划、关系管理和反馈流程等服务项目方面。

图5-9中人力资源计分卡的第四栏列举了一些战略行动方案，用来支持人力资源部的战略目标、指标和目标值。这些行动方案将引领战略得以成功实施的具体行动和措施。公司和部门要为这些行动方案安排财务预算，并根据效益标准对各项行动方案作出判断。尽管大多数行动方案都是支持内部管理方面的，但是内部流程维度I3所属的行动方案还是包括对业务单元的战略支持的。人力资源部正是通过这一流程及相应的行动方案为客户提供交付成果的。因此业务单元一定要同意这些行动方案的预算，作为人力资源年度计划的一部分。

案例分析：英格索兰公司的人力资源

我们在第3章介绍了英格索兰公司的战略和战略图（图3-4）。英格索兰公司层面的战略是从一个由多个独立产品事业部组成的高度分散经营的公司转变为一个更具整合性的解决方案公司，以一个团队的形式出现在市场上，把不同业务单元的产品进行整合后销售，以满足客户的独特需求。这一转变对组织和文化变革产生了深远的影响。它其中的一个战略主题"以双重身份的角色充分发挥企业的力量"就提出了对新能力、新价值观、知识共享等方面的需求，还要求员工拓展视野，跳出原有的产品的思维定式，把英格索兰看做一个整体。

英格索兰公司总裁要求企业的人力资源部协助实施"双重身份"战略主题。由负责人力资源和全球服务的高级副总裁堂·赖斯（Don

组织协同

图5-10 英格索兰公司人力资源战略图

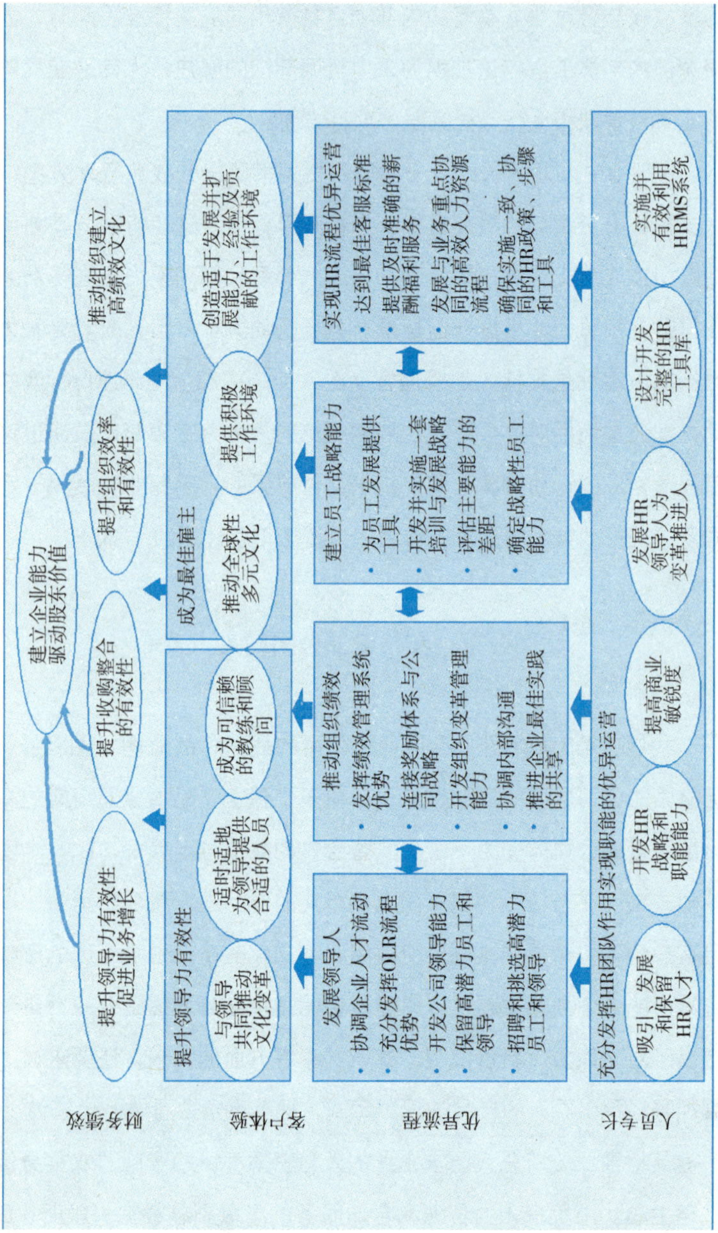

Rice)牵头,从开发主题战略图开始(图5-10)。流程维度的前三个主题,分别是"发展领导人"、"推动企业绩效"以及"培养战略性员工能力",充分体现出企业的战略重点。第四个主题是"优化人力资源流程",重点强调人力资源部门服务的效率和质量,如薪酬福利的支付体系。

这四个主题共同体现了人力资源部对其两类客户的价值定位:针对业务单元的"提升领导力有效性"以及针对全体员工的"成为最佳雇主"。人力资源战略对财务结果的影响会在财务维度反映出来:

- ◆ 由于领导力的提升而带来的业务增长
- ◆ 由于团队合作文化而提升的兼并有效性
- ◆ 由于人力资源管理流程的改进而带来整体效率的提升

英格索兰公司的总裁赫伯·亨克尔对人力资源部的工作方法给予如下评价:"我从来没有见过任何其他管理工具能够如此清晰地显示出支持单元为业务部门带来的价值。我们应该将这一工具运用到人力资源部员工的招聘工作中去。如果他不愿意使用这一工具,我们将不会聘用他。"[6]

信息技术部门的协同

基于我们与数十个IT组织合作的经验,我们准备了一份通用的IT部战略图模板(图5-11)。[7]这张战略图表现了IT部门必须实现的一

组织协同

图5-11 信息技术部门战略图模板

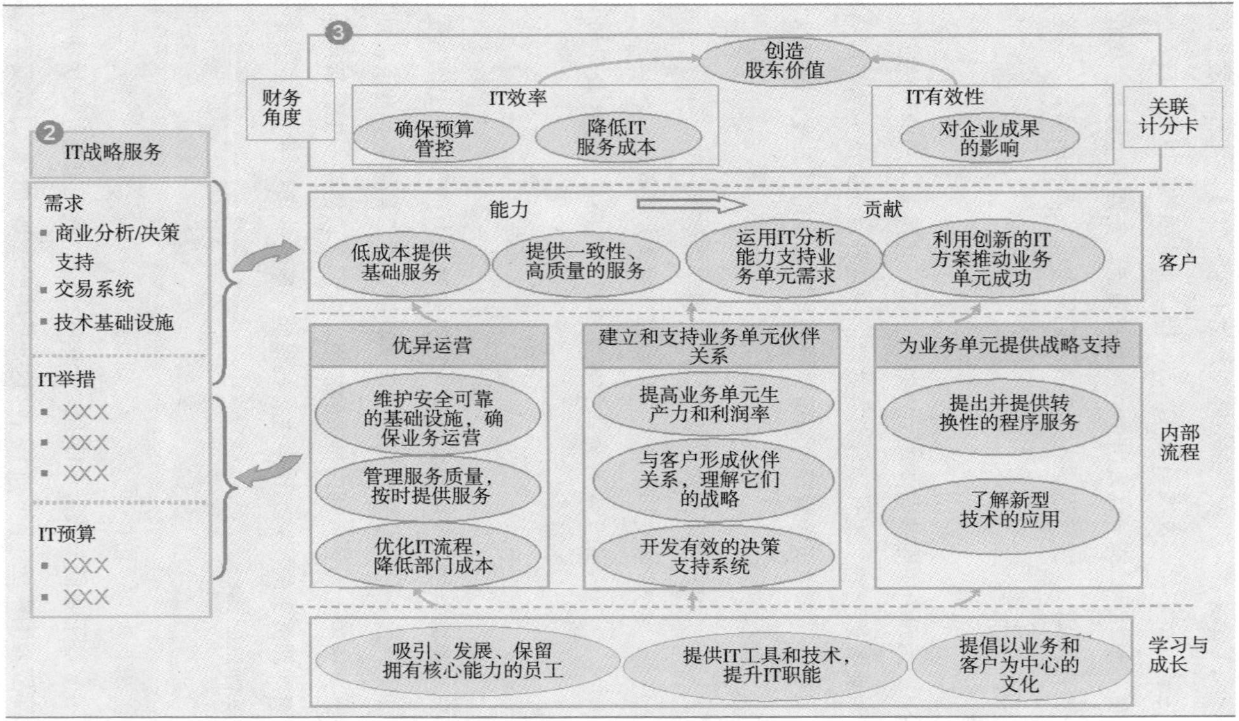

个平衡：一方面要能够提供基础、必要的服务，同时要具备与业务单元合作的能力，提供个性化服务解决方案和技术，帮助它们提升战略。这一战略定位改变了IT投资问题的焦点，已经从原来要花费多少钱的考虑转变为要投资多少钱以提升组织计划的战略性。

财务维度的目标包括降低部门提供基础服务的成本，同时通过有效应用IT产品和服务，提升企业整体成果。IT部门的战略可以通过一系列战略化服务项目与企业战略连接起来。

对于是否成功地交付了基础架构和应用程序方面的服务项目，可以在客户维度从两个层面进行衡量：（1）基础能力层面：以竞争性成本提供可靠、高质量的IT服务；（2）增值贡献层面：IT组织帮助业务单元提高生产力和赢利能力，最终成为业务单元差异化战略成功实施的一个关键因素。

内部流程维度有三个战略主题：

1. 实现优异运营：及时准确获取信息及可靠、合理成本的计算资源。IT单元需要提供高效低成本的核心技术基础设施——为员工提供计算服务所需要的共享技术和管理知识，以及基础性的技术应用，包括ERP和其他自动化完成重复性计算的交易处理系统。

2. 建立并支持与业务单元的伙伴关系。IT部门成为运营经理可信任的顾问，指导如何应用IT技术来提高业务单元的赢利和外部客户的满意度。这些技术包括分析方面的应用，如客户关系管理和作业成本法管理这样的系统和网络，能够加强分析、诠释，以及信息和知识的共享。

3. 为业务单元提供战略支持。IT部门提供创新和新型的技术解

组织协同

决方案，帮助业务单元定位其竞争优势。IT部门可以向业务单元推荐更新换代的应用程序、系统及网络，帮助改变以前企业的主导业务模式。

第一个主题展示了IT部门能够为业务单元提供低成本的IT技术，并提供可靠、质量稳定的基础服务。第二个主题使IT部门能够针对各业务单元的需求定制开发相应的解决方案，从而使IT部门成为业务单元的战略伙伴，并参与业务单元的战略制定和执行。第三个主题是领先性解决方案，IT部门要提供领先的产品来支持业务单元的差异化战略，帮助它们为客户和供应商提供创新的信息解决方案。

IT支持单元可能会只选择第一个主题中的行动方案——"低成本提供可靠即时的基础IT设施和应用"。如果真要实现这个目标，公司就很可能选择把这些基础的IT产品和服务外包出去，因为凭借外包供应商的规模和全球优势，获得这些基础产品和服务会更加高效。因此，内部的IT部门可能会倾向于为业务单元提供领先的解决方案，并建立战略伙伴关系，以此来产生自己的优势，区别于外部供应商。这些就需要投入更多的IT资源，同时要产生更高的回报，提供高附加值的产品、服务和解决方案。

我们的同事罗伯特·戈尔德提出了不同的观点，他认为IT组织就是要一直满足业务单元不同层面的需求。[8] 正如主题一中所列的，IT组织最基本的能力是要以低成本提供连贯、可靠的基础信息和服务。满足这一个要求是必要的，但是只做到这一点还不能满足业务单元的所有IT需求。只做到这一点可以让业务单元满意，但是它本身没有为业务单元的价值创造作出贡献。

支持单元的协同

一旦IT组织的基本能力建立了,就可以转向主题二和主题三中确立的一些能力的开发。首先,发展与业务部门的协同关系,通过提供定制化的行动方案和应用软件来为它们的生产率提升和利润率提升作出贡献。IT支持单元的最高境界是把新生的技术能力转化为业务单元独有的竞争优势。[9]

学习与成长维度的员工目标列出了IT单元的人员需要掌握的关键技能,以满足流程维度三个主题的要求。当然,IT部门也需要有自己的技术支持来完成自身的战略目标。它必须改变部门文化,摆脱原来那种技术专家只沉溺于自己的小圈子里的工作方式;而要建立以客户为中心的新型文化,IT专员要理解业务单元的运营和战略,并提供合适的产品、服务和解决方案,帮助它们的内部客户取得成功。

下面我们通过一个具体的案例来阐述一家大型信息系统组织的IT部如何制定它们的战略图和平衡计分卡。

案例分析:洛克希德·马丁公司(Lockheed Martin) 的企业信息系统

1995年,洛克希德公司(Lockheed)与马丁·玛丽埃塔(Martin Marietta)公司合并之后,洛克希德·马丁公司成为美国国防部最大的外包供应商。2004年销售额达到355亿美元,外加769亿美元的订单。公司最大的客户是美国国防部,占销售总额62%;其他的非国防政府客户占16%,例如国土安全局;国际销售占18%;国内其他商业性收入占4%。

洛克希德·马丁公司的企业信息系统(EIS)部门拥有4 000多名员

组织协同

图5-12 洛克希德·马丁公司信息系统战略

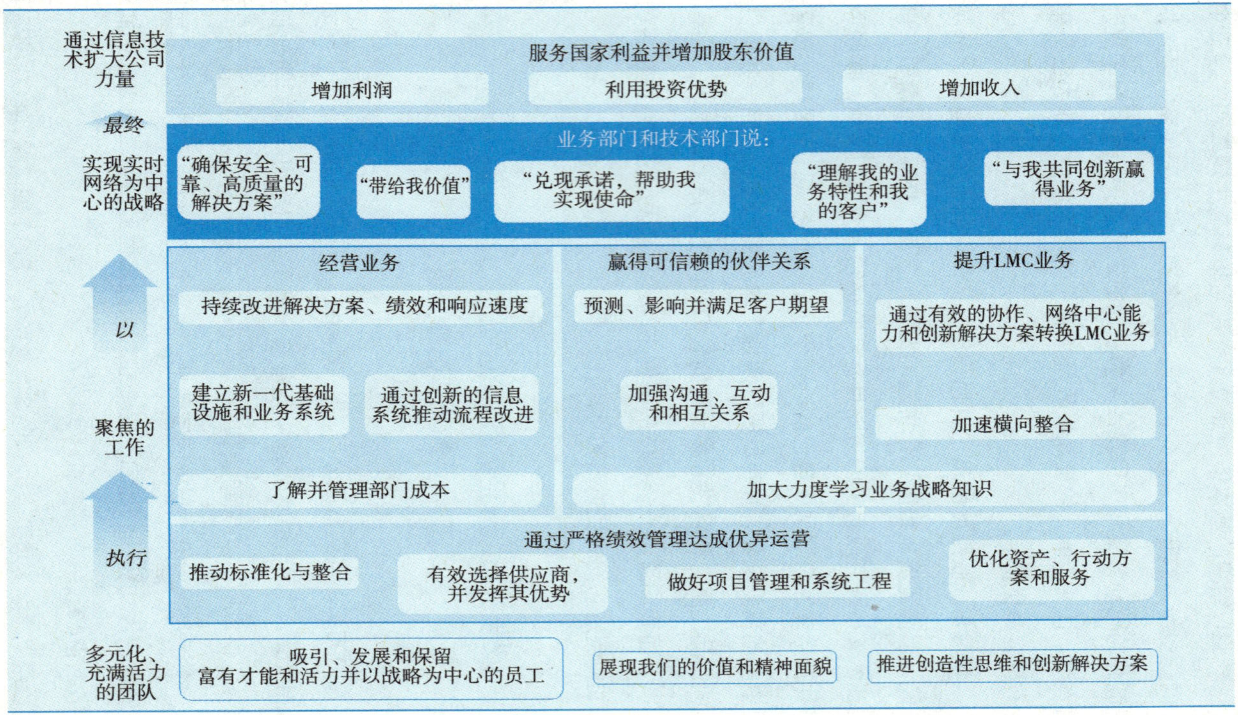

通过信息技术扩大公司力量

最终：实现实时网络为中心的战略

聚焦的工作

执行

多元化、充满活力和创新的团队

	增加利润	服务国家利益并增加股东价值	增加收入
		利用投资优势	
	"带给我价值"	业务部门和技术部门说： "兑现承诺、实现使命"	"理解我的业务特性和我的客户"	"与我共同创新赢得业务"

经营业务
- 确保安全、可靠、高质量的解决方案
- 持续改进解决方案、绩效和响应速度
- 建立新一代基础设施和业务系统
- 通过创新的信息系统推动流程改进
- 了解并管理部门成本
- 推动标准化与整合
- 有效选择供应商并发挥其优势

赢得可信赖的伙伴关系
- 预测、影响并满足客户期望
- 加强沟通、互动和相互关系
- 加大力度学习业务战略知识

提升LMC业务
- 通过有效的协作，网络中心能力和创新解决方案转换LMC业务
- 加速横向整合
- 优化资产、行动方案和服务

通过严格绩效管理达成优异运营
- 做好项目管理和系统工程

吸引、发展和保留富有才能和活力并以战略为中心的员工

展现我们的价值和精神面貌

推进创造性思维和创新解决方案

176

支持单元的协同

工,总部位于佛罗里达州的奥兰多,以及数十个处在美国不同地区分散经营的单元,包括首都华盛顿、沃思堡(Fort Worth)、加利福尼亚的Sunnyvale和丹佛等城市。公司负责信息系统部运营的副总裁埃德·米汗(Ed Meehan)说:"我们正在努力将战略变成每一个人的工作。"

自从1995年合并之后,业务单元的领导一直存在一些担忧,因为公司的IT单元一直是待在自己的圈子里独立运营的。尤其是公司已经将信息技术能力定位为公司的战略核心,要成为"网络中心"能力的领导者,这种担忧就更加急切了。洛克希德·马丁公司希望自己的技术能够成为军队在信息时代组织和指挥战争的核心要素,把不同的系统和警戒装置连接起来,使原来独立运作的各种系统经过连接式运作后呈现出指数式增长的军事威力。

为迎接新的挑战并成为企业增值的IT供应者,EIS制定了一套完整解决方案的战略,成为企业内部IT服务的首选供应商。它还希望服务于外部客户,帮助洛克希德·马丁的业务单元从政府部门赢得与IT相关的大型合同——美国国土安全局。

EIS实施了平衡计分卡项目,以协同不同的运营部门与EIS的整体战略及经营战略。平衡计分卡将帮助EIS成为可信赖的创新者,提供以网络为中心的尖端技术能力。图5-12是EIS的战略图。最左面从下往上的文字描述用EIS的一位领导人来形容是一个战略图的读者文摘版本:能够快速展现战略图的结构和内容,尤其适合为那些对战略图概念还很陌生的人做演示。

EIS的管理层把公司内部的业务和技术单元的领导作为自己的关键客户,并以客户的口吻来描述五个客户目标。图中从左到右的五个目标从比较基本的要求("确保安全、可靠、高质量的解决方案"、

组织协同

"带给我价值"、"兑现承诺,帮助我实现使命"),转到能够帮助公司完全实现潜在价值的较高要求("理解我的业务特性和我的客户"、"与我共同创新赢得业务")。EIS管理层认识到,在成功达到基本要求的基础上,必须要进一步建立自己的声誉,被内部客户当成是一个能够创造贡献的合作伙伴,而不只是一个提供服务的部门。

内部流程维度由四个主题构成,目标是建立一个"充满活力、聚焦战略的员工团队"。这四个主题从左至右体现了从基础能力到价值贡献的转移过程。"严格的绩效"这一主题涵盖的目标能够帮助部门持续改进整体绩效;推进标准化和部门整合,管理好外部供应商,严格实施项目管理和系统工程管理,优化服务项目等工作都是为其他几个主题打基础,如"经营业务"、"赢得可信赖的合作伙伴",最终达到"提高经营业绩"。

EIS意识到,要经营好业务,它的客户会最关心质量和成本。通过理解和管理单元成本,EIS寻求把成本与需求梳理清楚,以便更好地管理IT总成本的影响。开发并优化新一代的基础设施、流程改进、解决方案提升、绩效、及时响应等都被列为关键目标。但是达成这些目标还仅仅是开始。

EIS领导层一方面积极汲取有关业务战略的知识,同时努力加强与合作伙伴的关系,预测并满足它们的期望。EIS希望通过关系的提升进一步加强公司内部的横向整合,更好地实现公司以网络为中心的技术能力。米汗说:"我们要通过信息技术加强洛克希德·马丁公司的力量。我们要提高员工的能力,让信息流通更加通畅。"

通过把价值维度放在战略图的最上方,EIS的领导强调要对公司的财务作出贡献:通过管理成本提高利润,更好地利用已经对IT能力

支持单元的协同

的投入，增加收入。

到2005年中期，EIS已经将其战略图分解到下属10个支持单元，并且已经能清晰地看到员工对EIS战略的认知和参与得到明显提高。

财务部门的协同

财务部门是我们要分析的第三个部门，它可能是所有支持部门中最强势的部门。[10]财务部负责衡量和控制组织的财务资源，还要充分理解并执行繁杂的会计标准，遵守外部法律法规的要求。同时，它还要负责与企业的各个方面沟通，包括股东、分析师、董事会、税务机构、监管机关、债权人，等等。

财务职能在过去的10年中发生了巨大的变化。企业财务报告丑闻引发了萨班斯法案的出台，要求必须对组织的报告制度、内部流程和控制加大监审力度。电子技术的进步，例如互联网，改变了付款、收款、库存和供应链流程。在新的知识型经济环境下，80%以上的企业价值来源于无形资产，这就要求企业的衡量和管理系统要超越传统的预算和财务报告。而且，一些新的衡量方法也得到了应用，如经济附加值（EVA）、滚动预测、作业成本法（ABC）和平衡计分卡。当今的财务部门还必须应对来自外部机构新增的政策和要求，同时又要应用新的衡量和管理方法，以帮助组织成功实施战略。

面对这些挑战，财务部对原来传统的会计职能进行了延伸，逐步与业务单元和企业领导建立伙伴关系。最近有一份研究把首席财务官（CFO）的角色描述为"首席绩效顾问"。[11]布斯·艾伦·汉密尔顿（Booz Allen Hamilton）的一份研究发现："首席财务官被他们的总裁看做是推动整个公司变革的左右手。"[12]宝洁公司首席财务

组织协同

官克莱顿·戴利（Clayton Daley）这样描述如今CFO的双重角色：
"我觉得我现在戴着两顶帽子。我要负责传统的会计问题，例如现金流、资金、成本结构等。但是我的角色又在不断与战略和运营挂钩。" [13]

我们通过一张通用的财务部门战略图就可以看到这些多重职责（图5-13）。财务目标是高效履行财务职能，在预算范围内完成制定规章制度、遵规守法、控制以及决策支持等工作。效率方面的主题还包括协助企业降低成本、提高生产力、实施有效的预算流程、严格的资源分配和投资流程、促进员工持续改进和生产力项目的经营状况报告和反馈系统。有效性方面的目标直接采用企业计分卡中财务部能影响到的目标，共享的指标包括收入增长、资产回报、经济利润等。

财务部战略图反映了两类客户：外部利益人和内部业务伙伴。外部利益人——包括股东、董事会、分析师和监管机构——他们要求财务部提供高质量的季度和年度财务报告、信息披露、企业风险管理、控制和守法等相关信息，以确保企业在法律和道德范畴内开展经营活动。内部业务客户需要财务部以低成本实施基础的会计和财务流程，如薪酬发放、应收应付账款、月终结算、报表合并等。另外还要为管理层提供报告和财务建议，支持企业战略的实施。

内部流程维度围绕着对内、外客户服务的内容制定了以下四个主题：

与外部机构的沟通和遵规守法：满足外部利益人的需求，遵规守法，有效对公司的业务经营和战略进行沟通，为董事会提供报告和决策支持，监督内外部审计流程。

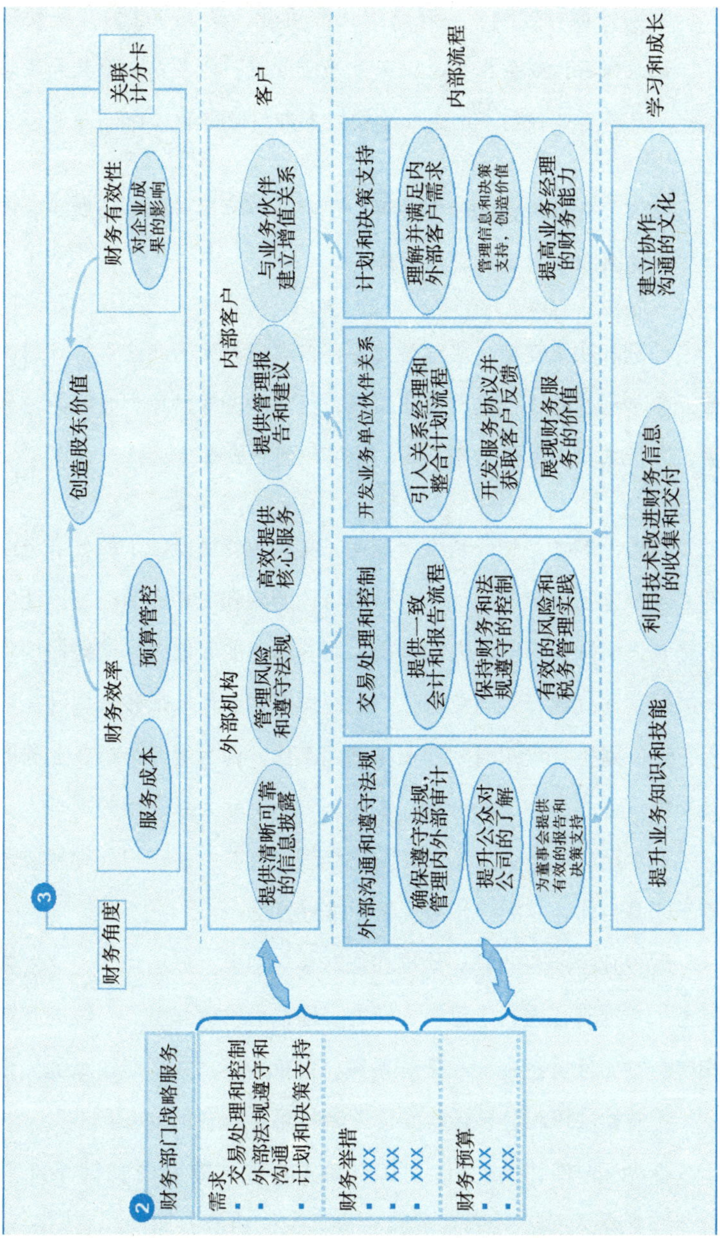

支持单元的协同

图5-13 财务部门战略图模板

组织协同

　　交易处理和控制：实现流程优异运营，提供可靠的交易处理流程，记录保存，财务报告，税务及风险管理，以及内部管控和法规的遵守。这些都是任何一个企业希望财务部门做好的工作。

　　发展与业务单元的伙伴关系：了解业务单元所需要的财务管理支持，并建立专业的流程提供支持。

　　计划和决策支持：实施与业务部门共同开发的战略支持计划；成为业务单元领导可信赖的财务顾问，提供和诠释财务和非财务信息，提供分析工具，支持业务决策、管理控制和战略实施。

　　财务部的学习和成长维度描述了其角色转型所带来的要求。财务部必须保留它传统的会计、财务报告、遵规守法和资源控制等能力。但是它又必须在这些能力的基础上培养员工的新能力，使他们理解公司的运营和战略，并与业务部门的经理有效合作。很多公司现在都要求它们的财务经理花时间在业务部门工作，而且经常选择在业务的一线岗位。强生公司（Johnson & Johnson）就为新聘用的财务人员设计了一个两年的培训方案，让财务经理们能够关注客户、理解市场、善于团队合作，并能够作为变革的推进力量。

　　现今几乎所有的常规处理和报告事务都已经自动化了，这就要求财务人员拥有很强的信息技术能力。他们必须确保财务系统的有效性和整合性，能够提升交易处理系统，例如ERP，并掌握较高的分析技能，把原始数据和交易转换成管理者所需要的信息和知识。[14]

　　要做好内部流程中计划和决策支持的主题，财务部不能只是一个与业务无关、代表客观和独立性会计功能的部门。它需要建立

支持单元的协同

新的文化和氛围,使财务专业人员能够真正成为管理层和决策层的财务顾问。但是财务经理们在向"首席绩效官"角色转变的同时,他们必须做好充分准备,正如一位前联邦储备委员会主席曾经说过的,他的工作是"当讨论变得有些热过头的时候,拿走那只木球"。财务经理必须拥有很强的价值体系,以帮助他们在两种人之间掌握平衡,一种人是忠诚为企业作出贡献的企业团队成员,另一种则代表外部利益人,对整合、控制、风险管理和长期股东价值创造等方面提出需求和期望。

案例分析:Handleman财务部

我们继续用Handleman的案例来介绍财务部战略图(图5-14)和平衡计分卡(图5-15)。这张战略图全盘展现了公司财务部的工作,包括建议、审计、投资者关系、税务、管理会计、融资和内部财务服务等。[15]

Handleman财务部在客户维度确定了四个关键目标:

C1:快速响应和高效的财务运营。 财务部需要快速反应并高效工作,重点是减少花在日常事务处理方面的时间,增加分析的时间,以提高决策质量,同时要在信息准确性和资源控制方面保持高标准。

C2:通过增值分析提升经济利润。 财务部将支持业务客户,帮助它们保持并提高公司的利润率。要做到这一点,财务部需要对与业务相关的信息做充分的调研,并提供有用的分析,协助制定具有积极

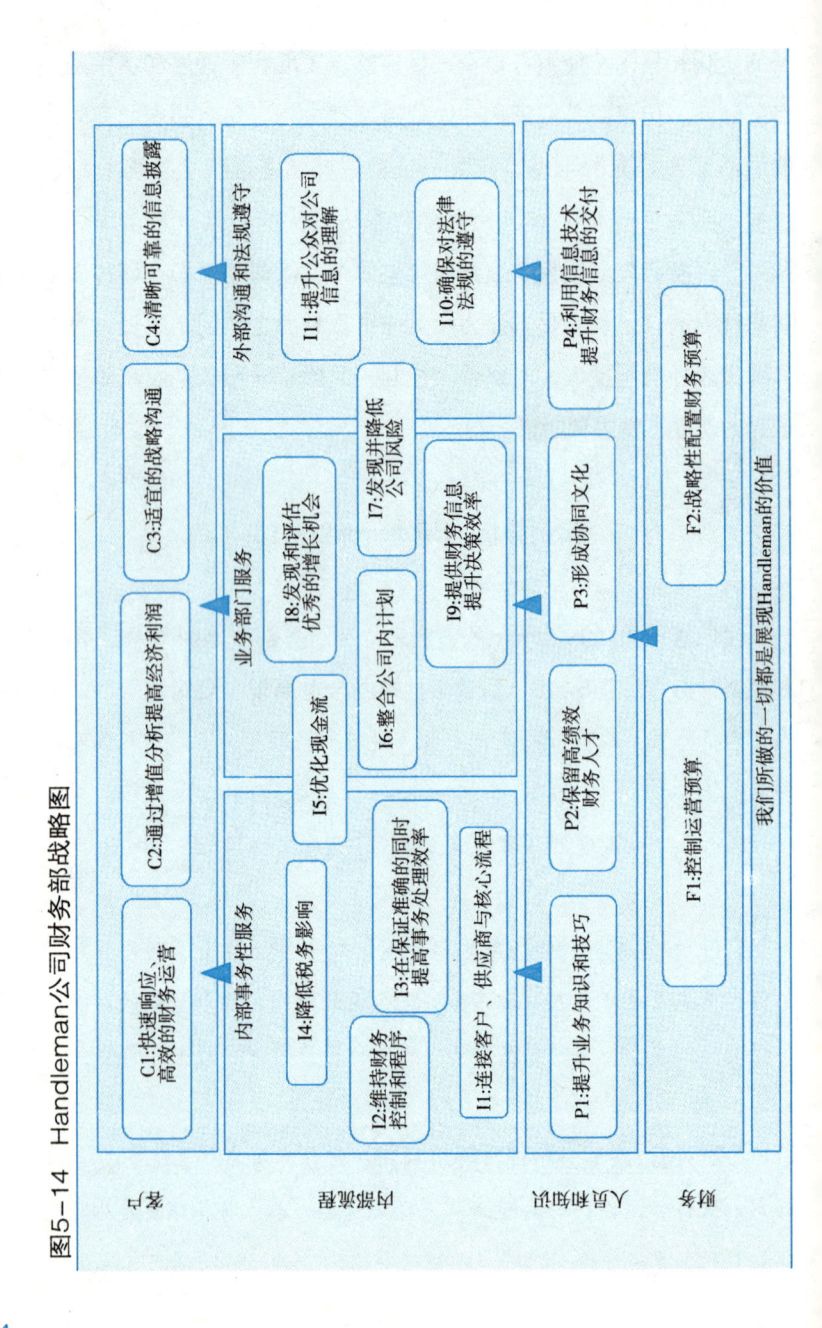

组织协同

图5-14 Handleman公司财务部战略图

财务	C1:快速响应高效的财务运营 — C2:通过增值分析提高经济利润 — C3:适宜的战略沟通 — C4:清晰可靠的信息披露
	内部事务性服务 / 业务部门服务 / 外部沟通和法规遵守
运营流程	I2:维持财务控制和程序；I4:降低税务影响；I5:优化现金流；I6:整合公司内计划；I8:发现和评估优秀的增长机会；I7:发现并降低公司风险；I11:提升公众对公司信息的理解；I1:连接客户、供应商与核心流程；I3:在保证准确的同时提高事务处理效率；I9:提供财务信息提升决策效率；I10:确保对法律法规的遵守
学习与成长	P1:提升业务知识和技巧；P2:保留高绩效财务人才；P3:形成协同文化；P4:利用信息技术提升财务信息的交付
预算	F1:控制运营预算；F2:战略性配置财务预算

我们所做的一切都是展现Handleman的价值

支持单元的协同

图5-15 Handleman公司财务部计分卡

视角	战略目标	战略指标
客户	C1 快速响应、高效的财务运营 C2 通过增值分析提升经济利润 C3 适宜的战略沟通 C4 清晰可靠的信息披露	C1A 业务部门满意度调查 C1B 财务管理成本在总收入的占比 C2A 部门经济利润与计划相比 C3A 执行沟通计划的百分比 C4A 综合打分指标
内部事务服务	I1 连接客户、供应商与核心流程 I2 维持财务控制程序 I3 在保证准确的同时提升事务处理效率 I4 降低税务影响 I5 优化现金流	I1 行动方案完成率 I2 流程控制和步骤建档百分比 I3A 及时率和准确率 I3B 每个雇员的事务处理次数 I4 有效的税率 I5 实际现金流与预算的对比
业务部门服务	I6 整合公司内计划 I7 发现并降低公司风险 I8 发现和评估优秀的增长机会 I9 开发财务信息提升决策效率	I6A 整合合理建议的进度 I6B 完成年度计划所用的工作天数 I7 企业风险降低的个数 I8 有效的机会个数 I9 新开发的模型个数
外部沟通和法规遵从	I10 确保对法律法规的遵守 I11 提升对公众对公司信息的理解	I10 文档整理完成的及时率 I11 沟通计划开发节点完成率
人员和知识	P1 提升业务知识和技巧 P2 保留高绩效财务人才 P3 形成协同文化 P4 利用信息技术改善财务信息的交付	P1A 技能学习计划完成率 P1B 小范围轮岗的财务人员人数 P2A 高绩效财务人才的保留率 P3A 财务部门人职责协同的提升率 P4B 重点交付时间的战略需求达成率
财务	F1 控制运营预算 F2 战略性配置财务预算	F1 预算达成率 F2 管理成本中分析工作成本与事务工作成本之比

组织协同

意义的业务举措。财务部必须把公司有限的资源集中在能够为客户增加价值的领域。

C3：合适的战略沟通。财务沟通计划应该坚持把公司的战略清晰、直观地传达给外部利益相关者，促进公司的本益比成倍增加。

C4：清晰可靠的信息披露。财务部门需要为投资者和债权人提供可靠的财务信息以作出决策。这些信息必须符合法规对准确性和时间性的要求。

第二个客户目标C2把财务部与业务单元的成功连接在一起。通过这个目标，财务部将与业务部门密切合作，作为它们的业务合作伙伴，帮助它们提升经济利润。

客户维度的四个目标由内部流程维度的11个目标支撑实现，这11个目标围绕三个主题：内部交易服务、业务单元服务和外部沟通及遵规守法。在业务单元服务主题下，有几个关键内部流程来支持财务部成为业务单元的业务伙伴，这几个流程包括：

I8：发现并评估优秀的成长机会。财务部在公司成长方面扮演着牵头人的角色，帮助公司兼并或与其他公司合作，以更快更有效地获取新客户、新市场，或新产品和新供应商。另外，财务部还要积极发现战略性的交易机会，帮助公司进入新的业务领域，例如重新组合现有产品，增加在线业务，或者进入其他娱乐或非娱乐产品线。

I9：开发财务信息提高决策能力。财务部要想提高业务经理的决策能力，需要从传统的事务处理型组织转为分析型组织。这样财务部才能提供及时、有用、真实的财务信息。

战略图"人员和知识"维度的前两个目标分别是：开发实施新财务战略所需要的能力；保留具有丰富经验、受过良好培训、绩效表现优秀的财务部员工。第三个目标"培养协同文化"，与业务合作伙伴主题联系在一起，强调财务部需要与业务单元密切合作，帮助它们实现成长和利润目标。

P3：培养协同文化。为了能够达到对企业和财务战略贡献的最大化，财务部需要往同一方向努力，要消除财务部内部的壁垒。我们是一个团队，每一个人都要为战略的实现贡献自己的力量。我们所有人都必须理解如何为财务部的战略图作贡献，如何承担自己的责任。为了达到这种协同效应，我们在必要时应修改流程，包括薪酬体系、内部沟通流程以及组织架构。

Handleman公司财务部的战略图和平衡计分卡是一个很好的例子，阐述了财务组织在21世纪所面对的挑战。今天的财务部必须继续扮演好传统的角色，包括交易处理、内部控制、外部沟通和遵规守法等，同时要培养新的技能和文化，与业务单元建立战略伙伴关系，帮助它们创造和维持更高的股东价值。

建立流程的闭环

我们已经介绍了如何开发支持单元的战略图和平衡计分卡以建

组织协同

立支持单元与业务单元以及企业之间的协同。然而，协同效应建立以后，必须作为一个持续的流程来加以管理，而不仅仅只停留在战略图和计分卡。如图5-16所示，支持单元有效的协同流程包括以下几个部分：

◆ **关系经理**：来自于支持单元，负责整体的协同

◆ **整合的计划流程**：由支持单元参与制定，确定本单元对业务单元目标的支持角色

◆ **服务协议**：确定支持单元的交付成果、服务内容和成本，包括行动方案负责人，确保全面战略化服务中的每个行动方案都得到有效实施，并交付给了内部客户——业务单元

◆ **基于服务协议的内部客户反馈研讨会**

◆ **成本和收益评估**：以验证支持单元的贡献

关系经理

与业务单元建立伙伴关系的第一步是指定专人来领导和管理这一关系。很难想象翰威特公司的人力资源顾问或者埃森哲公司的IT顾问没有专门的客户关系经理来管理与客户的关系。然而，根据我们的调查，只有33%的IT部门和43%的人力资源部门遵循了这一做法，即专门设立客户关系经理来管理与业务单元之间的关系。[16]

IBM学习中心（在第4章有所阐述）与业务单元建立协同效应的第一步就是指定学习经理与各个业务单元一起工作。学习经理要理解业务部门的战略，把战略转化为战略图，并且为客户讲解如何利用培

支持单元的协同

图5-16 闭环：实现支持单元协同的流程

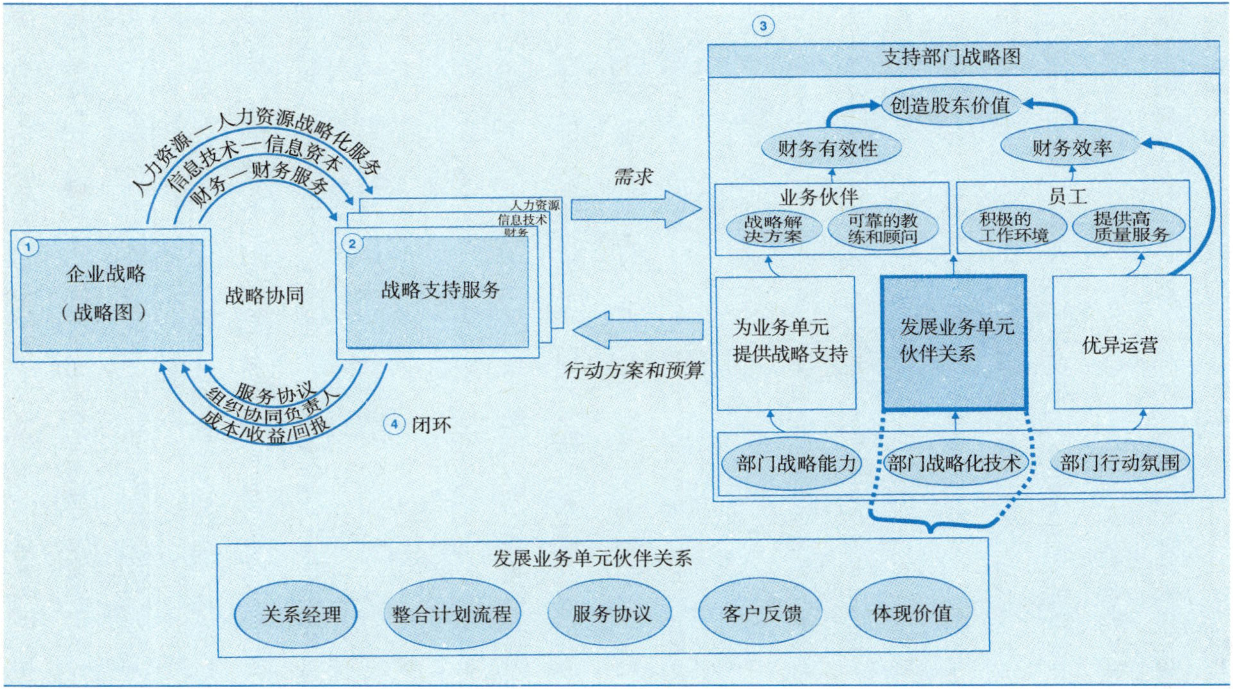

组织协同

训提升战略。学习经理负责管理计划流程,确定学习方案并协调各个方案的开发和实施。通过这些工作,学习经理与业务单元真正形成了战略伙伴关系。

J.D.Irving公司是一家总部位于加拿大不伦瑞克省(New Brunswick)的多元化家族集团企业。公司指定了八位协同责任人,分别派到八个主要的业务单元。协同责任人负责制定、沟通和回顾业务单元的计划、指标和奖金体系。他们相当于业务单元的变革发起人,帮助业务单元的经理发展领导力,分享最佳实践,并建立业务单元与企业战略目标之间的协同效应。

整合的计划流程

图5-17中的步骤一、二、三描述了一个支持单元的有效、整合的计划流程。实施这个流程的前提是业务单元已经有了战略图。如果业务部门还没有形成清晰的战略,那么与支持单元的协同就会相对困难很多。这种情况下,关系经理可以作为业务单元的顾问,帮助它们制定战略图。制定战略图是一个分析的、结构化的流程,关系经理可以逐步学习并掌握。

有一家公司,当人力资源部的一名员工帮助业务单元的经理完成战略图的设计后,这位经理说:"这是我见过的对我们战略的最好描述。我从来没想过能从人力资源部学到这么好的东西。"显然,共同制订计划的过程是双方建立互相尊重的专业合作关系的重要一步。

服务协议和客户反馈

通过战略计划流程,将产生一系列行动方案,由支持单元来实施并交付给业务单元。这些交付成果是推动业务单元结果的重要因素。

支持单元的协同

图5-17 服务协议和客户反馈流程

① 企业战略 → ② 全面战略职能服务 → ③ 职能部门战略

- 更新战略和计划
- 需求
- 行动方案
- ④ 闭环

关系经理主持的客户计划会议

服务：能力开发

行动方案	交付成果	行动方案负责人	指标	成本	时间
确认战略岗位群能力档案	岗位编号档案	xx	岗位协同	xxx	xxx
培训 —新员工 —高级技能 —团队合作	课程A 课程B 课程C	xx xx	岗位准备度	xxx	xxx
考试认证	考核		通过未通过率	xxx	xxx

服务协议

（沟通、绩效管理、招聘、薪酬福利）

客户对绩效的评估

很不满意 0 1 2 3 4 5 很满意

- 能力发展
- 薪酬福利
- 招聘
- 绩效管理
- 沟通

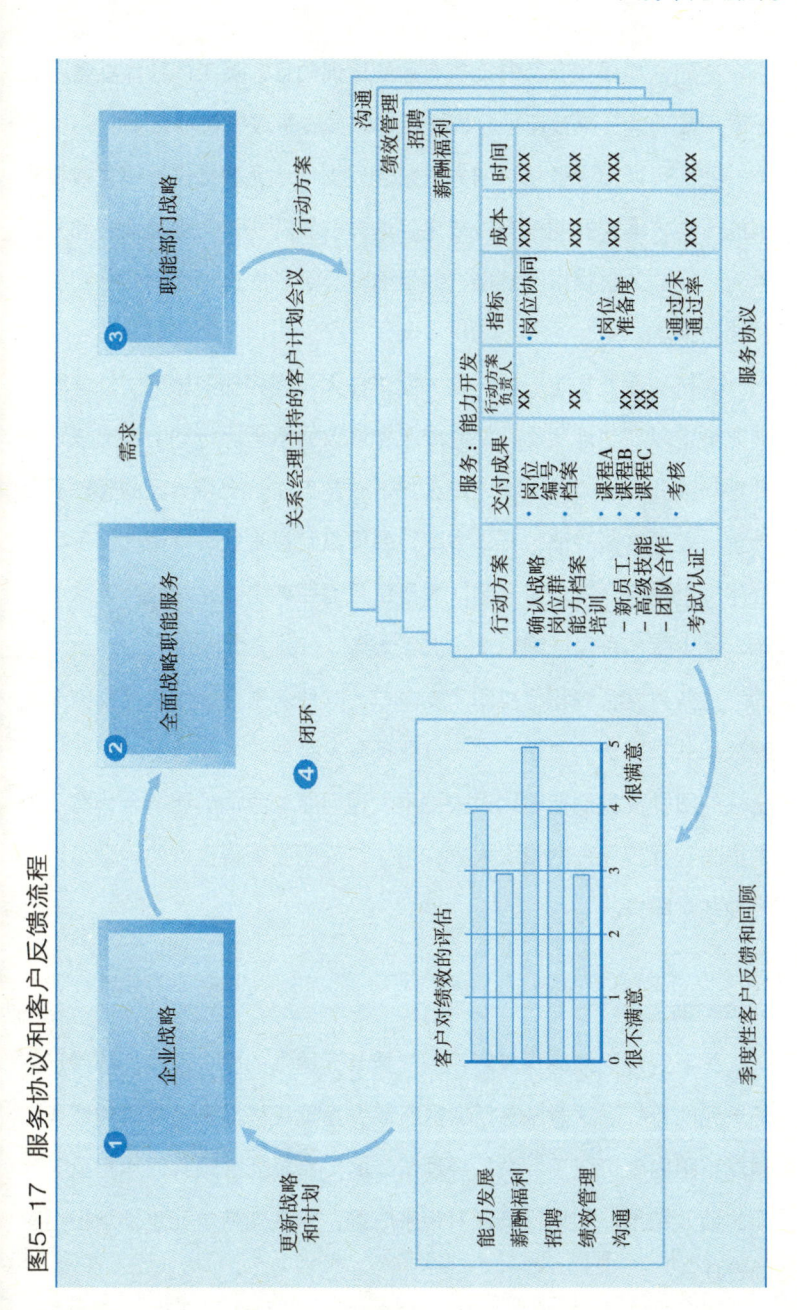

季度性客户反馈和回顾

组织协同

比如，如果没有及时准备有效的培训项目，员工的技能就得不到开发，最后就会导致新项目的推迟，例如质量或销售项目。

我们可以用服务协议的方式来表现支持单元要提供的服务或要实施的行动方案，并明确交付成果。这样的服务协议为管理业务和支持单元之间的关系提供了基础，并且清晰界定了支持单元的责任和要交付的结果。

支持单元要指定一位行动方案责任人，确保部门始终关注这些行动方案得以成功地实施，并完成服务协议的承诺。行动方案责任人需要与一线业务的相关人员（或客户）一起工作。支持单元的管理层负责统一管理这些战略性行动方案，就像风险投资经理管理他们不同的战略投资项目一样。管理团队需要每月回顾各个战略化服务项目的状态，至少每个季度仔细检查一次各个具体行动方案。

这些月度会议积极推动了支持单元与业务单元之间有关支持单元绩效和共享职责的对话。有一位业务单元经理这样评价道："这些季度性的回顾使我们能够比过去更早发现问题。我们的团队合作有了很大提高，互相斥责的情况大大减少。这说明要获得良好的采购绩效是一种共享职责。"

成本与收益

关系经理必须确保其所在的支持单元提供的服务最终能够满足业务单元的目标。这意味着所有的行动方案不只是简单地按时完成或在预算范围内就可以了。关系经理所在的支持单元必须共同承担业务单元的绩效结果。如果服务没有带来成果，那么支持单元也要承担相应的责任。

支持单元的协同

我们通常建议组织在设计奖金体系时，支持单元员工的奖金一半要基于他们所服务的业务单元的结果。这样可以让企业的每一个人都关注企业的成功。

补　　充

我们已经介绍了三个主要支持单元全面的战略化服务和战略图。其他支持单元还有很多，比如采购、研发、法律、信贷、房地产、环境、安全、质量、市场等，如果要全部介绍每个支持单元与业务单元和公司战略的协同，可能一本书也说不完。即使是我们已经介绍到的三个部门——人力资源、信息技术、财务——下面也有很多个分部门分别负责具体的职能。

例如，企业的IT部门可能包含多个二级部门，分别负责运营、技术、系统、应用和安全。因此，大型支持单元也要像公司一样，需要把支持单元的总体战略分解到各个二级部门。

小　　结

支持单元如果能把本部门的活动与业务单元和整个企业的重点协同起来，它们就是在为组织的合力作贡献。尽管这一道理很明显，但是大多数组织在这方面还是做得很差。内部支持单元需要建立一个新的管理方法，与它们的内部客户创建组织协同和伙伴关系。这种协同其实从效益的角度证明了需要内部共享支持单元存在的理由，而不是把它们的服务外包给成本更低的供应商。

组织协同

　　这一章我们阐述了协同支持单元与企业和业务单元战略的基本原则。首先要理解和确定支持单元能影响到的战略的具体部分。这些目标应该作为支持单元计分卡（关联计分卡）的高层目标，把业务和支持单元的共同利益连在了一起。

　　客户战略建立与客户之间的伙伴关系（支持单元一般都以客户解决方案为本部门战略），并且把客户目标作为部门战略图的高层结果的产出。内部流程目标一般通过三个战略主题体现出来。一个主题是提供低成本、可靠、高质量的基础服务；另一个主题强调建立与业务单元的伙伴关系；第三个主题强调创造和提供创新服务，帮助业务部门成功实施它们的战略。

　　学习与成长维度的目标包括为员工提供新的技能、知识和经验，帮助他们成为业务单元经理可信赖的顾问。在这一角色中，他们要运用新的IT服务和应用程序更快速有效地提供服务；要转变文化，从注重职能的优异运营到以客户为中心；要提供能为业务伙伴增值的解决方案。有了这些指导原则，组织应该能够协同内部支持单元，促进它们参与各种为组织增值和创造协同效应的活动。

分解：流程

组织协同

以上各章通过理论介绍和案例分析清晰阐述了如何使事业部和支持单元与公司战略实现协同的问题。企业通过不同的途径实现了整个组织的内部协同。有些企业从公司的最高一个层面做起，然后按顺序逐一分解到组织下面的层次。有些企业先从中间的事业部层次开始，然后再开发最高层面的计分卡和战略图。还有些企业则由公司层面牵头，或在全公司范围推广之前，先在一两个事业部试点运行。

以我们的经验，成功的途径并不唯一。我们看到企业采用了多种多样的方法，而结果都相当成功。本章我们对分解原则进行了总结，并借助成功案例作进一步的阐述。

我们先介绍两个比较简单却迥然不同的案例：一个是特许经营式企业，其特点为各自独立经营，但遵循着统一的价值定位；另一个是控股型公司，旗下的各个企业自主经营，并有自己的战略和价值定位。然后我们再来看更为复杂的一种结构，不同的事业部按各自的战略自主经营，却同时需要体现总部的战略重点及本单位特征。

我们将以东京三菱银行的案例结束本章。这个案例企业的执行情况似乎打破了分解常规，但仍然非常成功。通过这个案例，我们可以看到，尽管需要了解分解的通用性原则，还是应该针对各个企业自身的组织文化和实际情况需求决定个性化的分解流程。

特许经营企业：自上而下统一的价值定位

首先来看一下由多个同类业务或同一区域层级的零售式独立经营业务单元所组成的企业：如快餐连锁店、酒店和汽车旅馆、银行支行，以及大区经销中心等（如第3章所述）。在这些企业，可以由

分解：流程

总部层面的项目小组开发一张计分卡，用于指导各业务单元分解。这张统一的计分卡体现了每个业务单元的财务指标，包括收入增长与成本改善的目标；客户维度的指标有满意度、保留率和单位销售增长；客户价值定位；关键内部流程的指标及员工满意度、员工保留率、能力指标；信息系统开发；组织文化。这些指标一旦确定下来，这张计分卡将传达到所有的业务单元，并深入到它们的管理报告和激励体制中。

为多个业务单元组成的企业建立统一的价值定位和计分卡的益处显而易见。首先，其操作程序简单。一旦项目组确定了战略图和含指标与目标值的计分卡，就可以迅速地在整个组织内部运作起来。不需要在各自经营业务单元层面再作进一步分析或其他工作。

其次，企业可以通过演讲、通讯报道、网站、公告栏等渠道轻而易举地传递统一的信息。每个不同地区的员工也可以获得相同的信息。

第三，共同的指标能够培育内部的竞争精神，也促进了内部基准和最佳实践的分享。由于各业务单元执行统一的战略，运用统一的指标来衡量战略的成功与否，企业可以识别每一个指标的领先单元和落后单元，以最佳经验的分享促进所有其他单元的业绩提升。

当然，实施组织统一的价值定位的做法也存在着一些弊端。这个流程不可避免地会被感觉是一种自上而下的权威式管理，因为下属业务单元几乎没有任何决策的空间。过去，许多业务单元由于长期受到企业短期业绩驱动的压力，所以不得不对总部的行动方案作出响应，而这些行动方案则往往又虎头蛇尾，不了了之，所以它们对此的第一反应是："这件事也就是说说，等着瞧吧。"对于总部是否真正承诺

组织协同

于这个新的行动方案，它们持有非常怀疑的态度。

假设总部的领导确实把这个行动方案坚持下来了，怀疑者将会从否定阶段转向"治病"阶段：就像父母或医生强迫我们服用味苦但却对我们治病有益的药，那就赶快吞下去吧。这个阶段处于服从状态。他们会机械地按期提交工作报告，以满足总部对指标的汇报越多越好的期望。他们把这看做是对自己没有任何好处的一项工作。如果他们的业绩过得去，那么在一段时间内就不会受到太多的干预，但是仍然会因收集新业绩指标数据而产生费用。如果他们的业绩不过关，就会被披露到台面上，并且必须作出解释，并不得不采取纠正性措施。

无论是否定阶段还是"治病"阶段，各业务单元都没有利用战略图和平衡计分卡在自己的组织内部创造效益。它们没有去激发员工实现企业的目标，没有用统一的战略协同内部的业务和职能部门，没有教育和激励员工去支持企业的战略，也没有把战略的重点深入贯彻到计划、预算、资源配置、报告、评估和调整等管理流程中去。

这些企业的领导者们面临着一个巨大挑战，即如何使所有各个独立经营单元的管理者乐于使用统一的战略图和计分卡去协同它们的流程、部门和人员，以实现共同的价值定位。领导者需要去说服这些单元的管理者，让他们理解其他业务单元创造的价值将有利于巩固任何单个业务单元所产生的价值。

在Anne Taylor女装连锁商店，每家店都要求员工创作并表演与统一计分卡的战略目标及指标有关的娱乐节目。有的作诗，有的表演小品，描绘目标客户及购买体验；有的还组成合唱团进行说唱表演。用这样的方式，每个员工都有机会学习战略，用自己的方式消化理解，不仅寓娱乐于其中，还欣赏到其他员工和主管的表演天分。尽管价值

分解：流程

定位由公司层面统一确定，这些商店层面组织的表演和娱乐活动激发了主管和员工们的积极性，为公司共同的价值定位而努力奋斗。

控股公司：自下而上的运作

与同类业务的零售连锁型企业自上而下进行分解的流程截然不同，多元化经营企业的计分卡项目从经营单元的层面做起，至少从直辖公司开始。例如，在多元化经营的FMC集团，高管层牵头并确定六家直辖公司"自愿"实施试点项目。集团提供顾问资源，但由每家公司独立开发各自的计分卡。

几个月之后，在所有FMC旗下的公司管理者参加的一次集团会议上，试点公司的总裁汇报了他们在项目中的收获，这引发了其他公司对执行这一新型管理系统的兴趣。年底，每家公司都有了自己的计分卡，并得到了集团管理高层的确认。

FMC旗下各公司的计分卡一旦开发完成，就成为总部和下属公司之间的责任合同书。平衡计分卡还成为由总部高层参与的各公司季度性管理会议的议程和讨论内容。

引入计分卡之前，FMC集团和下属公司管理者之间的讨论只限于财务指标，如投资回报率（ROCE）及其中的细节。如果管理者达到了既定的ROCE指标，讨论会是愉快并简短的。但是，如果管理者没有达成ROCE指标，讨论会比较冗长而且讨论艰难。与此相比，有了计分卡以后，管理者仍然会讨论财务业绩，但也讨论对将来的收益和成长有影响的非财务类指标。

每家下属公司的计分卡内容各不相同，除了各家公司财务指标基

组织协同

本一致之外，计分卡的其他内容不能直接汇总成一张集团的计分卡。尽管计分卡之间存在差异，集团管理者为每家公司管理会议所做的准备工作还是容易了一些。他们会回顾各家公司的既定战略和计分卡，然后根据既定的目标值评定当前的业绩表现。

而且，集团管理者对每家公司的战略多了一份拥有者的感觉，如果旗下企业的CEO主动或被动离职了，继任的CEO不能随意为企业换一个全新的战略。他的权力底线是继续执行前任提出并经确认的战略。如果想调整或引入一个全然不同的战略，新任CEO首先要开发新的战略图和计分卡，然后递交集团确认。这个流程为整个组织提供了一个更系统的机制，使各公司拥有战略上的主动性和责任心，同时也为集团提供了管控与评估工具，验证这些公司是否确定并执行了自己的战略。

FMC一直以这种方式运行了好几年以后才开发了集团层面的计分卡。毫无疑问，这个计分卡以财务维度和员工（学习与成长）维度的指标为主。同时也包括了一些内部流程维度的指标，以安全类为主，这是每个公司在各自的平衡计分卡中都应该包括的。

总体来讲，在高度多元化的企业，计分卡开发很少在集团层面开始，因为一般在集团层面不存在特定的战略。每家下属公司制定自己的战略并开发计分卡，而且，经集团管理者确认后，作为业绩监管的依据。到了一定的时间，集团才会开发集团层面的计分卡，把各公司的财务类和员工类指标汇总在一起，同时明确集团层面主题，如良好的安全、质量或者环境。这些指标随后体现到每家下属公司的计分卡指标中。

分解：流程

综合运用分解流程

大多数企业的运作处在同类业务独立经营与高度多元化经营这两种截然不同的经营模式之间，它们可以在两种分解路径中选择一个分解流程。一个是标准的自上而下的流程，先在集团层面完成战略图和平衡计分卡，之后每个事业部和支持部门开发执行集团战略与计分卡指标的计分卡。

另一种方法趋向于自下而上，先在事业部层面进行试点项目，开发本单元的战略图和计分卡。这些项目为这个管理工具的运用积累了经验和信心，然后，项目结果才会提交到集团层面，并清晰地演示是如何体现集团的价值定位的。

自上而下的案例：美国陆军

毫无疑问，有效运用自上而下分解流程的典型案例适合于庞大的、等级制的、高度一体化的组织：美国陆军。被称为"战略部署系统"的陆军平衡计分卡，在经陆军总参谋部（CSA）和陆军参谋长确认通过后，于2002年初正式启用。

第一张0级计分卡，也就是最高级计分卡，反映了陆军的全球战略（图6-1）。它以两个核心能力定义了陆军的使命："训练并武装士兵，培养指挥家"以及"向作战阵地的指挥官和联合部队提供相关的、能随时作战的陆军战斗力"。美国陆军的客户定义其实是相关利益者——美国国民、国会和陆军军事管理机关。美国陆军以此定义了六种关键能力：提供安全环境，实行快速反应，动员将士，实施武力

组织协同

图6-1 美国陆军战略图

"向作战阵地的指挥官和联合部队提供相关的、能随时作战的陆军战斗力,以支持国家安全和防御战略"

层面	核心能力				
	训练并装备士兵,培养指挥官		向作战阵地的指挥官和联合部队提供相关的、能随时作战的陆军战斗力		
基本持久的能力	提供安全环境	实行快速反应	动员将士	"支持全球军事行动" 实施武力进入	保持陆战优势	支持政府
战略支撑	"调整全球布局" 改进商业实践	"建立联合式后勤机构" 提供基础架构 保持部队力量 部队沟通 提高并购效率	"调整/提升军队整体能力" 为现在和未来随时作战的武力做准备 装备部队	"构建未来武力" 人员充实部队 训练部队	"增强储备军的贡献" 组织部队	迅速教会非核心技能
人员管理与发展	服役机会	"保持适当水平的自愿军队伍" 有竞争力的生活水平 自豪感和归属感	"军队管理制度化" 将技术运用到流程并装备军队	个人成长	领导者培训和领导力开发	
资源	获得资源		人员、财政、装备、辅助机构、制度和时间			

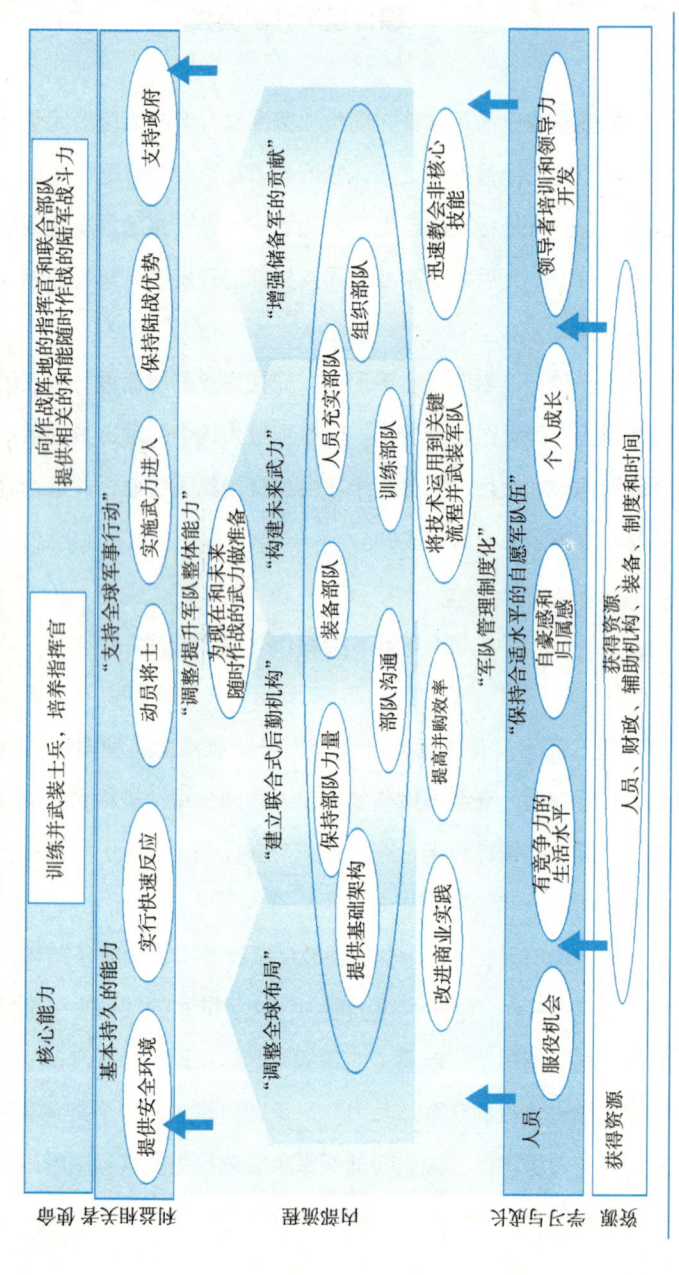

分解：流程

进入，保持陆战优势，支持政府。

内部流程维度由四个战略主题构成：

- ◆ 调整全球布局
- ◆ 建立联合互助的后勤机构
- ◆ 增强未来武力
- ◆ 增强储备军的贡献

学习与成长维度的目标是建成一支高素质的自愿军队伍。资源维度替代了财务维度，体现在特定时期内获得人员、财政、辅助机构、装备、制度的能力，来执行其使命。

陆军项目小组在三个月内开发完成了最高级计分卡，2002年四月通过CSA和SA的确认。下一步（图6-2），0级计分卡向第1级单元分解，这一级直接向CSA进行直线汇报。第1级单元主要由35个司令部和管理部组成，如医疗、人事和后勤。0级计分卡为这35个单元提供了战略的框架和指导原则。每个单元界定本单位支持美国陆军的战略重点，同时也完成本单元的使命。

一个设在总部层面被称为营运中心SRS（SRSOC）的新机构负责分解流程并承担项目总顾问小组的角色。SRSOC顾问核心小组由平衡计分卡专家组成，为全军平衡计分卡分解的实施提供指导、专家意见、培训、技术支持和质量控制。它们组织了为期两天的培训课程，该课程遍及400名平衡计分卡项目组长，介绍平衡计分卡的基本方法和陆军最高级的计分卡。

每个主要司令部的平衡计分卡小组同领导者一起，共同把握战略

组织协同

图6-2 全军平衡计分卡的分解

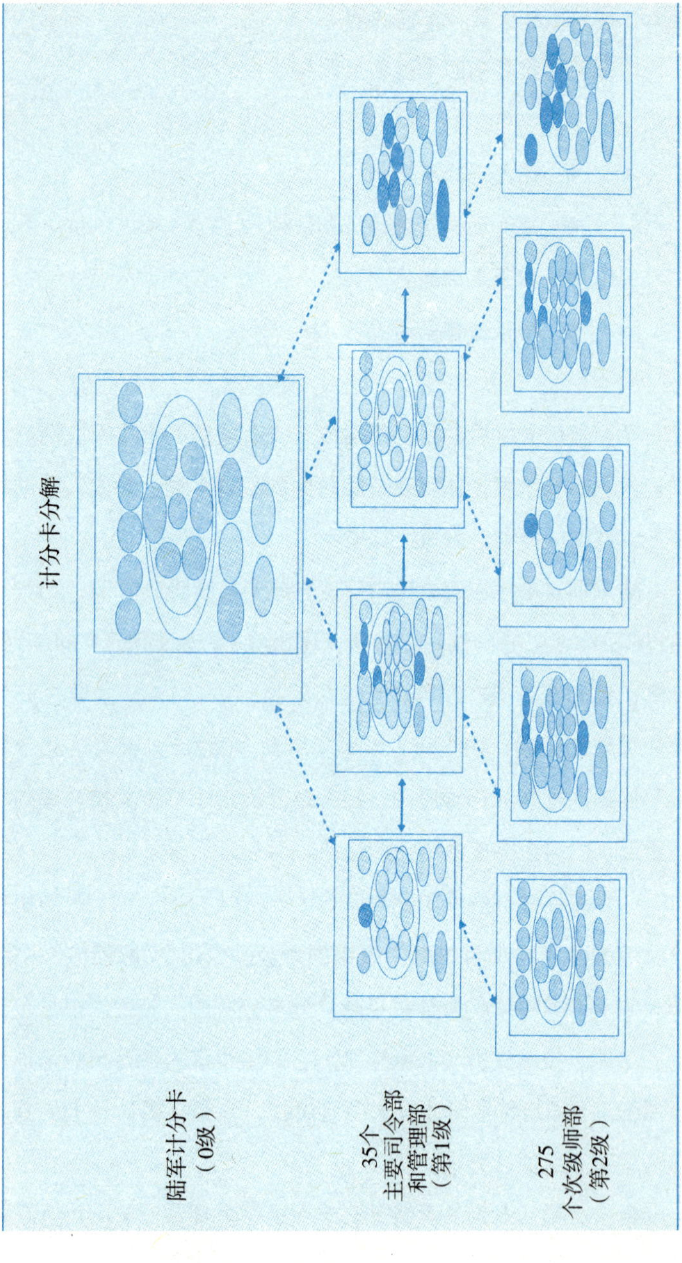

计分卡分解

陆军计分卡（0级）

35个主要司令部和管理部（第1级）

275个次级师部（第2级）

分解：流程

重点，并利用在线工具——SRS设计中心快线来开发平衡计分卡。该设计支持工具提供了多媒体方式的指导、模板及与美国陆军协同的目标和指标。由此设计中心生成的实施情况报告促使SRSOC确保第1级的团队按时间计划工作。SRSOC每周举行一次电话会议，进行问题解答会议，并建立了两个时间节点，即每个单位必须提交战略图和平衡计分卡指标的时间，以便进行检查。

各司令部和管理部的最高长官审批本单元的平衡计分卡，然后递交CSA审核。CSA利用这样的机会与那些正实施组织变革的司令官们讨论战略方向。

下一步是分解到第2级的275个单位，分解的方法类似于第1级单位。主要的不同之处在于第2级单位得到的支持来自于第1级层面营运中心。第1级营运中心负责质量控制、问题解答、设计中心支持、节点监控与项目的总体监控。总部（最高级）SRSOC为第1级营运中心提供所需要的支持。在第1级层面建立营运中心，加速了项目的知识传授，并且在基层层面获得了认可。培训和在线SRS设计中心快线的工具帮助所有第2级的275个单位同时开发出各自的平衡计分卡。第2级下属还有一个层面需要进行分解。最终，拥有大约一万名士兵的各个师和旅也需要开发自己的计分卡。

美国陆军军官们运用平衡计分卡，与高级文武将领和其他的管理干部们举行定期的战略资源回顾会议。SRS的平衡计分卡使得每个单元可以从把各个职能串联在一起的维度来看近期各单元的业绩情况（比如后勤、营运、医疗、培训和其他职能）。陆军内来自不同机构的人员很容易获得计分卡资料，并和相关组织就某个问题尽快实现协同。简单来讲，有问题出现时，计分卡可以"把相关的人员聚集在同

组织协同

一间屋子里"。

美国陆军计分卡为领导者提供了准确、客观、前瞻性、可操作的部署性信息,极大地提高了战略资源管理能力。美国陆军在历史上第一次拥有了组织管理系统,整合作战军和储备军人员部署信息,这样能够提高美国陆军对作战部队的支持力度,为士兵及他们的家属作出投入,找到并采用一些好的商业性实践,真正提升美国陆军。通过及时准确地收集信息和扩大数据的范围,管理报告系统明显改进了陆军评估部署计划的评估方法。美国陆军正进一步开发这个系统,充分运用领先性指标,预测未来的趋势,在成为问题之前把一些可能影响部署计划的因素消除。

平衡计分卡不仅仅使美国陆军的最高层领导获益,也使每个司令部都从中获益匪浅。各下属单元已经能够更有效地实现核心使命中的任务,同时聚焦部署计划和全面改革以形成实现未来目标的力量。

自上而中和自中而上的案例:MDS公司

MDS公司是一个多元化企业,它的分解方法有一定的不同。MDS一开始也采用了自上而下的流程,但是由于下属的事业部均独立经营,在第一轮制定集团平衡计分卡时并没有完全确定集团层面的战略。待事业部各自开发了它们的战略图和计分卡以后,集团小组才更新了集团的计分卡并选择指标,然后在所有事业部统一贯彻实施。

MDS集团总部位于多伦多,是一个国际化的健康与生命科学公司,提供疾病预防、诊断和治疗等方面的产品和服务。MDS在23个国家进行经营,总计一万多名雇员,2004财政年度收入达到18亿美

分解：流程

元。MDS是一个多元化经营公司，经营四大主要业务： MDS同位素事业部为核医学提供成像代理、杀菌材料及癌症计划与治愈的治疗系统； MDS诊断事业部提供实验信息和预防、诊断及疾病治疗服务；MDS Sciex 事业部提供高端分析仪器，如质谱分析仪； MDS医药事业部为制药企业提供合同式的研究和药品开发服务，同时，也进行开拓型的机能类蛋白研究，以寻求开发药品的全新路径。

1993年到2002年，年销售的累计增长率提高了20%，年累计利润率CAGR也增长到了16%，MDS在既不存在经营危机，也无任何燃眉之急的情况下启动了平衡计分卡项目，期望实现"从良好到优异"的提升，主要是通过聚焦于最重要的价值创造活动，并提高所有多元化事业部的协同度。项目一开始，MDS集团就强调了企业内涵不变的部分，它将保留核心价值——诚信、最优、互信和对员工的真诚与尊重，并指出将核心价值渗透在企业生命中各个方面的重要性，并以此作为战略图的基础。

MDS 把集团愿景设在了战略图的顶端——"创建一个在全球健康与生命科技领域长盛不衰的企业"。MDS全球扩张的目标将远远超出其过去历史上的加拿大和北美区域。在财务维度内（图6-3）包括了其价值陈述——"对我们共同建立的企业充满激情"。这些愿景、价值和目标意义会一直沿用下去，这一点即便是开发了新的战略以激励企业新的增长和变革也会保持不变。

集团战略图包括了清晰的财务指标和目标值，使MDS 持续赢利和高速成长。学习与成长维度的目标也反映了人员与系统方面的重点工作。MDS集团在客户层面选择了四个总体主题，每个主题分别由几个客户维度和内部流程维度的目标支撑。为了使各业务的事业部有

组织协同

图6-3 MDS公司修改以前的战略图

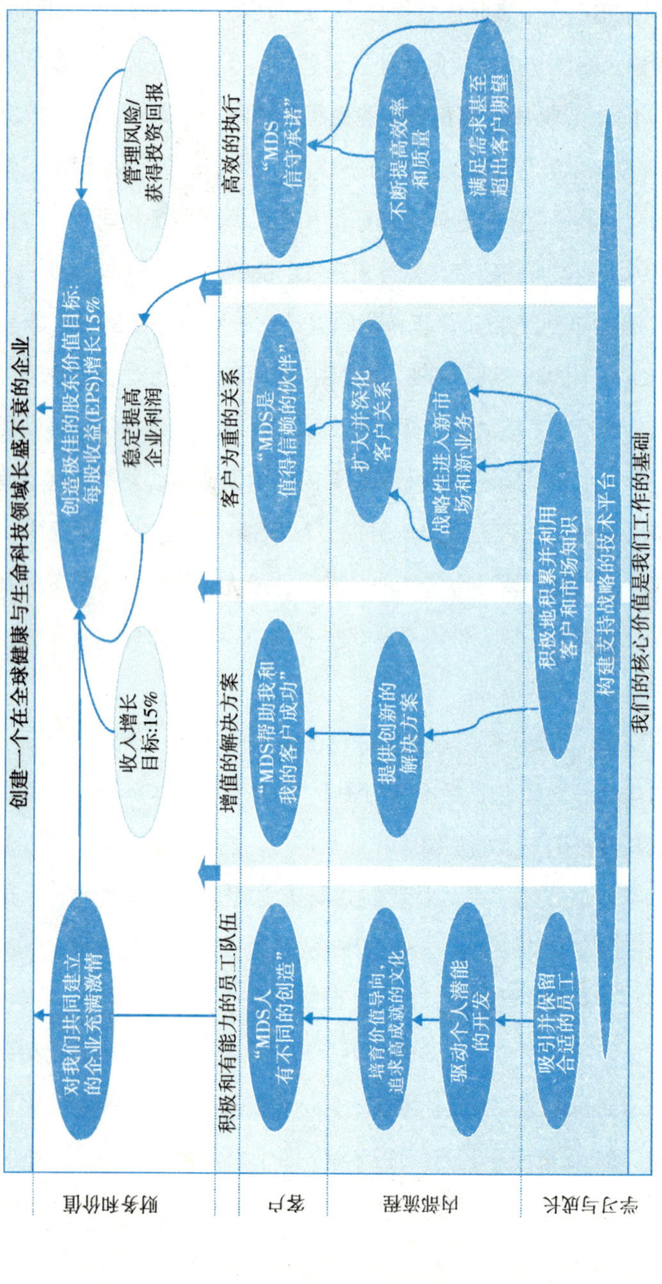

创建一个在全球健康与生命科技领域长盛不衰的企业

创造极佳的股东价值目标：每股收益(EPS)增长15%

- 收入增长 目标:15%
- 稳定提高 企业利润
- 管理风险／ 获得投资回报

领导与发展
- 对我们共同建立的企业充满激情

积极和有能力的员工队伍
- "MDS人" 有不同的创造
- 培育价值导向，追求高成就的文化
- 驱动个人潜能的开发
- 吸引并保留合适的员工

增值的解决方案
- "MDS帮助我和我的客户成功"
- 提供创新的解决方案
- 积极地积累并利用客户和市场知识

客户为重的关系
- "MDS是值得信赖的伙伴"
- 扩大并深化客户关系
- 战略性进入新市场和新业务

高效的执行
- "MDS 信守承诺"
- 不断提高效率和质量
- 满足需求甚至超出客户期望

构建支持战略的技术平台

我们的核心价值是我们工作的基础

208

分解：流程

自由度和自主权界定它们创造价值的方式，MDS推迟了对客户和内部流程目标的衡量指标的选择。对于集团来讲这是一次新发现，因为这是第一次在这样的管理流程中认识到，是业务事业部而不是公司总部创造了最大的价值。

在分解集团战略图的过程中，MDS把11个事业部看做战略性执行单元。这些事业部与消费者和客户直接发生联系。集团要求这些事业部开发战略图和平衡计分卡，并分解到下属部门及员工。集团的平衡计分卡协调专员鲍勃·哈里斯（Bob Harris）在每个事业部选择了一个平衡计分卡流程负责人，并与他们一起工作，以保持分解中格式和术语的一致性，同时在整个项目过程中不断分享学习体会。每个事业部建立自己的客户价值定位，确定低成本、客户亲密度或产品领先。

项目刚开始时，集团总部很难确定总部及它的其他机构如何在11个战略性事业部已经创造的价值之外再增加价值。最后的答案是，集团总部将通过对四个事业部架构（同位素、诊断、晚期和早期药物服务）进行自上而下的领导，通过集团对基础性研发的直接支持，以及通过基本职能服务的共享。

随着基本的组织协同架构的到位（图6-4），集团项目组重新回顾了集团战略图。在修改过程中，集团将战略图目标数量从18个减少到12个（图6-5）。

集团第一版战略图内容定得太具体，以至于好几个事业部直接采用了集团的四个高层次的客户目标，而没有为本事业部界定体现差异化的独特的客户价值定位。集团新的战略图体现了一种共识——集团不设客户，只有事业部层面才设定客户。因此集团战略图中只选用了

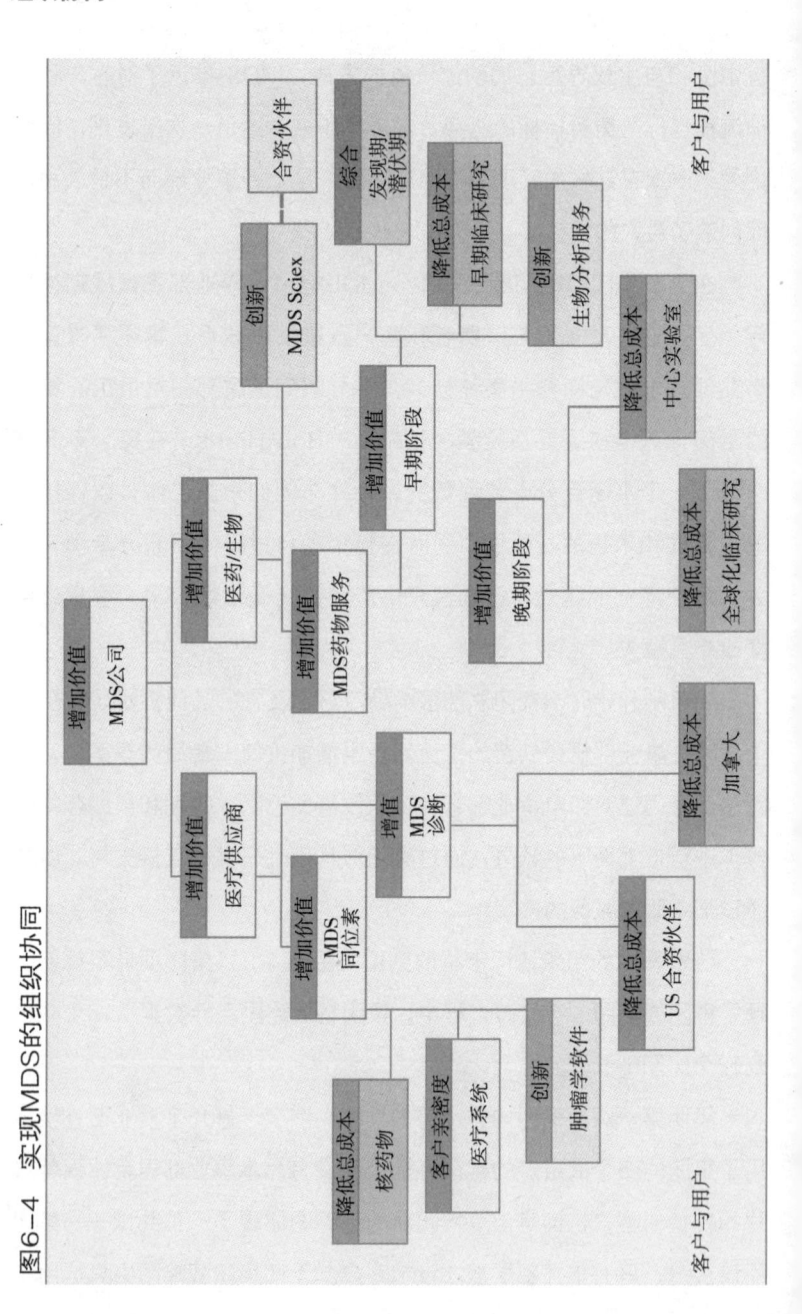

组织协同

图6—4 实现MDS的组织协同

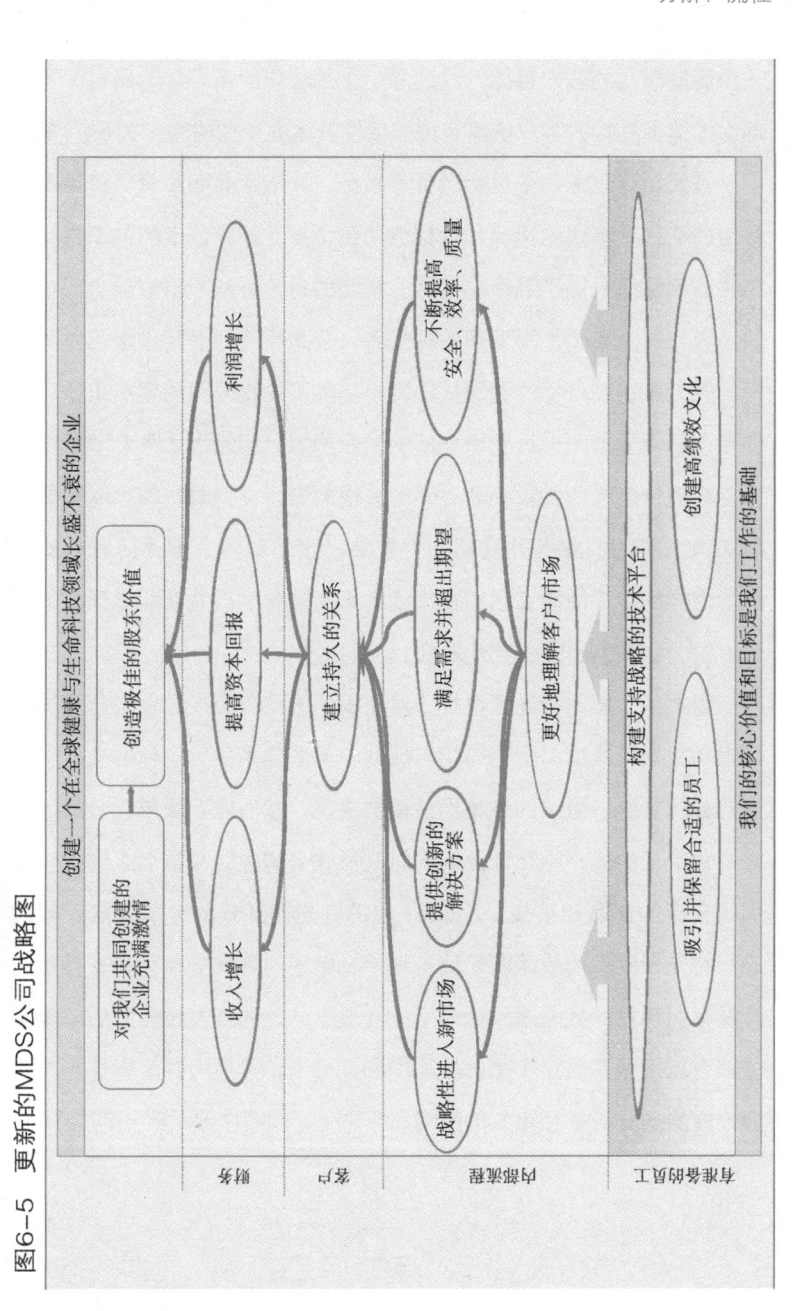

分解：流程

图6-5 更新的MDS公司战略图

创建一个在全球健康与生命科技领域长盛不衰的企业

财务
- 创造极佳的股东价值
  - 利润增长
  - 提高资本回报
  - 收入增长

客户
- 建立持久的关系
  - 满足需求并超出期望
  - 更好地理解客户/市场
  - 提供创新的解决方案
  - 战略性进入新市场

内部流程
- 不断提高安全、效率、质量

对我们共同创建的企业充满激情

领导者与员工
- 我们的核心价值和目标是我们工作的基础
  - 构建支持战略的技术平台
  - 创建高绩效文化
  - 吸引并保留合适的员工

211

组织协同

一个高度概括的客户目标:"建立持久的客户关系",明确每个事业部必须选择独特的客户价值定位,促使其建立持久的客户关系。

集团领导也为每个目标选择了指标,并指定集团高管负责某个目标值的实现。集团的指标和目标值为每个事业部计分卡的共享指标和相关的目标值提供了清晰的指导。集团的角色不是把事业部当成自己的"客户"。集团是事业部的拥有者,它为事业部确定重点工作和目标,并为事业部目标的实现提供支持。如果发现公司的重点工作(如创新),需要集团进行跨事业部的资金投入,或超出了某个事业部自身业绩提升范围所需要的基础研究方面的资金支持时,集团就需要参与决策。集团的业务开发部会寻求并投资于对多个事业部有益的项目。这样的参与活动会涵盖在集团的平衡计分卡或共享职能部门的计分卡中,比如集团的业务开发部。

以上两个案例描述了两种迥然不同的方法,但在企业各自不同的组织和文化背景中都运用得相当成功。美国陆军采用了标准式自上而下的分解方法。组织的战略由最高层决定,然后向下属单元分解。独立经营单元的战略图和计分卡同时既反映公司主题和重点工作,也体现了自身的使命和挑战。MDS采用的则是循环式的分解方法,集团总部首先形成集团战略图初稿的框架,然后由各业务单元和支持部门开发它们自己的战略图和计分卡。经过第一轮的开发过程之后,集团总部重新回顾并更新集团的战略图和计分卡,然后将共享指标再分解到下属的各业务单元和支持部门。

分解：流程

可以先从事业部开始吗？

许多平衡计分卡和战略图都不是从集团层面开始实施的。在部门或事业部层面开发第一张计分卡可能基于两个原因。第一，可能是集团希望在下属单元层面先作一个试点，以获得知识、经验、信誉和积极性，然后再展开更大范围的项目，在整个组织推进计分卡的开发和分解。

第二，也是比较典型的，集团总部还没有建立起把平衡计分卡作为战略管理工具的一种热情。这种热情反而来自于下属的某个业务单元、某个地区，或某个支持部门。根据本书前面所提供的思路，下属单元的推进者感觉到他可能需要先说服集团的高层团队，让他们认识到平衡计分卡的好处，这样才可以将高层发动起来并得到他们的支持。然而要转变到这种新的评价指标理念和管理理念，即使不需要几十年也需要很多年的时间。很少有人可以耐心等到管理层自身能够迸发出这样的远见。

所以，我们建议的流程是在有领导力和有热情的层面上首先建立计分卡。通常只在下属单元具备这个条件。但是这种方法可能会影响本事业部战略的最大化。尽管事业部的战略已经充分体现了应该如何利用市场竞争机会创造价值的最佳思路，但是这个战略未必能够为集团的利益增添最大的价值，因为这个战略没有顾及到与集团内部其他事业部实现协同的连接与整合的机会。

其实，解决这个矛盾的方法很简单。在事业部层面项目的初级阶段，项目代表就应该与集团总部领导沟通，比如首席运营官和首席财务官。项目代表可以用以下类似的形式向首席运营官和首席财务官展

组织协同

示他们正在推进的项目并请求指导:

> 我们如何在集团战略的大环境中定位?当我们制定战略、开发战略图和计分卡时,我们需要考虑哪些集团层面的重点?我们必须参与哪些集团层面的主题?在我们制定战略和业绩指标时,我们是否需要关注与其他事业部的连接或协同方面的工作?

回答这些问题并不需要集团层面一定得有战略图和计分卡。只需要集团领导有清晰的集团战略,能够为下属事业部如何实现组织内部的协同效应提供指导性的框架。

这些问题的答案可以包括阐述各事业部应该实现的客户价值定位的本质,需要提供服务的重要的全球性客户,与其他事业部分享客户实现交叉销售的需求,平衡利用核心资源或能力的重要性,开发人力资源,或建立与其他事业部共享的数据库和知识库。答案还可能包括集团层面的主题,如优异的质量、安全、环境意义或者电子商务。有了集团层面的回答,项目组就可以返回各自的事业部,把集团的重点工作、连接工作和其他机会,都深化到本事业部的战略图和计分卡中去。

当然,也会出现高管对此不屑一顾,随便给出这样的应付之词:

> 不要用集团层面战略和共同客户价值定位这样的行话来烦我们。总部没有那么多MBA或者曾干过顾问的人。还是快点出去赚钱吧,那才是集团想要的。

分解：流程

于是，项目代表就此下了这样的结论："好吧，集团没战略。我们可以自由地采取任何我们想要的战略。只要达成财务目标就行。"于是，事业部在缺乏集团明确指导的情况下开发了自己的战略图和计分卡（集团只有"这种战略最好不要失败"的指令）。尽管被集团高层驳回，但至少他们还是尝试着去寻求能够形成协同效应的机会。

我们希望，不管用哪种方式，事业部都能开发出高质量的计分卡，帮助他们迅速有效地执行战略，并在不久的将来实现可观的财务成果。当人们对运用计分卡促进有效战略执行的知识和信心不断增长，这个理念可以渐渐横向地引入到其他事业部，或者纵向地运用到上层组织，直至集团层面。关键的指导原则在于：在事业部层面开发第一份计分卡的时候，尽最大的可能通过连接其他事业部及共享职能部门，结合协同价值创造的机会，在各事业部成功实施本单元战略的基础上创造更多的价值。

我们也看到了在共享职能单元开发第一个计分卡的案例，如人力资源部或信息技术部。这当然可以成为一个成功的方法，但是只有当这个共享职能单元充分理解了事业部和集团的战略时，它才能够清晰阐述自身的战略，而这个战略是能够直接促进集团和事业部实现战略目标的。

在一个跨国汽车企业，公司的第一份计分卡是在欧洲经营公司的IT部门开发的。这个IT部门在该区域八个独立的生产线基地运作中处于核心管理地位，因此该部门确信能够理解八个生产线基地的战略。当这些生产线基地了解到IT部门计分卡中的行动方案，并看到它们的实践，于是决定也采用平衡计分卡。之后，IT部门平衡计分卡项目组很快成为八个生产线基地的项目领导小组。

组织协同

最终消息传到集团总部,原来在IT部门的项目推进人员成为集团配备的项目资源,被任命负责在全球范围开发平衡计分卡管理系统。尽管这样的方式不一定是整个组织进行计分卡分解的最佳推荐,但它却灵活可行,有足够的空间在基层层面产生,而不是靠高层强加得到的那份热忱与承诺。

自中而上再往下的流程:东京三菱银行美洲区总部

最后这个案例似乎违背了常规,但最终结果是理想的。东京三菱银行美洲区总部位于纽约,主要业务为北美和南美地区的批发银行业务。它在这两个地区九个国家的23个城市设有分行,包括四大事业部——资金部、全球批发业务部、投资银行部和企业总部。每个事业部都设有多个部门和业务组,采用双重报告体系:直接向东京的业务总部汇报,同时向纽约市的总部汇报。

东京三菱银行美洲区总部采用了平衡计分卡来提供统一的战略框架,以此克服日本与美国文化差异的障碍(图6-6)。平衡计分卡也可以在四个主要事业部之间实现横向协同,同时和上一层的美洲区总部及下属的各地区分行形成纵向的统一。

2001年第三季度项目开始时,东京三菱银行美洲区总部的高管拒绝阐述集团层面的战略以及开发战略图与计分卡。尽管东京三菱银行美洲区总部内部的各个部门和团队之间有共同客户也有共享流程,但高管解释说,日本公司的战略向来是自下而上的,而不是自上而下的。他们还告诉项目小组"想要知道战略,直接去找员工"。

总部项目小组只好亲自指导和帮助东京三菱银行美洲区总部内部

分解：流程

图6-6 东京三菱银行美洲区总部必须融合两种截然不同的文化

日本公司		美国公司
含糊的	使命与愿景	定义明确
渐进的	战略制定流程	大型设计
运作效率	竞争优势	差异化加强特性
自下而上（或中层—上层—基层）	决策方式	自上而下
暗示的/非语言的/封闭的	沟通方式	直接的/口头的/开放的
过程导向	业绩评价	结果导向
单一文化合作式	工作文化	多元文化竞争式

组织协同

的30多个部门和业务组开发自己的战略图。要完成这项工作每一个事业部大约需要30天,而且在很多情况下,只能由一两个人独立工作来完成任务。

在完成了30多张战略图后,总部项目小组发现,所有的计分卡除了都有四个维度外,结构上没有其他的统一性。大多数战略图的内部流程没有界定出如何支持客户价值定位实现的目标。按照图的现有结构,各个单元战略图之间相互也不存在什么内在关系。还有,风险管理这一集团重点工作只在几张计分卡中出现。

2001年四季度,总部项目小组对那么多张战略图中的共同点作了整合。其中确实隐含着战略,但需要将其中重要的特点提炼出来并以标准模板的形式呈现出来。项目组开发了高水准的模板,这是一个4×3的矩阵图,提供了一个共同语言的沟通平台,用四个维度把目标组织在一起(图6-7)。为了补偿原图中对风险管理关注的不足,项目小组在新模板中清晰地涵盖了财务维度中有关风险结果的类别,如减少信用和诉讼损失;在内部流程维度包含了关注风险管理流程的主题。

项目小组还增加了一项新的内容,以确保每个单元认识到与其他单元相互之间存在的内在关系,并将相应的目标更新到各自的计分卡中。每个事业部都会对更新版战略图中的每个目标进行归类,归入下面的一个类别:

类 别	定 义	示 例
共享类	全行类的目标,每张计分卡必须涵盖	"提高成本效率"(财务维度目标)
分享类	跨部门目标:两个或更多单元共同承担,通过部门间合作才能达到	"信贷审核流程流水线化"(内部维度优异运营目标)
独有类	部门目标:需要由某个部门独立完成的目标	"保护客户文件信息"(资金部内部风险管理主题目标)

分解：流程

图6-7 东京三菱银行美洲区总部战略图基础结构

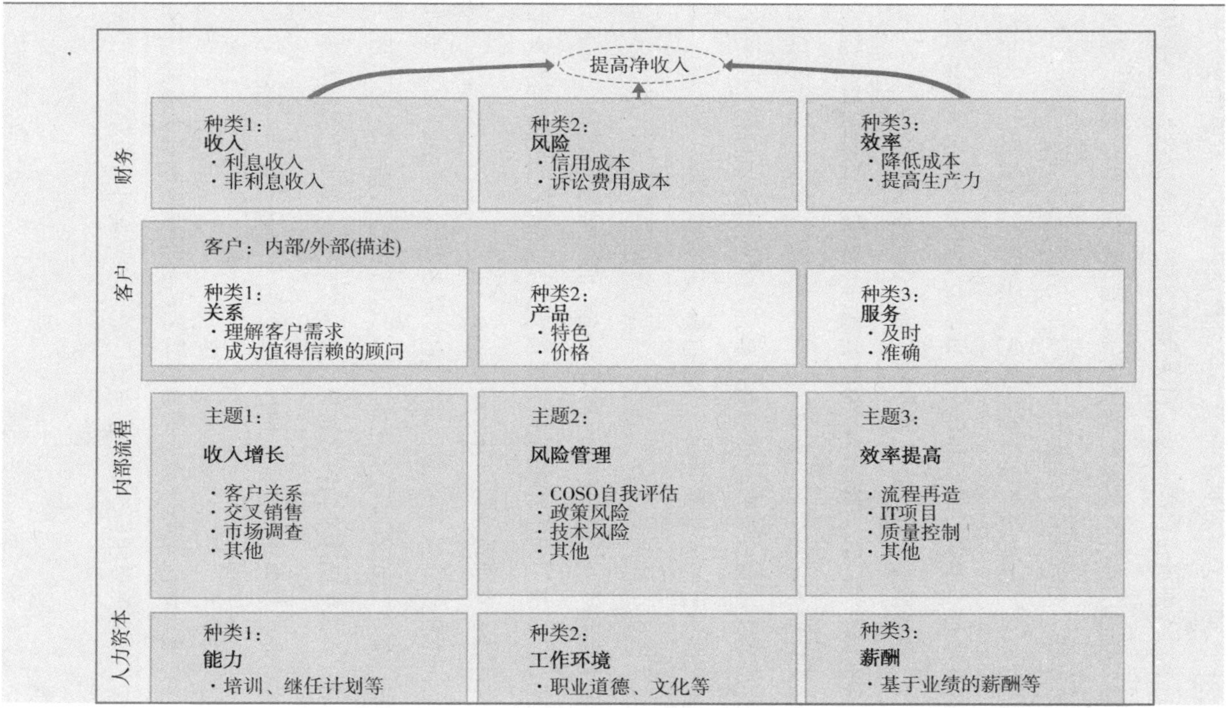

财务	种类1: 收入 ・利息收入 ・非利息收入	种类2: 风险 ・信用成本 ・诉讼费用成本	种类3: 效率 ・降低成本 ・提高生产力
客户	客户：内部/外部（描述）		
	种类1: 关系 ・理解客户需求 ・成为值得信赖的顾问	种类2: 产品 ・特色 ・价格	种类3: 服务 ・及时 ・准确
组织能力	主题1: 收入增长 ・客户关系 ・交叉销售 ・市场调查 ・其他	主题2: 风险管理 ・COSO自我评估 ・政策风险 ・技术风险 ・其他	主题3: 效率提高 ・流程再造 ・IT项目 ・质量控制 ・其他
人力资本	种类1: 能力 ・培训、继任计划等	种类2: 工作环境 ・职业道德、文化等	种类3: 薪酬 ・基于业绩的薪酬等

提高净收入

组织协同

例如，分享目标"信贷审核流程流水线化"需要信贷分析部和业务开发部进行紧密合作。过去这两个部门独立运作。信贷分析部只看到自己的目标，显然是需要确保信贷损失最小化。接着，信贷审核部自然而然地否决了业务开发部带来的新业务。现在这两个部门分享的一个新目标体现了如何管理风险，而不是排除风险。为达成有效的风险管理，业务开发部和信贷审批部需要就可接受的风险标准达成一致，这样新业务就会迅速并有预见地得到批准。

每个部门利用图6-7中的战略基础为起点，开发出符合部门个性化的计分卡。每个部门重建了自己的战略图，部门的目标与集团图中的战略主题对应起来，而且每个目标归类为共享类目标、与一个或更多其他单元的分享类目标，或者自身的独有类目标。

图6-8是全球总部业务事业部的战略图更新版示例。总部的模板中运用了一个所有单元都需要统一的风险管理流程（如第4章所述）。所有部门于2002年第三季度完成这些流程，到了第四季度，平衡计分卡管理系统到位并开始运行。

由于这个项目以这种非常规的顺序操作，事业部到总部到事业部，整个组织的项目从开始到进入运行状态为期长达15个月。但是项目的运作顺序非常符合这个企业的文化——偏向于战略在事业部形成，而不是在集团层面。所以到了系统上线及运行的时候，整个公司的接受度非常高。

美洲地区平衡计分卡项目成功的消息很快传到日本总部，到2004年，东京三菱银行全球总部启动了总部的平衡计分卡项目。

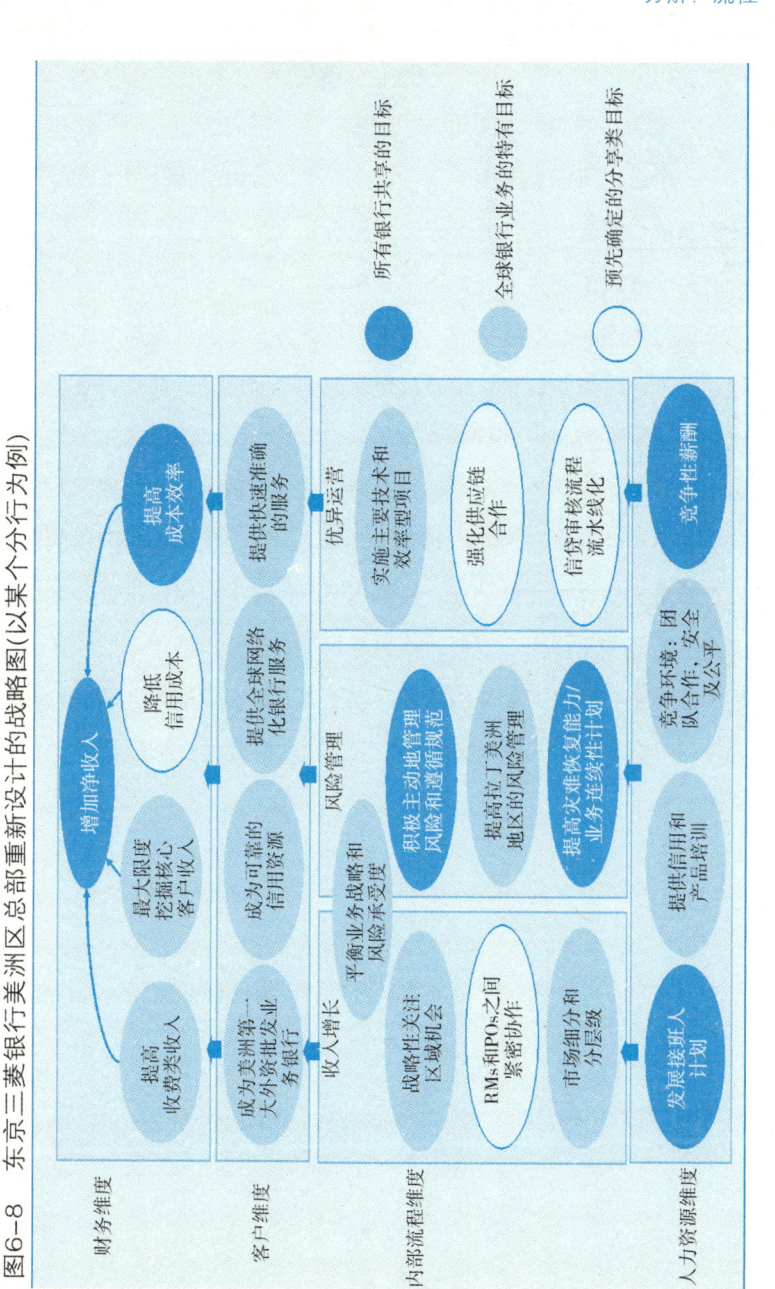

分解：流程

图6-8 东京三菱银行美洲区总部重新设计的战略图(以某个分行为例)

财务维度

- 提高收费类收入
- 提高成本效率
- 增加净收入
- 最大限度挖掘核心客户收入
- 降低信用成本

客户维度

- 成为美洲第一大外资批发业务银行
- 成为可靠的信用资源
- 提供全球网络化银行服务
- 提供快速准确的服务

内部流程维度

- 收入增长
- 平衡业务战略和风险承受度
- 风险管理
- 优异运营
- 战略性关注区域机会
- RMs和IPOs之间紧密协作
- 市场细分和分层级
- 积极主动地管理风险和遵循规范
- 提高拉丁美洲地区的风险管理
- 提高灾难恢复能力/业务连续性计划
- 实施主要技术和效率型项目
- 强化供应链合作
- 信贷审核流程流水线化

人力资源维度

- 发展接班人计划
- 提供信用和产品培训
- 竞争环境：团队合作、安全及公平
- 竞争性薪酬

● 所有银行共享的目标
● 全球银行业务的特有目标
○ 预先确定的分享类目标

组织协同

小　　结

一个组织可以自上而下，或自下而上地分解平衡计分卡和战略图管理系统，但最终的计分卡报告、分析和决策环节应该循环运行。教科书的模式以集团层面开始制定战略图和计分卡，中间层面和基础层的目标与集团战略形成协同。但现实是许多企业选择在事业部层面开始计分卡，作为检验与验证，以便在集团全面展开之前获得业务和职能管理者的支持。

大多数组织最终采用的是一种循环式的流程，从制定集团对事业部战略图和计分卡开发的指导原则开始，而后运用事业部产生的思路来更新集团战略图和计分卡。过急或过早地往下级组织推进计分卡都会产生抱怨和反作用。大多数组织都发现，在分解的早期阶段灵活性是关键因素。一旦某个组织使用了该工具并遵循定期报告和讨论战略的流程，自上而下式地推行集团重点工作才能变得更可接受。

董事会和投资人的协同

组织协同

在前面的章节中,我们讨论了平衡计分卡如何帮助组织内部的业务单元和支持单元实现组织协同,产生协同效应(参见图7-1左侧的箭头)。随着对公司治理的日益关注,管理高层正借助平衡计分卡这一工具,强化公司治理流程并改善与股东间的沟通(参见图7-1右侧的箭头),来创造更多的企业价值。正如通用电气CEO杰夫·伊梅尔特(Jeff Immelt)所阐述的:"我希望投资者能了解,他们可以相信我们有效管理公司的能力。他们可以根据我们的业务状况、战略以及我们的执行情况来对通用电气的运作状况作出判断。"[1]

当投资人将他们的资本委托给公司的管理者进行管理时,有效的公司治理、适时的经营状况披露以及有效的沟通将减少投资者所面临的风险。本章我们阐述了公司如何有效利用平衡计分卡来加强公司治理和信息披露流程。在介绍这一平衡计分卡新的应用之前,我们要先阐述公司治理的基本概念。

治理精要

所有市场体系都需要一种调节机制将投资者的投资引导到最为有利可图的投资机会,还可以监控那些获得了外部投资者授权管理其资本的高级经理的业绩。[2]并非所有由经理人和企业家提出的商业构想都是值得投资的"好"计划。由于缺乏有关业务机会的有效信息,投资者无法从公司经理人的建议中筛选出好的方案。

信息不明晰的问题在其他市场也曾出现,卖方(公司管理层)比买方(潜在投资者)会掌握更好的投资机会方面的资讯。假设有一个二手车市场,有意向的买家通常无法从卖家那里得到汽车状况的真实

董事会和投资人的协同

图7-1 平衡计分卡帮助组织管理各层次的价值创造流程

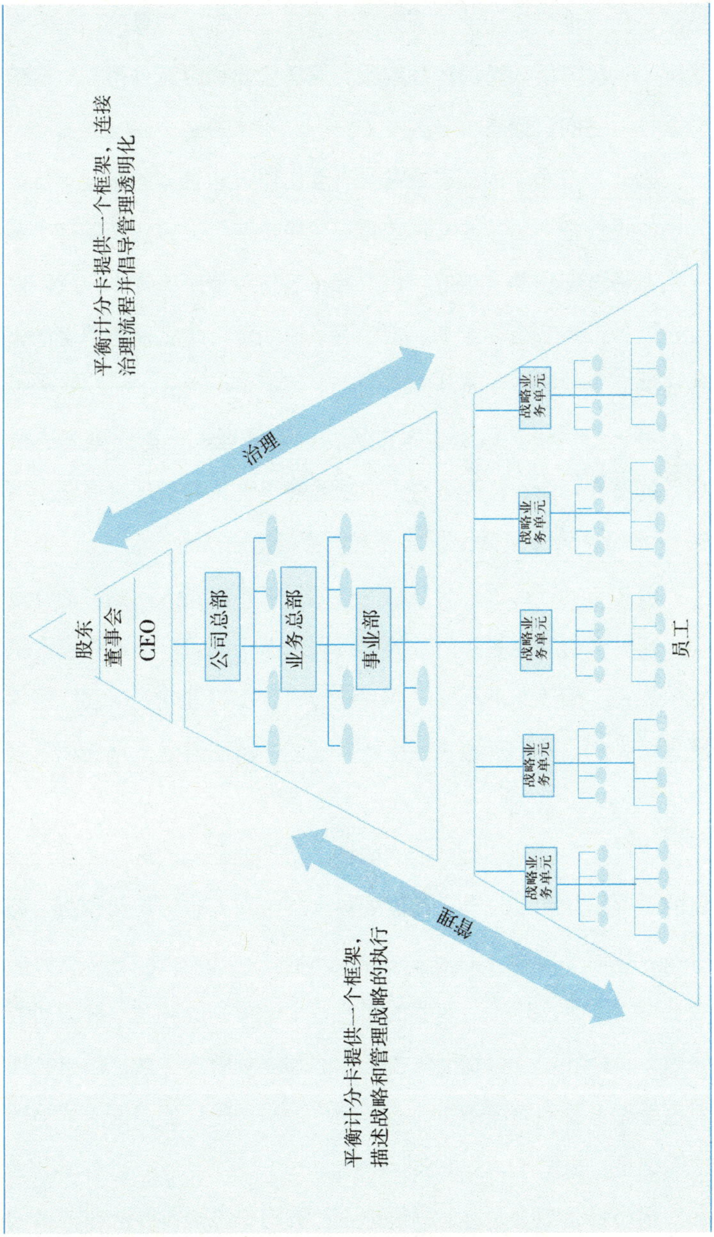

平衡计分卡提供一个框架,连接治理流程并倡导管治管理透明化

治理

股东
董事会
CEO
公司总部
业务总部
事业部

战略业务单元
战略业务单元
战略业务单元
战略业务单元
战略业务单元

员工

配置

平衡计分卡提供一个框架,描述战略和管理战略的执行

225

组织协同

信息,而且他们也无法从其他渠道获得有关汽车质量的信息。在这种状况下,卖方所知道的产品或服务信息要比买方充分得多(这被经济学家称为逆向选择问题)。

因此,二手车的买家通常会有理由假设这辆车的车况不佳,所以提出的报价把今后所要支付的修理费用也包含进去。即便二手车的潜在卖家将汽车保养得很好,也不能将车按实际价值售出,所以他们不会在这种二手车市场卖车。这个例子说明了一个机能不健全的市场只能提供低质的服务和商品。

将这个例子扩展到资本市场,如果经理人不能充分阐述所提出项目的潜在价值,投资者对这个项目将不会出对管理者有吸引力的价钱。[3]那么,许多具高回报的投资机会将无法获得资金。

资本市场还必须监督经理人在如何使用投资人所提供的资金。经理人和投资者利益是不一致的。经理人看中的可能是通过投资扩大公司的规模,而不是赢利性。或者在投资状况不理想的时候,经理人不愿支付股息,他们更愿意手中持有现金,以回避对未来新项目的投资评估。

经理人也会将部分"他人的钱"用于办公室的豪华装修、建立公司的喷气机队和支付自己高额的薪水。经理人也可能会歪曲公司的财务报表和信息披露,他们会向投资人描述一幅比实际经营状况更好的企业运营图画。这些对事实的扭曲将带来更高的奖金,并为他们规避了由于真实状况的披露而失去工作的潜在威胁。这些都是当经理人更多地考虑自身利益而不是公司所有者的利益时,他们做的"小动作"或者说是"道德不轨"的实际范例。

中小投资散户发现,当经理人的管理行为没有充分得到披露的情况下，对他们的监控和惩罚将付出高昂成本。出于这些顾虑，如果不能杜绝经理人的"小动作"，投资者就不愿冒险投资这些公司。

发达的市场经济已经建立起一系列的机构，来降低资本市场中此类不利的选择和道德准则丧失所带来的危害。只要能够更好地规避此类问题的出现，就能取得更快的经济增长和更高的国民生活指数。反之，就无法将民间资本吸引和落实到有吸引力的国内投资机会上。

在这些机构中充当主角的都是信息和资本市场的中介者，例如分析师和基金经理（图7-2顶端第一行）。分析师分析企业的财务报表和披露的信息，分析公司的前景，向投资者推荐哪些公司表现出有吸引力或无吸引力的投资机会。专业的基金经理，包括共有基金、风险投资人和私人投资者，他们通过不同的私人和组织渠道集中了那些零散的资金，根据他们的财务和业务分析以及来自外部的相关分析，将资本投入到最具吸引力的投资机会之中。

图7-2 资本市场媒介链

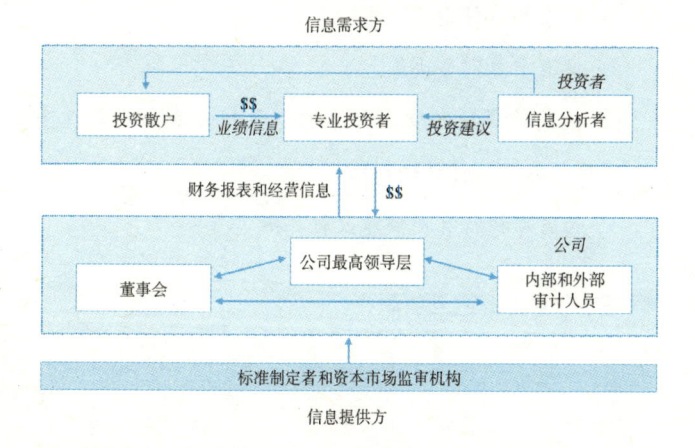

组织协同

　　投资散户和他们的经纪人会对公司高管所公布的财务报表和披露的信息进行分析、判断并做出投资决定。为确保这些财务报告和信息披露能如实地反映公司经营状况，外部审计机构将核查这些由管理者所提供报告的有效性，从而降低经理人在汇报自身业绩时可能会出现的道德风险。

　　也许在整个仲裁和治理系统中，最重要的角色应当是公司的董事会。一个积极投入治理的董事会是形成和执行成功战略的基础。当董事会担负起下列五项主要职责时，董事会就能为公司的业绩作出贡献：

◆ 确保操作流程的到位，以保证公司的信誉，包括：
　　财务报表的完整性
　　遵守法律和道德规范
　　与顾客和供应商的真诚关系
　　与利益相关者的真诚关系

◆ 批准和监督企业战略

◆ 批准重要财务决策

◆ 挑选首席执行官，评估首席执行官和高层管理团队，确保管理层接任计划到位

◆ 为首席执行官提供建议和支持

　　我们将详细阐述上述五项职责。

确保诚信与守法

　　董事会必须确保公司的财务报告和对外的信息披露如实反映公司

当前的业绩状况和主要的风险因素。财务报告的真实和完整性体现在应当符合法律、财务和法规要求,例如,符合美国2002年颁布的萨班斯法案。内部和外部审计师将帮助董事会确保公司的财务报告、信息披露和风险管理流程符合这些法律和法规。

董事会还必须监控公司所承担的风险,并核实经理人已经建立了合适的风险管理流程,以减轻因突发事件而引发的不利后果。董事会还必须确保公司拥有足够的内部控制系统,以避免公司在资产、信息、声誉方面的损失。此外,董事会必须确保公司经理们的行为符合道德规范和公司的行为准则,这些行为也包括与供应商、客户、社会团体以及公司员工的合作。董事会还应确保公司员工没有触犯法律和法规,他们的行为不会危及公司财产安全和正常运营。

审批和监督企业战略

董事会成员通常不参与战略的拟订,这应该是CEO和高层管理团队的职责。但董事会成员应当确保公司领导已制定并正在执行为股东创造长期价值的战略。董事会成员有权认可或否决与战略实施相关的管理决策。

为了履行这一职责,董事会成员必须全面理解并认同企业战略。一旦公司战略得到认可,董事会成员应当持续关注战略的执行和结果。为此,董事们必须了解业务的关键价值和风险动因。

审批重要的财务决策

董事会应当确保财务资源的有效使用,这将有助于达成公司战略目标。董事会批准年度经营和资本预算、授权大额支出、新的财务计

组织协同

划或支付计划,以及主要的收购、兼并和拆分。

选择和评估执行官

董事会雇用CEO并决定他的薪酬。董事会通常也决定其他高层管理团队人员的任用。每年董事会都要对CEO和高层管理团队的业绩进行评估,并决定给予适合的薪酬和奖励。

董事会必须确保对管理高层团队成员的继任计划,以保护公司免受由于关键管理人员的意外去世、伤病和离职所带来的损失。

为CEO提供建议和支持

董事会要为CEO提供意见和建议。董事会的每一位成员都要在结合企业历史和竞争状况的基础上,充分运用他们的专业知识和职能的管理经验,为企业的运作提出指导意见。在经理人描述战略机会和作出重要决定前,董事们应和他们一起分享自身的知识、经历和智慧。

有限的时间,有限的信息

为了更好地履行这些职责,董事会成员需要掌握大量知识。他们必须了解财务结果、公司的竞争地位、客户、新产品、技术和员工的能力状况。他们必须了解高层管理者和智囊团的业绩和能力。

而且董事会必须了解公司的经营是否符合法律、法规和道德标准。[4]

爱德华·罗勒(Edward Lawler),一位在人力资本、组织效能、公司董事会方面有研究的学者,[5]他写道:"董事会应当专注于领先性指标。挑战在于要知道正确的领先指标是什么——哪些是组织和商业模式独一无二的指标……董事会需要回顾组织文化方面的信息。他们需要那些能反映顾客和员工感受的指标。"[6]

然而，董事会往往由于有限的时间和所提供信息的不充分而不能履行他们的职责。那些诸如安然（Enron）、世通（WorldCom）和Adelphia之类失败公司的董事会没有获得足够的信息来了解公司的所处状况。[7]大约90%的董事不是高层管理团队的成员，他们只是兼职、来自公司外部的董事。目前，如果外来董事本人所在的公司在财务、供应或销售方面所发生的业务比例超过此公司营业额的1%，很多公司就会将这位董事视为"非独立"董事。

其结果是，"独立"董事非常缺乏有关此公司和行业的专业知识。尽管这些"独立"董事仍可以在某种程度上为投资者提供保护，但上述情况局限了独立董事挖掘有关公司所在行业和竞争地位方面信息的深度，而这些信息大部分来源于季度和年度的财务报表。

外部董事和独立董事通常在他们自己的组织内占据重要的领导地位。因此，他们发现很难将大量的时间花在董事会有关的事务上。公司必须考虑新的方法，以更为有效地利用董事会成员的时间。有效的时间管理包括：对董事会成员收到的信息进行提炼，并评估会议前和会议中所产生的信息；将董事会会议的重点聚焦于公司最为重要的战略重点上。一位专门研究董事会机制的著名学者杰伊·洛尔施（Jay Lorsch）指出："如果董事们都定期获得平衡计分卡，他们就能更好地了解公司的动态信息。平衡计分卡所强调的战略重点（与所有活动相关，每天的短期活动和长期计划）可以帮助董事们保持管理上的聚焦。"[8]

组织协同

基于平衡计分卡的监管体系能帮助董事会所遇到的两项关键性的挑战：有限的时间和有限的信息。

在董事会治理中运用平衡计分卡

董事会运用平衡计分卡是当前出现的一种新的应用模式。我们认为随着时间的推移，类似应用会不断出现。越来越多的公司正在将平衡计分卡材料作为董事会文件包中的一个部分，并利用董事会的会议时间讨论平衡计分卡。

第一联邦金融公司（First Commonwealth Financial Corporation），是一家位于宾夕法尼亚州中西部的区域性银行控股机构。该机构已先行将平衡计分卡列为董事会会议回顾和讨论的主要内容。在随后的章节中，我们将着重关注第一联邦金融公司的经验。[9]

企业计分卡

董事会的平衡计分卡程序始于确认战略目标相连的战略图及对应的企业计分卡，包括绩效指标、目标值和行动方案。当然，建立这种企业计分卡的初衷是帮助CEO在组织内部沟通和实施企业的战略。

例如，图7-3中的第一联邦金融公司战略图，该公司采用平衡计分卡来推进一个聚焦于全生命周期客户关系的新战略。战略图清晰地描绘了在收入增长和生产率提升方面的高端财务目标；全生命周期关系和交付优异服务的客户目标；有效利用客户信息，按客户需求提供定制化产品和服务的核心内部流程目标；按照新战略和新的销售方式激励和培训员工的学习与成长目标。战略图还配上一张包括指标、目

董事会和投资人的协同

图7-3 第一联邦金融公司的战略图

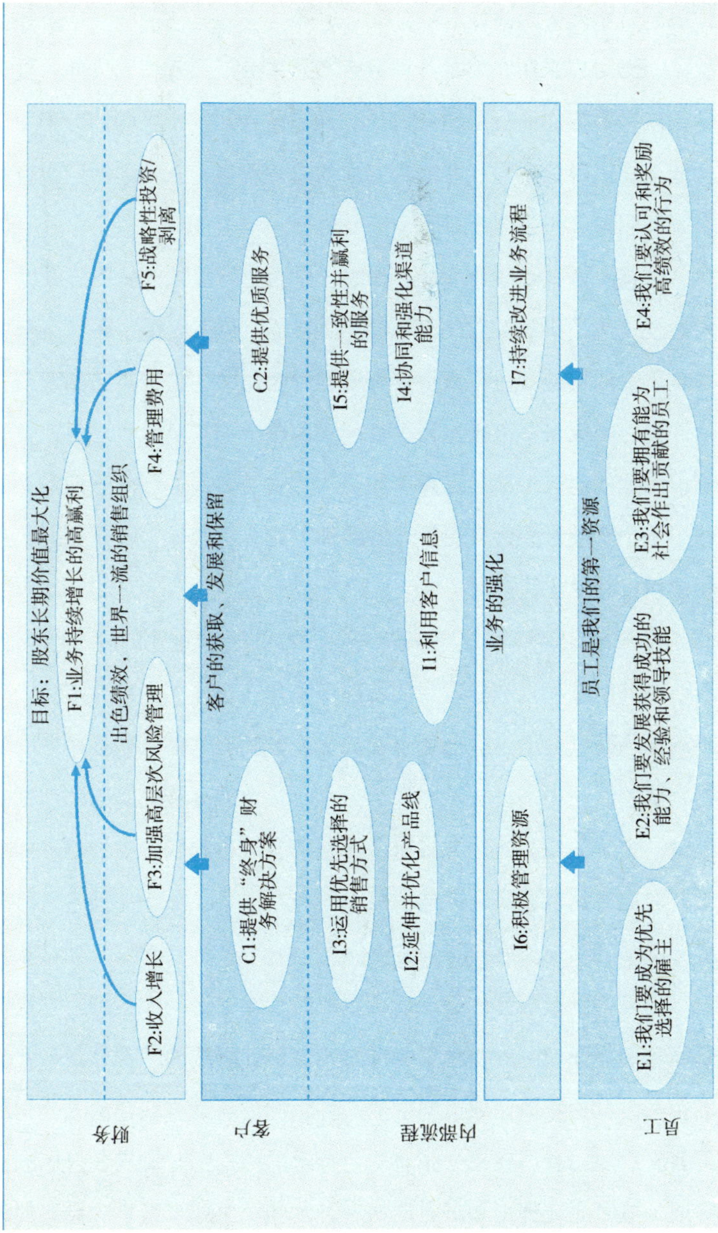

目标：股东长期价值最大化

财务
- F1：业务持续增长的高赢利
  - 出色绩效、世界一流的销售组织
- F2：收入增长
- F3：加强高层次风险管理
- F4：管理费用
- F5：战略性投资剥离

客户 — 客户的获取、发展和保留
- C1：提供"终身"财务解决方案
- C2：提供优质服务

内部流程 — 业务的强化
- I1：利用客户信息
- I2：延伸并优化产品线
- I3：运用优先选择的销售方式
- I4：协同和强化渠道能力
- I5：提供一致性并赢利的服务
- I6：积极管理资源
- I7：持续改进业务流程

员工 — 员工是我们的第一资源
- E1：我们要成为优先选择的雇主
- E2：我们要发展获得成功的能力、经验和领导技能
- E3：我们要拥有能为社会作出贡献的员工
- E4：我们要认可和奖励高绩效的行为

233

组织协同

标值和行动方案的计分卡。

CEO可以采用企业平衡计分卡与董事会成员就战略方向、战略执行的效果等方面进行互动式讨论。通过这种方式，平衡计分卡为董事会成员提供财务方面和非财务方面的主要信息，来帮助他们履行运筹帷幄的职责，在管理中扮演了核心角色。

例如：Wendy's International，作为全球最大的餐饮连锁管理公司之一（麾下拥有超过9 500家连锁店），也在应用平衡计分卡实现与董事会的沟通。每年董事会都要对财务结果、流程再造的收益、新建连锁店的成长、市场份额、客户满意度、与关键竞争对手在口味和性价比上的比较、员工满意度和员工流失等方面进行广泛而深入的回顾。每个季度董事会将更新一些具体的领先性指标，特别在顾客反馈和市场份额变化等方面。[10]

一开始，高层管理团队只是向董事会展示企业的战略图和计分卡，供其回顾和批准。理想的状况应该是在这些文件最终定稿以前召开这样的回顾会。这样，董事会成员就能积极地参与到战略方向和战略定位的讨论中来。战略图和计分卡是企业战略最为简洁和清晰的、统一的表达方式。这种方式有助于董事会成员理解企业战略，并提供必要的信息，供董事会评估战略是否能在业务、财务和技术风险可接受的水平上实现长期的股东价值。

一旦得到董事会的确认，企业的战略图和计分卡，加上主要业务单元和职能部门的支持性平衡计分卡文件，将成为一份为董事会会议准备并分发给董事会成员的主要文件。例如，第一联邦金融公司的董事会文件包的首页就是一张有彩色标记的战略图，代表各目标的提前完成、按时完成计划和未完成状态。这些结果成了董事会会议的议事

董事会和投资人的协同

日程表,由CEO主持,与董事们展开公司战略执行现状的对话。借助于持续性的预测调整,董事会成员能不断地了解到管理层对未来关键财务指标和公司核心价值驱动要素的预期目标。审计委员会成员也能了解公司的经营活动和企业战略中可能存在的风险因素,这种认知将有助于他们在财务报告和信息披露方面作出决策。

高管人员计分卡

董事会平衡计分卡文件包的第二部分包括高管人员计分卡。董事会和薪酬委员会可用它来选择、评估和奖励管理高层。管理高层的薪酬被认为是董事会绩效考核中最不充分的部分。[11]现在,大多数了解董事会流程的人认为,董事会薪酬委员会并没有很好地将职责、绩效与管理高层的薪酬与奖金制挂钩。他们的理由是:董事会薪酬委员会已经被CEO们所掌控,由CEO聘请的薪酬顾问也只是来"协助"董事会决定管理高层的薪酬。

显然,董事会在审核与评估管理层的职责时,需要一个能提供对管理层绩效进行有效、客观评价的管理工具。董事会应当为高层管理人员设计一套薪酬和奖金激励体系,当高管们达成了长期和短期价值目标时,他们将获得相应奖励。如果他们的绩效水准低于行业平均水平时,那么薪酬也应低于平均水平。

高管人员计分卡描述了高层管理人员对战略执行的贡献,可以帮助CEO和董事会将个人的绩效预期与整个公司的绩效预期加以区分。高管人员计分卡的开发始于企业层面的平衡计分卡。CEO和高层管理团队首先要对企业的目标达成共识,而这些目标正是高层管理团队中的每一位成员的主要责任。

组织协同

图7-4 高层管理团队计分卡中银行CEO的战略贡献部分

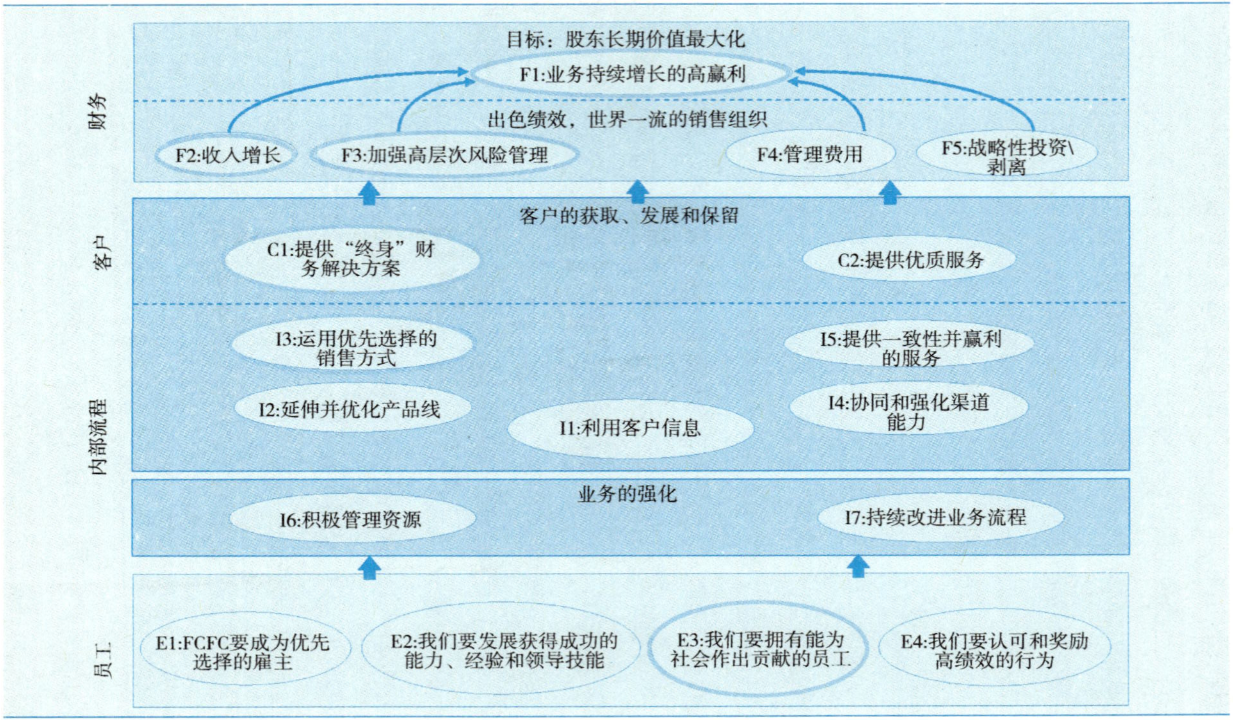

图7-5 高管人员计分卡用于澄清与衡量对战略的贡献

战略角色：银行CEO负责银行收入增长，将组织转化为一个销售驱动型组织，并确保各业务增长的单元具有一个执行第一联邦金融公司战略的管理团队

高管人员计分卡框架：银行CEO

战略目标(源自企业平衡计分卡)	个人目标	指标(源自企业平衡计分卡)	目标值	打分
财务 F2 收益增长	开发业务增长的关键点 1) 为效益好的企业提供投资服务 2) 为商业市场提供贷款	• 收入增长	• 2003 10%	
利益相关者 C1 提供终身财务解决方案 15 使用更好的销售方式	检查"一个形象"的执行情况及品牌新形象活动的情况	• 细分市场的客户获取、开发和保留	• 待定	
内部流程 I2 延伸并优化产品线	建立与效益好的企业及商家的目标客户关系。确保建立目标客户档案	• 目标客户销售比例	• 2003 40%	
学习与成长 我们将拥有能为社会作出贡献的员工	在知名度高的民间组织中充当积极的领导人角色	• 民间活动的参与度	• 待定	

董事会和投资人的协同

组织协同

例如，首席信息官将主要负责学习与成长维度中与信息技术能力相关的目标，此外他还要负责内部和顾客维度中的目标，这些目标的达成需要出色的数据库和信息系统给予支持。首席人力资源官的首要责任是保证员工拥有企业战略执行中所必需的技能和经验；一个有效的沟通流程使所有的员工都能了解企业和各业务单元的战略；每一个员工都拥有个人目标、职业发展计划以及与业务和企业战略目标相关联的激励薪酬计划。

在第一联邦金融公司案例中，图7-4是一张领导团队战略图，标出了银行CEO的重点战略目标，图7-5的计分卡显示了银行CEO负责的具有代表性的指标和目标值。可以看出，CEO对开拓新市场和销售战略负有主要责任，而其他的高管人员，如首席运营官、首席信息官，则对成本、质量和日常运营的快速响应负有主要责任。CEO还需要领导整个团队，提高第一联邦金融公司在业务经营范围内的社区提高认知度和贡献。

每一位高管成员都应该建立一张高管计分卡，CEO需要将高层管理团队与战略相关联，并建立明确的责任制，以促使他们为业绩和贡献承担责任。CEO可以根据评价指标的完成情况给予奖励。高管人员计分卡为董事会的薪酬委员会也提供了信息，用来评价CEO对高层人员所实施的评价和奖励是否合适。

CEO计分卡可以用同样的方式，重点标识出在企业平衡计分卡实施中他所负的首要责任。另外还可以在CEO计分卡及其他的高管计分卡的基础上做个补充，加上几个与高管们相关领域的关键绩效指标，这些指标可能不再局限于成功的战略执行和增加股东价值的范畴。例如：CEO需要负责建立有效的管理流程、确保环境和社会表现，以及与投资者、战略性客户和供应商、监审机构、政府领导人等外部利益相关者保持良好关系。图7-6展示了覆盖面更广一些的评价指标。可运用于CEO和高管人员的计分卡。

董事会的薪酬委员会应参照CEO计分卡来设计CEO业绩合同，这为CEO薪酬的确定提供了更客观、更可靠的依据。CEO计分卡指标的目标值可以参照清晰的增长目标及行业的整体表现而定。

治理委员会也可将高管人员计分卡用于战略性的工作描述，这为高层管理人员继任计划以及确定继任的候选人提供依据。科恩和库拉那对传统化的董事会选择CEO的流程提出疑义："对CEO的选择及薪资定位往往源于对他们西装革履下所散发出来的感召力和自信度感到的一种敬畏，并非根据他们实际的能力和才干……董事会常常会在评价CEO是否能在特定环境下、在一个特定的企业真正具备实战的技能、经验、才干方面出现严重偏差。"[12]

当企业出现高管职位空缺时，企业和高层管理人员平衡计分卡可以帮助董事会在组织内部发现那些希望之星，这些候选人的能力和经验都需要符合高层次战略实施的要求。平衡计分卡还可以为董事会作出建设性建议，为绩效出色的员工推荐具体的培训和特定的职位，使得这些优秀员工为将来进入高层管理岗位做好充分的准备。

当高管职位的空缺无法通过内部晋升渠道满足需求时，董事会的招聘委员会可用战略图和计分卡上的指标来编写一个职位说明书，为猎头公司的外部人员招聘提供指导性意见。科恩和库拉那敦促董事会以战略图上的量化目标来指导继任计划和执行："招聘委员会应当关注于发现和招聘那些能够应对执行方面挑战的人才，而不要轻易被缺乏实际技能的个人魅力所征服。"[13]

组织协同

图7-6 另一种CEO计分卡的结构和指标

CEO计分卡		
	战略目标	常用指标
财务	·股东价值持续增长	·增加经济附加值或股东价值 ·价格/收益比（与同行比） ·资产收益率（与同行比） ·投资组合的投资收益率
	·战略性投资	·收益增长率 ·来自新渠道的收入
	·生产力管理	·人均收入 ·现金流
股东	·建立有效的董事会和总经理关系	·董事会对关系的评估
	·保持股东关系	·与股东的会议次数 ·股东满意度调研
	·满足法规要求	·违规次数 ·外部利益人调研
	·增加客户价值	·市场份额（关键市场） ·客户满意度（关键市场）
公司治理流程	·制定和沟通战略	·员工了解战略的百分比（员工调研）
	·监控财务业绩	·赢利等级的质量 ·达成目标的投资项目百分比
	·实施业绩管理流程	·员工目标与战略连接的百分比（平衡计分卡） ·员工激励与战略连接的百分比（平衡计分卡）
	·实施风险管理流程	·流程质量（外部审计） ·风险事件处理率
	·管理战略的实施	·战略行动方案实施与计划之比
学习与成长	·确保技术的保障	·研发投资与销售额之比（与同行比） ·专利数量，被采用的专利数量 ·新产品开发周期
	·确保人力资本准备度	·人力资本准备度（战略性岗位） ·关键岗位实施领导人继任计划的百分比 ·关键员工流失率
	·发展企业文化	·员工满意度调查 ·行为规范——认知度

董事会计分卡

我们相信，大多数董事会发现平衡计分卡已被直接应用于对战略执行责任的评估，有时被应用于定期的管理会议上，有时也用于对高层管理人员业绩的管理。事实上，加拿大一家著名的财务机构提倡将这种实践作为一种标准应用于所有的企业。[14]

一种更新颖的应用是为董事会自身开发战略图和计分卡。美国的萨班斯法案要求董事会对它们的业绩进行年度评估。还有什么样的业绩评估工具会比一份清晰阐述董事会战略目标的材料更为出色？董事会计分卡具有以下优点：

◆ 阐述董事会的战略性贡献

◆ 提供一个工具，以管理董事会及其他相关机构的业绩状况

◆ 按照董事会要求使战略信息清晰化

图7-7所示的是董事会战略图通用版，图7-8所示的是董事会计分卡的一个部分。董事会战略图的财务目标一般与公司战略图相同，这是因为对股东而言，董事会成功与否正是在于它是否有能力引导管理团队达成最佳的财务业绩。

就客户维度方面，董事会计分卡没有采用传统上的客户维度，而引入了股东维度，反映出董事会对投资人、监审机构和社会的责任。正如本章开始时所讨论的，董事会对这些利益相关者的责任包括如下

组织协同

图7-7 董事会战略图明确了董事会的贡献

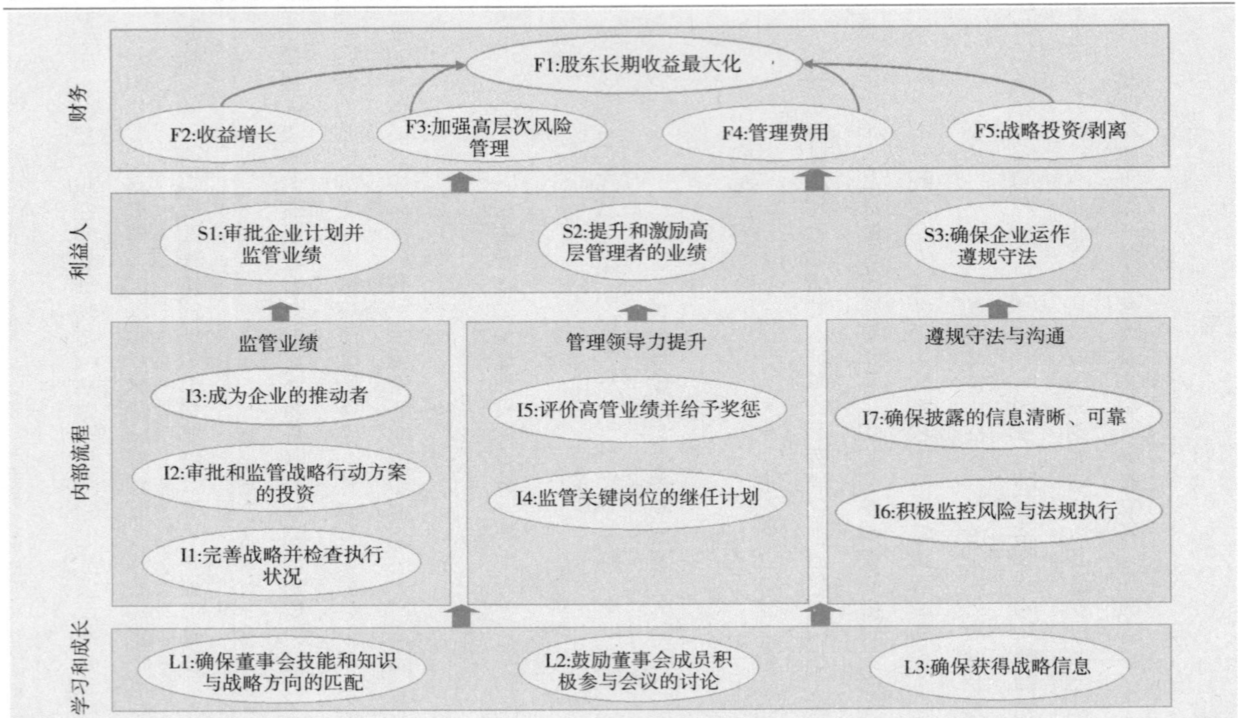

财务	F2:收益增长 / F1:股东长期收益最大化 / F3:加强高层次风险管理 / F4:管理费用 / F5:战略投资/剥离
客户	S1:审批企业计划并监管业绩 / S2:提升和激励高层管理者的业绩 / S3:确保企业运作遵规守法
内部流程	监管业绩：I3:成为企业的推动者、I2:审批和监管战略行动方案的投资、I1:完善战略并检查执行状况 / 管理领导力提升：I5:评价高管业绩并给予奖惩、I4:监督关键岗位的继任计划 / 遵规守法与沟通：I7:确保披露器的信息清晰、可靠、I6:积极监控风险与法规执行
学习与成长	L1:确保董事技能和知识与战略方向的匹配 / L2:鼓励董事会成员积极参与会议的讨论 / L3:确保获得战略信息

242

董事会和投资人的协同

图7-8 董事会隶属委员会的计分卡范例

平衡计分卡框架

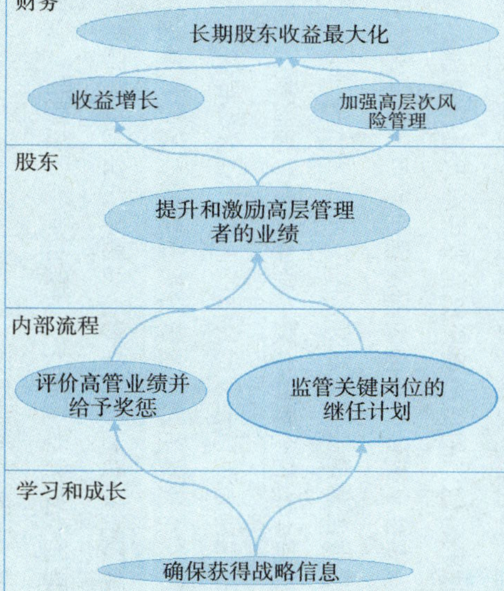

	主题	目标	指标	目标值	责任人
财务	长期股东收益最大化 / 收益增长 / 加强高层次风险管理	长期股东收益最大化	与同行相比的投资收益率	2003年75%	高管管理团队
股东	提升和激励高层管理者的业绩	提升和激励高层管理者的业绩	高层管理团队和总裁是否如期实施发展计划?	是	薪酬委员会
内部流程	监管关键岗位的继任计划 / 评价高管业绩并给予奖惩	监管关键岗位的继任计划	高层管理者已经列入继任计划的比例	第一年75% / 第二年100%	治理委员会
学习和成长	确保获得战略信息	确保获得战略信息	向董事会成员所发信息的调研	第一年高于平均水准 / 第二年优秀	整个董事会

243

组织协同

内容：

- 审批、计划和监督企业的业绩
- 强化高管业绩与评估
- 确保企业经营符合法规、法律、社会规范及运用合适的内控机制

上述是董事会最关键的职责，把由于经理人过多考虑私人利益而牺牲投资者利益的道德风险控制到最低程度。财务报告和信息披露也为投资人提供了有关投资机会和风险方面可靠的信息，从而减少信息不透明所带来的影响。

董事会是整个资本市场治理系统中独一无二、最为重要的组成部分。董事会必须确保经理人向股东和监审机构提供有效的财务和非财务信息，同时经理人用股东的资本来实现股东的长期利益。这些董事会的职责是保证资本市场机能有效性的关键所在。除非董事会能对投资人做出保证，保证董事会将公正而独立地履行职责，否则，投资人不会愿意将他们的资产委托给企业经理人进行管理。

董事会平衡计分卡的内部流程维度包含董事会流程的目标，这些目标将促使董事会达成股东和相关利益者人的目标。图7-7显示了董事会流程中的三个战略主题：业绩监督、强化执行、守法与沟通。这些战略主题为董事会设定具体的内部流程目标提供了一个框架。

这三个战略主题与董事会最重要的委员会也有关联。治理委员会的首要职责是负责业绩监督。薪酬委员会的首要职责是评估和激励高层管理团队的业绩。审计委员会的首要职责则是负责企业的守法经营以及与外部利益人的沟通。

董事会计分卡中的学习与成长维度包括了以下目标：董事会的技能、知识和能力；董事会对企业战略和实施状况的了解；董事会文化，尤其是在董事会的会议上通过董事会成员和高层管理团队成员之间积极对话和讨论形成一种高效活跃的气氛。这些学习与成长维度的评价指标可以采用董事会结束后对董事们调研的方式设定，对会议之前和会议期间的会议质量、董事会流程、所提供的信息等方面作出评估。

第一联邦金融公司副董事长戴维·达尔曼（David Dahlmann）对董事会计分卡中学习和成长目标的重要性有如下阐述："董事会调研帮助我们确定是否具备了正确的技能去帮助企业保持正确的战略方向，在正确的时间获得正确的战略信息，并营造良好的氛围，鼓励各抒己见的讨论风格。"[15]

总之，正如图7-9所示，三个部分的组合式平衡计分卡是：企业计分卡、高层管理人员计分卡和董事会计分卡。平衡计分卡系统为董事会提供了信息和架构，协助董事会更有效地履行它们在资本市场治理体系中的重要职责。企业计分卡（辅之以业务单元和核心职能部门的平衡计分卡）是一种简洁、有效的汇报方式，向董事会通报企业战略的执行状况。

董事会需要监控、指导、审批和确定战略方向，同时在董事会成员不需要过多过细地了解信息的情况下对战略内涵仍有深刻的理解。高管人员计分卡提供了充分的管理依据，用于管理团队业绩，根据战略目标完成情况支付高管人员的报酬及评估继任者计划的完成情况。董事会计分卡中的目标明确易懂，能有效地传达每一位董事会成员的职责，并用于主持引导董事会业绩的定期评估活动。

图7-9 三部分组合式平衡计分卡是企业治理体系的奠基石

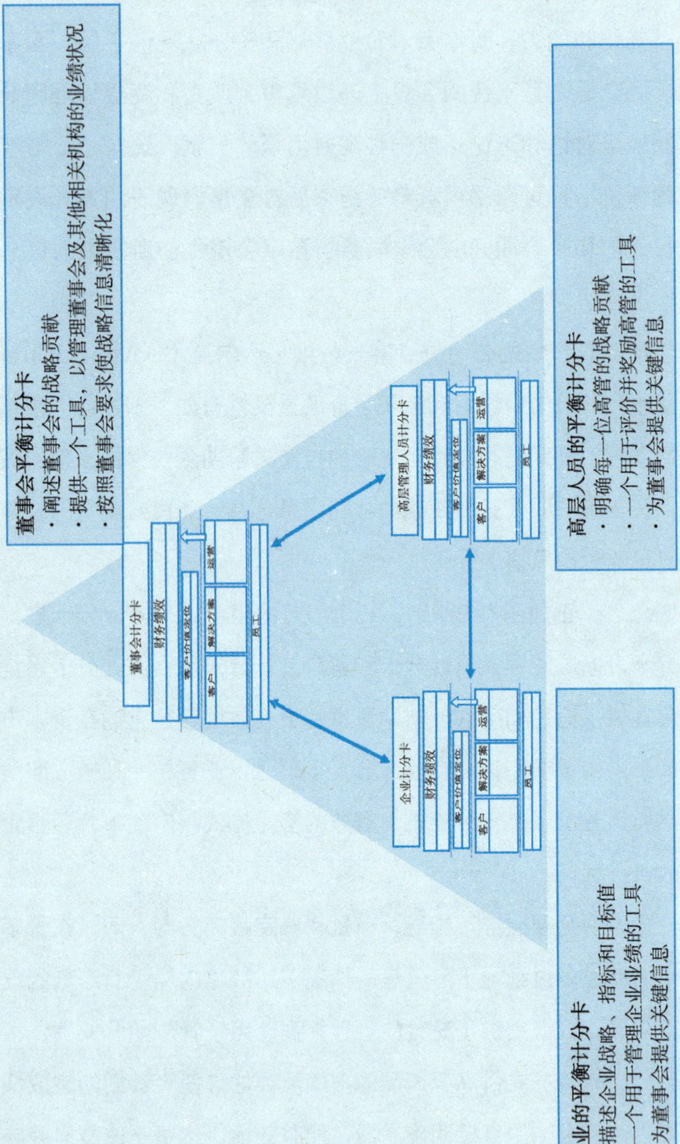
董事会平衡计分卡
· 阐述董事会的战略贡献
· 提供一个工具，以管理董事会及其他相关机构的业绩状况
· 按照董事会要求使战略信息清晰化
董事会计分卡
财务绩效
客户价值定位
客户
解决方案
运营
员工
企业计分卡
财务绩效
客户价值定位
客户
解决方案
运营
员工
高层管理人员计分卡
财务绩效
客户价值定位
客户
解决方案
运营
员工
企业的平衡计分卡
· 描述企业战略、指标和目标值
· 一个用于管理企业业绩的工具
· 为董事会提供关键信息
高层人员的平衡计分卡
· 明确每一位高管的战略贡献
· 一个用于评价并奖励高管的工具
· 为董事会提供关键信息

投资者和分析师的协同

一旦董事会认可并开始积极使用企业平衡计分卡的财务和非财务指标，下一步便自然地进入与公司所有者沟通关键信息环节。实际上，已经有好几个监察委员会郑重提出，应该把战略和实施的信息用类似平衡计分卡的形式通报给投资人。15年前，美国注册会计师协会的一个高级委员会[在爱德华·詹金斯（Edward Jenkins）担任该委员会主席后，该委员会一般被称为詹金斯委员会]对投资者和债权人的信息需求方面做了调研。[16] 在他们的建议中提出了要求企业不仅提供财务报表和指标，还应该提供有关企业经营活动中高层次的运营数据，以及关键业务流程的业绩状况。这些指标包括：公司产品和服务的质量、相关活动的成本、关键行动计划所需要的时间，如新产品开发。

该委员会的研究表明，分析师和企业的所有者对了解公司的经营行动、业务流程和影响公司的事件的兴趣绝不亚于对财务指标的兴趣。该委员会的报告强调了高层次的运营数据会帮助分析师和企业所有者来理解业务运作，特别是了解企业的事件、活动和它们对公司财务表现所造成的影响之间的关联性。委员会认识到：为了适应业务的变化，企业正在更新信息系统及用于管理的业务数据类型，比如全面质量管理（TQM）中的关键流程绩效和客户满意度指标。委员会的结论是："如果企业使用高层次的业绩评价系统来管理业务，使用者将能从中获利。"

安永咨询公司研究了财务分析师所使用的信息，得出的结论是：收益对股票预期价格的影响程度正在逐渐减小，"一个公司

组织协同

价值的35%归功于非财务信息"。[17]那些以分析精确度高而著名的分析师表示他们在工作中运用了大量的非财务指标。在计算机硬件、食品、石油天然气以及药品这四个行业更为详细的研究中显示,投资者最看重的非财务指标就是公司的战略执行能力。

1999年哈佛商学院的研究也表明,那些出色的卖方分析师希望从公司的对外报告中获得更多的非财务数据,包括业务单元竞争策略和企业整体战略等方面的信息。[18] Marc Epstein在两个合作研究中提供了数个公司的案例,包括它们年报中的非财务指标。[19]

尽管所有的研究文件均表明分析师希望得到公司战略和执行的相关信息,但企业报告中提供的非财务业绩指标信息仍带着很大的随意性,也不成系统。尽管作为战略管理工具的平衡计分卡在企业内部已经得到了广泛应用,但事实上还没有一家企业将平衡计分卡框架应用到对外的报告和信息披露中。[20]

20世纪90年代中期,有几家先行采用平衡计分卡并取得成功的公司——美孚石油(Mobil US Marketing & Refining)、Cigna Property & Casualty和化学银行(Chemical Retail Bank)。我们询问过它们的高层管理者:是否以平衡计分卡上的信息与投资人和分析师作沟通。有几位曾经向分析师讲述了他们公司近期运用平衡计分卡所获得的成功。虽然还没有人向分析师实际演示过他们的平衡计分卡,但都运用了平衡计分卡的框架向分析师们作演示。他们表示,分析师对这种演示表现出了很高的热情,因为高层管理者没有只是谈论每股收益增长率和收益增长预测,而是实际阐述了驱动财务业绩取得实质性进步的内在战略因素。

例如,在一次演示中,高层管理者介绍了一项信息新技术的投资是显著优化了面向客户管理的流程，进而获得了更高的客户保留率并促进了客户业务量的增长，最终对近来的收入和利润增长都作出了重要贡献。分析师们可以看出，目前取得的成果并不仅仅是运气；高层管理者采用了独特的价值创造战略，因此他的公司能获得成功并有望基业常青。

英格索兰公司（第3章中所讨论过的公司），在它的2002年年度报告中披露了它的高层战略图（图7–10）。这张战略图显示了该公司所有业务的高层次战略目标，但报告中没有提供评价指标或目标的相关数据。这次信息披露是英格索兰公司树立品牌形象战略的一个组成部分，展现公司通过实施多业务的整合战略达到规模经济效益的能力。在英格索兰公司2003年的年度报告中，CEO致辞描述了公司在平衡计分卡主题上取得的成就：通过创新和客户解决方案、优异运营和双重身份的角色实现巨大的收入增长。同样，英格索兰公司的四个主要部门也描述了它们在公司战略主题上所取得的成就。在2004年，CEO 赫布·亨克尔在他对分析师们的季度报告中仍沿用了这一框架，提供了一系列具体的有关创新驱动型成长、跨业务客户解决方案、优异运营和双重身份的角色的范例。[21]

Wendy's是一家处于领先地位的快餐连锁店，它们对分析师的演示也采用了平衡计分卡的框架，当然它们没有明确说演示中的指标就是来自于企业平衡计分卡的四个维度。[22]

有些公司和Wendy's一样，在所有的业务单元也采用相同的指标。当然，它们的指标报告与多业务模式的公司相比，标准化程度更高。多业务公司往往只采用少数几个相同的指标。Wendy's为分析师提供的季度报告中包括下列指标：

组织协同

图7-10 英格索兰公司2001年年度报告中的战略图

财务业绩	实现股东价值最大化
	促进内涵式增长 — 推进兼并式增长 — 提升资产利用率 — 保证稳定的现金流 — 持续降低成本基数
	通过快速发展和经营效率创造优异的财务成果
客户体验	为我们的目标客户提供客户导向的最佳解决方案
	提供最好的产品，服务和解决方案 — 建立伙伴关系，提供最佳价值 — 以优异的质量、服务和交付建立客户忠诚度
流程优化	在公司的各个层面建立最佳流程
	以改革创新促进快速发展 — 以客户/用户的亲密关系拉动需求 — 推进优异运营
员工专业能力	发挥双重身份，提升企业管理原则
	开发战略性员工能力 — 充分利用跨部门协同 — 贯彻英格索兰管理原则 — 分享最佳实践 — 以技术手段扩展能力

这是英格索兰公司战略图的简化版。该图列出了公司关注的四个关键领域，分别为：员工专业能力、流程优化、客户体验和财务业绩，以持续不断地提升股东价值。每年我们都要围绕着这四个领域，为实现企业成功开发最重要的目标。

250

财务维度	・单店销售增长
客户维度	・顾客满意度
	・与竞争对手相比的口味差异
	・与竞争对手相比的顾客价值
内部流程维度	・优异服务（汽车餐厅的平均客单服务时间）
	・订单准确性，汽车餐厅服务
	・清洁度
学习和成长维度	・友好、有礼貌的员工
	・员工流动率

Wendy's相信，它已经通过通告关键的战略性非财务信息而获益。2005年1月，Wendy's被美国投资者研究集团提名为美国最佳投资者关系的公司。负责投资者关系和财务沟通的副董事长约翰·贝克（John Baker）称："自从运用平衡计分卡增加了信息的披露后，Wendy's的股票价格上涨了75%。"[23]贝克还提议，提高信息的披露度，有助于增强分析师的信心而提升对公司的估价，因为让他们看到了近期收益的提升来自于有效的战略执行，而且这种收益在未来将得以保持。

简而言之，平衡计分卡指标的对外通报仍处于一个初级阶段。他们把平衡计分卡作为向分析师演示材料的框架，尽管报告中还没有太清晰地将计分卡的数据报告与季度及年度报告结合起来。在美国，外部报告制度受到严格的法规法律及高诉讼风险的环境管制。因此，尽管投资者和分析师表现出了对公司战略和执行相关信息有着浓厚的兴

组织协同

趣，企业管理者还是不太愿意在信息披露方面有太多的独到之处或创新方法。或许当企业越来越习惯于使用平衡计分卡，并在内部的业务部门、员工和董事会成员间有效沟通战略性绩效且达到一定的程度的时候，企业会采取更积极的态度，愿意在投资者和分析师报告中加入平衡计分卡的数据。

小　　结

尽管仍处在初级阶段，平衡计分卡已经被用于公司治理和报告流程。董事们的职责正在与日俱增，但他们所需要履行职责的时间有限并难以增加。董事们必须更有效、更巧妙地完成工作，而不能依赖于更长时间和更为勤奋的工作方式。

三部分组合式、基于平衡计分卡的治理系统为董事们提供了精炼的战略性信息。董事会成员能以这种方式获得相关信息，对公司未来发展方向、对外报告和信息披露政策等作出决策。会议的准备工作和会议时间都应聚焦于公司的战略、财务状况和公司最重要的价值和风险驱动因素。高管人员计分卡向董事会作流程报告，汇报在高管选择、评估、薪酬和继任方面的执行情况。董事会也有自己的平衡计分卡，用以指导董事会的组成、流程、讨论和评估等工作。

对于企业报告制，多种研究结果表明：投资者和分析师非常希望能得到补充性的非财务指标信息，借以帮助他们理解和监督企业的战略。有些公司已经开始借助于平衡计分卡构建与外部沟通的框架。但这种趋势仍处在初级阶段，还需要更多的尝试，大多数高层管理者才能逐渐习惯于运用数据来沟通和评价企业战略。

与外部合作伙伴的协同

组织协同

组织协同的最后一项内容是企业和外部战略合作伙伴建立平衡计分卡体系,如关键供应商、战略客户、外部联盟等。一旦企业和某一个外部战略合作伙伴共同开发平衡计分卡,两个不同企业的高管人员就能对合作关系方面的目标达成一致。这个流程有助于在两个组织间建立理解和信任,降低交易成本并将双方的协同差异最小化。

平衡计分卡相当于为衡量这种跨组织的绩效提供了一份明确的业绩合同。如果没有平衡计分卡,与外部合作伙伴的配合势必只会关注财务方面的指标,如价格和成本。平衡计分卡则建立了一个更加宽泛的合作机制,将服务、及时性、创新、质量、灵活性等方面内容都纳入了双方的合作关系中。

供应商平衡计分卡

供应链管理不仅是跨职能的,还是跨组织的。跨职能是因为产品的高效生产和供应需要市场、运营、采购、销售和物流等职能之间的紧密配合。跨组织是因为涉及整个供应链中的体系和流程的参与方——原材料供应商、生产商、分销商和零售商,它们需要在供应链上所有的环节中密切配合和合作,以达到最佳的运作效果。平衡计分卡这一理想的协同机制可以为供应链管理带来巨大的收益。

许多公司在20世纪80年代采用了全面质量管理和即时生产(JIT)等管理实践工具。这些源自日本的管理方法所产生的结果必然是:制造商和它们的供应商建立了更加紧密的联系,质量全部合格的部件和产品能够可靠地发运并及时送到工厂的生产线。过去只是以价格作为供应商选择的标准,而现在还需要考虑供应商是否能及时提供零缺陷产品的潜在能力。

Metalcraft公司的供应商计分卡

Metalcraft（佚名）是世界上最大的顶级汽车供应商之一。[1]公司运用一套系统性的供应商计分卡体系，对公司的供应商表现进行评价。Metalcraft公司供应商计分卡将业绩分为三块：质量、及时率和交付情况。每个供应厂家每月都会收到所有发过货的Metalcraft工厂的评分。Metalcraft公司把所有供应商计分卡得分相加，计算出一个供应商总体得分。

质 量

供应商计分卡用三个指标来衡量质量：供应商执行特定的ISO和质量标准的总体水准、试产批质量退货率（QR）和每百万次（PPM）产品缺陷率。

Metalcraft公司非常重视新产品进入批量生产的速度。因此，它注重评估供应商是否能在新产品的试产阶段就能快速提供高质量的产品。QR分数用于衡量一个新部件在试产阶段所出现的问题数量。QR指标的测算日期从完成产品标准直至产品的批量生产，共15个工作日。

一旦进入大批量生产阶段，Metalcraft公司就开始测算PPM不良率，即把供应商提供的不合格（退还的、报废的和返工的）产品数量除以收到的产品总数，再乘以一百万。

组织协同

及 时 率

供应商计分卡上的及时率指标衡量了供应商按期提供生产所需新部件的能力。Metalcraft公司有一整套详尽的认证流程，证明最终的生产流程与工程标准相符。就像QR指标一样，及时性指标也是用以衡量供应商能否迅速、可靠地进行新部件的大批量生产。

交 付

Metalcraft公司以即时生产的模式进行运作，供应商的任何延误都会导致生产计划的重新调整，这意味着增加计划调整成本，加班生产，以及赶货期的成本。Metalcraft公司从几个不同维度对交付表现进行评分，包括交货期的上下误差、沟通状况和记录维护、问题的解决和防范。

Metalcraft公司的供应商计分卡把每一个供应商的质量、及时性和交付状况的结果用红、黄、绿三种颜色来表示。绿色标记代表可无限制供货。黄色标识的可继续供货，但必须获得高级供应商开发工程师审核批准的"非优先供应商核准申请表"。得了红色标识的供应商被定为"非优选供应商"，必须得到更高级的管理人员的许可，它才能继续留在供应商名单上；如果该供应商连续三个月出现红灯，它就会被其他供应厂家替换掉。

其他的供应商计分卡

德纳公司（Dana）是另一家汽车OEM厂商，它所使用的供应商

与外部合作伙伴的协同

平衡计分卡系统（SBS）从四个方面评价供应商的业绩：

质量（25%）
- ◆ 每百万次出现的缺陷PPM（0.8）
- ◆ 退货发生次数（0.2）

准时交付（25%）

服务支持（25%）
- ◆ 供应商对德纳小量采购和实施QS-9000/ISO14000目标的支持（这一标准每年将根据德纳当年的重点进行调整）

业务结果（25%）
- ◆ 供应商对达成德纳要求的生产率（降低成本）目标

和Metalcraft一样，德纳让每一个供应商通过联网了解自己的SBS分数，并借助于分数促使供应商体系持续不断地优化。

劳斯莱斯公司（Rolls Royce）的供应商计分卡也采用了传统的质量和交付指标。2003年11月，公司增加了一个成本指标——质量成本——用来衡量供应商产品质量的防范、评估及损失成本。辉门公司（Federal Mogul）的供应商计分卡除了上述质量和交付方面的指标之外，还增加了一个供应商提出的节约成本建议的指标。如果提出的建议可以帮助公司节省年度费用的5%，就会得满分（100分）。如果建议带来的节约幅度小于0.9%，那么只给零分。

这些范例表明许多制造商都开始应用供应商计分卡。但实际上，这些都不是真正意义上的计分卡，而只是关键业绩指标（KPI）指标卡，使用了非财务指标，促进供应商提供更好（零缺陷）、更快（交

组织协同

付周期短，即时交付）、更便宜的产品。这些指标卡最多也就是体现了与公司总成本最佳的战略相一致，它们体现不出供应商的创新能力，以帮助公司建立全新的产品开发平台，也不能够衡量供应商如何帮助公司向客户提供更全面的解决方案。

即便是在公司总成本最佳的战略要求下，一个全面的供应商计分卡也应当包括供应商人力资本和信息资本发展方面的目标，这些目标有助于加强双方的关系，此外，还应当包括其他一些指标，如创新方面的，以及如何与公司合作，在及时、零缺陷地提供现有或已开发产品的基础上为企业提供更高的价值。

当然，对Metalcraft、德纳或者是劳斯莱斯这些公司来说，为数以千计的供应商分别定制供应商计分卡是不现实的。这种计分卡只为战略供应商而开发，这些是公司希望与之建立长期合作关系的供应商，它们能不断提供新的想法和建立新的流程，帮助促进公司收入的增加和成本的下降。

协同计划、预测与产品补给的计分卡

一些更加成熟的供应链计分卡出现在包装类消费品供应和零售行业的运用中。制造企业，如宝洁公司、雀巢公司、家乐士（Kellogg）与诸如沃尔玛、桑斯博里（Sainsbury）、乐购（Tesco）之类的零售业巨头协作，优化了从生产制造到最终消费者的供应链环节。

协同计划、市场预测与产品补给（CPFR）计划（参见www.cpfr.org）力图通过供应链的规划和执行，建立产品类别管理在销售和市场营销方面的最佳实践；既提高产品的充足率，又降低了库存、运输和物流成本。例如，宝洁的CPFR目标是达到产品的100%货架充足

率，同时需要降低商场、客户物流中心和宝洁各工厂的库存量。宝洁希望能够根据每一个商场的客户需求指令来安排生产和送货。

CPFR包括了一系列供应商和零售商之间的协作流程。建立绩效计分卡是形成这种协作的一个核心要素。例如，早期CPFR协作的采纳者希望能获得以下利益：

- ◆ 提高预测准确度
- ◆ 加强内部沟通
- ◆ 增加销售额
- ◆ 改进渠道伙伴关系
- ◆ 提升服务水平
- ◆ 降低脱销现象
- ◆ 降低存货
- ◆ 提高资产利用率
- ◆ 更有效地运用企业资源

以上目标都可量化，并能成为衡量生产商—零售商合作关系的CPFR综合计分卡中的一部分。

CPFR的努力并不限于欧洲地区，CPFR的项目办公室还准备了一个模板（图8-1）来确定一组关键绩效指标，来阐述具体的CPFR协作关系。[2]

宝洁公司在CPFR试点项目中用了九个方面的指标对供应链关系管理进行衡量：

组织协同

图8-1 CPFR的关键绩效指标

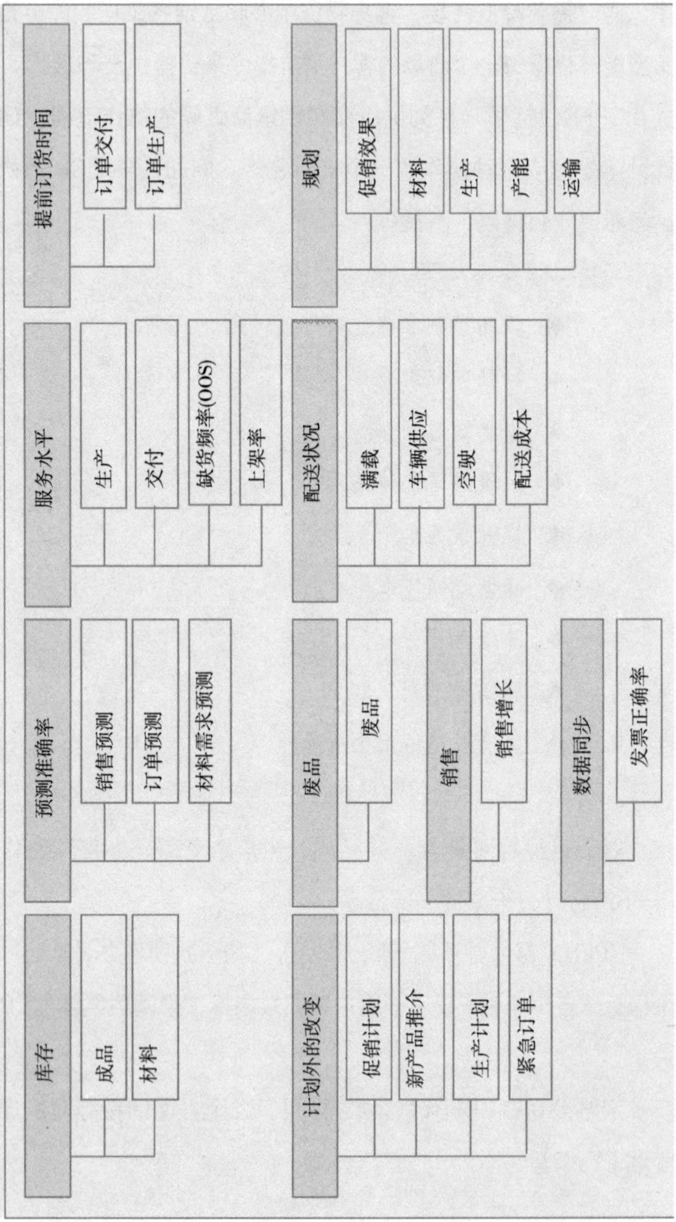

库存	预测准确率	服务水平	提前订货时间
成品	销售预测	生产	订单交付
材料	订单预测	交付	订单生产
	材料需求预测	缺货频率(OOS)	
		上架率	

计划外的改变	废品	配送状况	规划
促销计划	废品	满载	促销效果
新产品推介		车辆供应	材料
生产计划		空驶	生产
紧急订单		配送成本	产能
			运输

销售	数据同步
销售增长	发票正确率

与外部合作伙伴的协同

1. 预测准确率（与实际订单相比）
2. 配货中心服务水平和库存量
3. 零售库存服务水平和库存量
4. 生产订单的实际完成率（与订单相比）
5. 生产订单的实际完成率（与发货通知单相比）
6. 交付准时率
7. 运输效率
8. 货品（SKU）发货差异率
9. 利润率或成本降低率

　　桑斯博里是英国的一家零售企业，它已成为全球商业行动方案中把CPFR的理念转化为可实际操作的主要推进者。[3] 桑斯博里从入门层级的全球计分卡方式开始先和一个生产厂商建立了合作关系。这张平衡计分卡从准备度、聚焦消费者和运作三个方面的52个自我评估的问题来衡量企业的表现。

　　准备度部分包括的问题有：供应商在观点分享、商业决策、与跨职能团队进行协作的能力，以及提供和收集零售商反馈的能力。聚焦消费者部分的问题，包括供应商支持零售商促销的能力；基于消费者调研基础上引入新产品的能力；并能清晰地理解目标客户对供应商产品的需求。在运营方面的问题主要揭示了生产商开发联合供应链战略的能力、订单的生成和接收、电子订单处理、货款处理等方面的流程，以及补货、高峰生产方面的能力。对这些入门问题的回答可以使双方能够在减少订货时间、提高预测精确度、共同降低存货水平和快速推出新产品等方面寻找机遇。

组织协同

对于较高级别的供应商，桑斯博里使用了一个中等水准的平衡计分卡，该卡通过对三个部分95个问题的回答对绩效表现进行衡量：

需求
- 需求战略和能力
- 产品类别
- 促销
- 新品面市
- 为消费者创造价值

供应管理
- 供应战略和能力
- 补货响应速度
- 优异运营
- 基于需求驱动的供应

驱动因素
- 同类数据和沟通标准
- 成本、利润与价值的衡量
- 产品安全与质量流程

以下是问题的范例：
- 是否对整个供应链中的成本进行了详细的分析？
- 是否对店内的新产品促销活动进行积极的监控？
- 如果交货出现问题，是否已有改进措施？

与外部合作伙伴的协同

生产商有下列选项进行选择：
- 否/从来没有
- 有时
- 正在处理
- 是/一贯如此

作为实施CPFR和ECR行动方案的结果，这些供应链计分卡，较之前面提及的车辆运输设备行业用的计分卡相比，它们的通用性更强。这些计分卡记录了供应商快速引入新产品和共同协作的能力，如与零售商一起共同进行促销。此外，还包括了学习和成长方面的内容，来识别员工是否具有同一个项目团队中共同完成任务的责任和能力；公司之间的订货、开票、付款方面的信息系统的协同；以及对最终用户的数据分享。在食品和包装商品行业的供应链上通过建立计分卡提高互相之间的协作关系，这为其他类型的供应链管理提供了一个优秀的范例。

供应链的平衡计分卡

布鲁尔和斯贝提议为供应链计分卡建立一个更具通用性的框架。[4] 他们强调不能只用一种模式。一个提供有可预测性、标准化、大众型产品的供应链需要降低生产成本、交货成本和销售成本，它的目标与一个市场环境不可预测的时装公司的供应链目标是截然不同的。前者强调低成本和快速的存货周转率，而后者更关注灵活、快速反应、预测准确和创新。

组织协同

在构建供应链平衡计分卡时,第一步就是清楚地描述供应链战略。这应该是一个跨职能、跨组织的项目,就像其他有效的平衡计分卡项目一样,这个项目可以使不同组织、不同部门中的员工确定共同承担的目标。一旦团队成员认同了战略,他们就可以开始围绕战略建立平衡计分卡。

财务维度

供应链计分卡所使用的财务指标是传统、通用性的指标。一个运作良好的供应链应该能带来更高的利润率、降低单位成本、增加现金流、提高收入,以及所有供应链参与方的投资回报率的提高。计分卡中也会有一些具体的供应链衡量指标,例如运输成本、订单流程、订单接收、仓储、销售、报废、降价等。

强调某一具体财务指标的主要依据应是供应链的战略。对于成熟产品生产和分销,重点指标应包括现金流、单位成本和资产回报率等。对于差异性战略,收益增长、利润率增长、降低报废和降价方面的指标会显得更加重要。

客户维度

客户维度不仅应当包括供应链客户,还应当包括最终消费者。这些客户所获得的利益包括:产品和服务质量改进、缩短货期、可获得性(包括减少断货和交期延误)、提高灵活性以及增加价值。

内部流程维度

改进供应链流程将会带来如下益处:

◆ 减少浪费。取消或减少重复性流程，使系统和流程更加和谐；减少缺陷、次品、退货、返工，并降低存货水平等。

◆ 缩短从订单至交付的周期，并缩短供应链所有参与者的资金周转期。

◆ 灵活响应。满足客户对产品规格、数量、包装、运输、交期等方面的独特需求。

◆ 降低客户定制化和灵活性要求带来的单位成本。供应商应通过各种方式降低非增值成本，例如取消重复备货、多重产品处理、分散交货、缺乏协作的促销和交易等。

◆ 创新。供应链参与方监控新技术发展、竞争状况和消费者偏好等态势，以共同设计和开发新产品，从而一直获得目标客户的忠诚度。

学习和成长维度

人力资本的目标要求企业员工在采购、运营、营销、销售、物流和财务等各方面都能通过内外部组织的协作，提高供应链业绩，并为客户和最终消费者提供更多的价值。信息资本的目标则是促使跨组织的系统形成连接，成为和谐统一的整体；建立标准数据协议；分析和分享客户和供应商的信息；并提供及时、准确和可理解的信息。组织文化应当鼓励最佳实践共享；持续改进，促使供应链参与者之间形成开放、透明的文化；以及在为最终消费者提供最大化价值的基础上，为减少整个系统中的浪费和延误作出坚持不懈的努力。

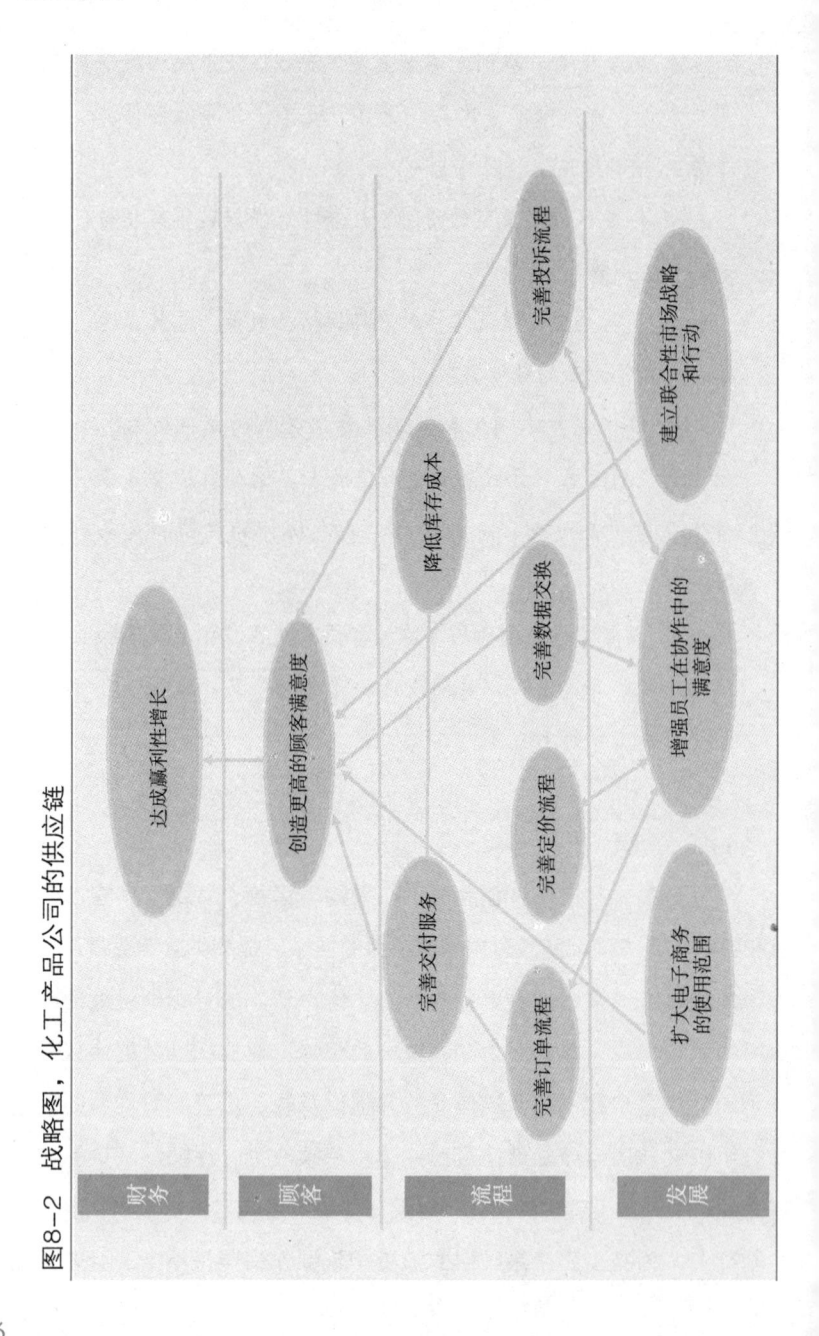

组织协同

图8-2 战略图,化工产品公司的供应链

- 财务:达成赢利性增长
- 顾客:创造更高的顾客满意度
- 流程:完善投诉流程、降低库存成本、完善数据交换、完善定价流程、完善交付服务、完善订单流程
- 发展:建立联合性市场战略和行动、增强员工在协作中的满意度、扩大电子商务的使用范围

与外部合作伙伴的协同

下面举一个具体例子，一个大型的跨国化工产品企业与它的一个战略伙伴，一个最大的分销商ChemTrade为一个合作项目共同开发了供应链平衡计分卡。[5]这一战略合作协议包含一个长期的双方排他性合同，并使用于好几个国家和地区。双方都要参与完善供应链流程，流程覆盖了从采购原材料到最终交付产品的全过程。

项目团队决定建立一张平衡计分卡来衡量双方合作的成果，明确供应链伙伴的战略目标、为双方组织确定关键业绩指标并确定未来改善之处。我们附上了这张战略地图（图8-2）和包含有目标和指标的平衡计分卡（图8-3）。（在获取这份报告的当时，学习和成长的维度的指标尚未确定。）

图8-3 供应链平衡计分卡

维度	战略目标	衡量指标
财务	·赢利性增长	·产品的渠道销售额
客户	·市场份额	·渠道获得的客户市场份额
	·顾客满意度	·顾客满意度指数（年度调查） ·投诉数 ·订单投诉率
内部流程	·交付的可靠性	·及时交付的比例
	·库存管理	·两公司的平均库存量 ·平均库存/每月销售额之比
	·完善事务管理流程	·销售量（吨）
发展	·扩大电子商务	·待定
	·增强员工在战略协同过程中的满意度	·待定
	·联合性市场战略和行动	·待定

组织协同

总而言之，制造型企业和零售型企业使用的供应商计分卡内容基本一致。目前大多数计分卡的关注点都集中在体现总成本领先战略的降低成本、持续和及时交货，以及质量稳定并达到零缺陷上。如果这就是针对最终消费者的战略，这样的关注是合适的，但即便如此，KPI指标的计分卡也还是没有将各个供应商的流程以及它们的人力资本和信息资本有机地结合起来，借此强化供应链的绩效。如果企业希望通过供应商进行产品创新，为客户提供更加全面的解决方案的话，那么企业就应当考虑建立一个基于战略特点的供应商计分卡。

客户计分卡

供应商和供应链平衡计分卡基本上是从业务的上游与最重要的供应商连接。如果从另一端即业务的下游展开，那么就需要去连接公司的战略客户。Brown & Root工程公司的海外安装分公司罗克沃特（Rockwater）的实践就为我们提供了一个如何建立战略平衡计分卡的案例。

罗克沃特公司的新战略是与关键客户培育长期的增值服务关系。这个战略与一般的工程公司有较大偏差，因为这个行业的成功标志往往是能以最低出价获得竞标。罗克沃特公司从顾客群中选择了一些主要客户，这些客户期望与供应商一起进行创新，在建设、安装和使用石油和天然气生产设备领域中寻找降低成本的机遇。

在与这些有意愿建立长期合作关系的客户进行讨论后，罗克沃特公司列出了一张含16项内容的清单，描述一个项目中的工作关系：

与外部合作伙伴的协同

功 能	安全水平 工程服务水准
质 量	交付过程中最低的修改量 质量水平和业绩意识 提供的标准化设备 提供的高水准人员 产品质量
价 格	工时 性价比 降本创新措施
及时性	如期完成情况 程序的及时交付
关 系	透明的合同关系 灵活性 快速响应 团队精神协作

罗克沃特公司要求每一个客户从上述因素中选择出他们认为对项目来说最重要的，然后为关键因素分配权重。罗克沃特把这些信息在项目团队的每一个成员之间分享，让他们了解项目过程中客户最关注的因素有哪些。

每个月关键客户都要依照选定的指标对罗克沃特的业绩进行评分，然后把客户的这些绩效评分作为在双方月度项目回顾会议上讨论的主要内容。不仅如此，罗克沃特公司还将所有项目的评分加总，得出了罗克沃特公司平衡计分卡中的客户满意度指数。形成这样一种具有客户和项目特征的指标指数的做法，不仅使罗克沃特公司按客户喜好提供个性化服务，还能够促进项目团队提供符合客户具体需求的价值定位，并从客户的反馈中了解到客户的期望是否得到满足。

泰格纺织公司（Tiger）（佚名）是欧美服装连锁零售业与低成本的纺织品制造商之间的中间商（类似于Gap和The Limited）。泰格重点研究客户在纺织品生产方面的未来需求，为客户提供时尚元素的建

组织协同

议以及新产品机会，并与斯里兰卡、泰国、马来西亚等低成本国家的制造厂商建立了合作关系，以便能按时、按量、按质地生产不同种类的服装。

和罗克沃特公司一样，泰格公司不想仅仅只成为一个成本低、可靠性高的标准产品供应商。它期望自己能与众不同，通过运用自己的知识和能力，为客户提供更为全面的解决方案。泰格公司的战略包含了"与客户共同进行商业规划"这一重要主题（图8-4和图8-5）：
"泰格纺织品公司必须对客户的长短期需求和价值有一个清晰的了解，和客户共同制订商业计划。客户导向的商业计划需要将客户纳入到我们的全球团队中。"

泰格公司在客户维度设立了一个目标用以提升与客户高度的亲密度和客户服务，从而被客户视为创造力和时尚新创意的源泉之一。为了达成这一目标，泰格建立了一个内部流程目标："发展与关键客户的关系。"它从以下几个方面来衡量这个目标的业绩：

- 顾客所了解的泰格在海外工作的员工数量
- 海外员工流失率（泰格期望这些员工与关键客户建立长期关系）
- 与客户共同策划的商业计划目标达成率

另一个关键的内部流程是"客户/泰格共同规划"，该流程的目标是：客户和泰格共同制订为期三年的战略业务计划，并每六个月回顾一次。该计划涵盖采购和客户的计划实施。泰格通过如下指标来衡量该目标：

与外部合作伙伴的协同

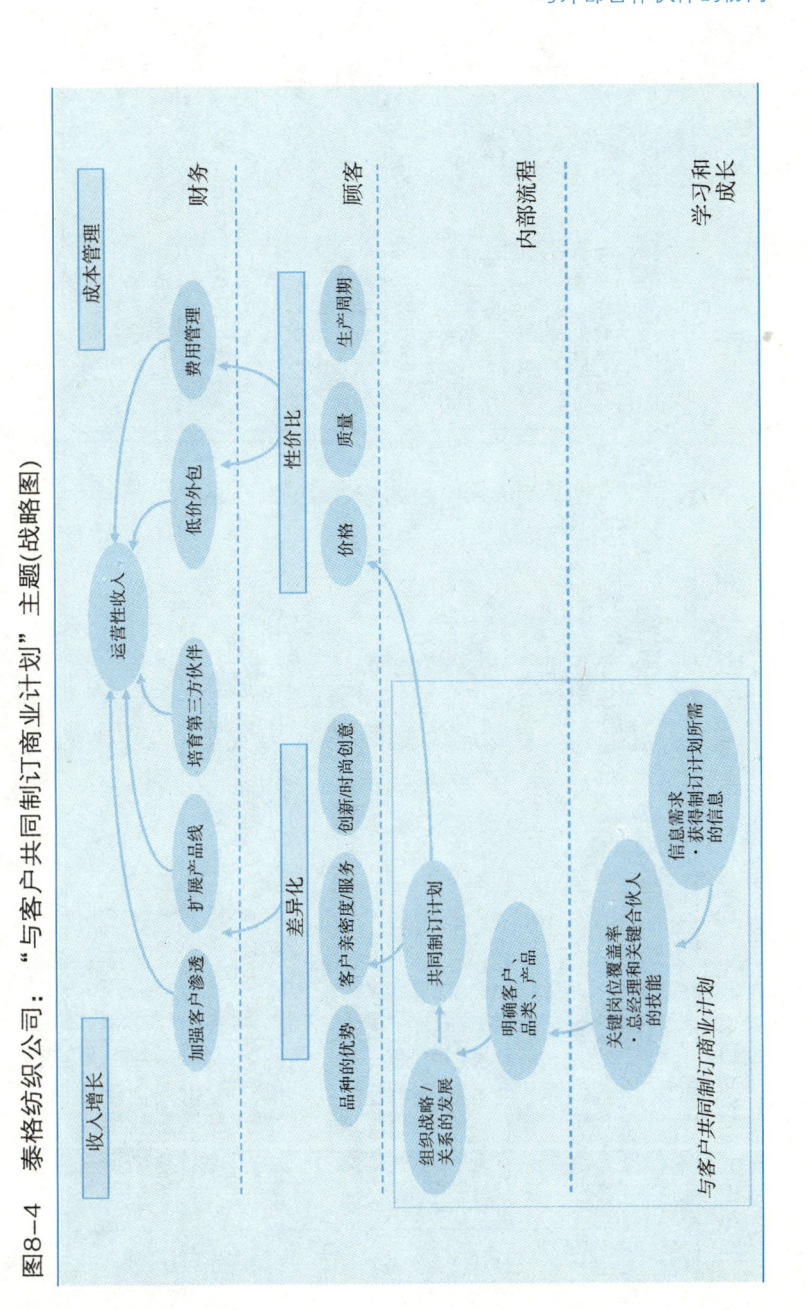

图8-4 泰格纺织公司:"与客户共同制订商业计划"主题(战略图)

组织协同

图8-5 秦格纺织公司:"与客户共同制订商业计划"主题(计分卡)

	目标描述	"业绩优秀"目标	可选指标
战略目标	明确客户、分类、产品 能够驱动实现财务目标的目标客户、品类和产品	• 熟知顾客需求 • 熟知竞争对手的能力 • 对全球采购的战略性理解 • 详细的制订计划指导 • 产品的回报率	• 新产品类/新产品的销售增长百分比 • 客户产品类别渗透率 • 商业计划执行率
	组织战略/关系的发展 创建一个包括顾客在内的全球化工作团队,实施商业计划	• 定义团队的共同目标 • 识别完成工作所需要的团队能力 • 筛选招聘培训团队成员 • 提供领导力支持 • 提供完成工作所需要的工具	• 客户所了解的海外工作的员工数量 • 员工流失率 • 海外员工 • 商业计划目标达成率
	客户与秦格共同制订商业计划 客户与秦格 共同制订一个为期三年的战略商业计划(每六个月回顾一次),该计划包括采购和客户共同实施	• 确定联合计划中的客户价值 • 了解目前/今后的客户商务运作流程 • 加强计划准备的能力 • 理解秦格公司的全球能力 • 发展团队领导能力	• 与客户共同的目标个数 • 共同制订的计划数 • 目标达成的百分比
协同目标	关键岗位覆盖率 总经理和关键合伙人(销售副总、大区生产经理、合作伙伴)的技能 强化他们制订计划和沟通的能力,确定角色,建立全球化战略执行团队	• 培训拓展业务计划能力、工具和论坛 • 演示和沟通能力 • 加强团队建设、客户亲密度、领导力培训	• 客户对合作计划的反馈 • 员工对计划中所确定的角色的理解
	信息的可获取性 开发制订计划所需信息的获得方式,包括: • 客户业务信息 • 外部和市场(战略性全球采购)的信息 • 秦格公司内部的业务信息	• 获取信息 • 共享和传达信息 • 分析信息	• 制订计划所需信息的可获得性与计划相比(及时性、格式规范)

与外部合作伙伴的协同

- ◆ 与客户的共享目标个数
- ◆ 共同制订的计划数量
- ◆ 目标达成率

为了使上述两个关键的内部流程得以有效执行，泰格公司需要提高那些与客户直接打交道的海外员工的素质和技能。为此，公司在学习和成长维度中制订了一个战略性岗位覆盖的目标：无论总经理、销售副总、大区生产经理、合资管理部经理都必须具备能与关键客户协同工作的能力，这包括开发业务合作项目计划、沟通项目计划，以及建立一支跨国性团队执行业务计划。泰格公司用以下的指标对目标进行衡量：

- ◆ 客户对合作计划的反馈
- ◆ 海外员工对合作计划中工作角色的理解

泰格纺织公司用平衡计分卡方法重点突出客户、内部、学习和成长维度的目标，通过进一步加强与关键客户建立长期和增值的关系，以达到提高业务和利润率的目的。其实正是由这些客户为泰格公司提供了客户亲密度主题中许多类似的指标。

联盟计分卡

越来越多的公司正通过对外联盟的方式弥补自身能力的不足，在新的市场和地区拓展业务。然而合作伙伴间的协调却远非易事，许多

组织协同

联盟最终均以失望或失败而告终。

商业合作伙伴之间建立一套共同的指标体系并非常规之举。任何一方都已经有了各自的报告流程和指标；各方也会从自身利益出发来提出对联盟的贡献（越少越好）及向联盟提出的要求（越多越好）。要逾越这种用经济学家术语形容的信息和原动力不对称现象需要一个公开和透明的流程，合作双方需要通过这一流程，清晰地表达自己力所能及的投入和所希望得到的回报，最终汇总成为一份双方合作战略依据的文件。

开发运用联盟平衡计分卡可以降低合作伙伴间常有的利益冲突。开发联盟战略图和平衡计分卡的过程将双方高层决策者聚在一起，清晰地描述双方联盟的目标和实现这些目标的战略途径。

例如，一个销售和市场方面的联盟主要强调几个方面：降低获取新客户的成本，缩短新产品上市的时间，以及通过获得新客户和利用现有客户关系增加销售额。而一个产品研究和开发的联盟则注重其他方面，例如，新产品开发的数量和创新程度，联合完成整个"从概念到产品开发"的周期，以及技术转让给母公司的方式和带来的影响。再则，一个制造型的联盟会更关注降低生产成本，提高产品质量，缩短从客户订货到出货周期，以及提高产品运输的可靠性。[6]

最终的成果——战略图和平衡计分卡，含指标、目标值及双方认同并提供预算的行动方案，为联盟各方的总裁提供了一张清晰的合作路径图，同时也成为两家母公司共同监管这个合作项目的坚实基础。根据麦肯锡的研究表明，只有不到四分之一的联盟建立了足够的业绩指标。而且，这只是麦肯锡定义的"足够"程度，离一个从目标因果关系连接的战略图中衍生出来的一整套平衡计分卡指标体系还有更大的距离。[7]

　　麦肯锡的研究提出了含四个维度的联盟平衡计分卡模式：财务、战略（而非"客户"）、运作以及合作关系（而非"学习和成长"）。图8-6更详细地阐明了这样一个联盟平衡计分卡中包含的主要目标。

图8-6 联盟战略目标的范例

维度	目标
财务	・增加联盟收入 ・降低联盟方之间的重复性费用 ・通过新顾客关系和相关产品销售，增加母公司收入 ・借助共同发展新产品和新顾客，为母公司寻求新增长点
战略	・发展新技术 ・加强目标顾客的渗透 ・增强母公司员工在联盟工作中的学习机会
运营	・达到项目里程碑 ・减少生产、销售或配送成本 ・完善产品开发和面市流程 ・加强联盟和母公司之间的协作
关系	・倡导快速有效的决策 ・在联盟内部和联盟伙伴之间建立有效的沟通 ・建立并保持信赖的关系 ・为联盟管理者和员工明确各自的角色、职责、目标和责任制

兼并整合

　　当然，外部双方最紧密的合作莫过于融合为一个实体。然而，众多兼并的失败往往是因为新公司无法融合双方的管理团队、企业文化、经营战略、信息系统和两套截然不同的管理流程，无法使之成为

组织协同

一个能够创造预期的协同利润的实体。但公司管理层运用平衡计分卡成功地完成整合的例子也屡见不鲜。

计分卡的应用带来两个重要的好处。新公司首先要开发战略图和平衡计分卡,为来自兼并前两个不同公司的经理人提供了一个为同一目标而通力合作的平台,使大家能够围绕战略、战略目标和衡量指标方面的问题展开激烈的交流和辩论,使双方学会如何体会对方的思路,如何理会对方的观点,如何信任对方。渐渐地,通过管理团队积极参与战略图和平衡计分卡的过程,一种新型的工作友谊和合作关系由此而形成。

另一个好处是,完成的战略图和平衡计分卡为管理团队提供了一个共同的语言,描述如何通过兼并获得预期的兼并效应。广泛的研究表明:大多数的兼并都不成功;做兼并的一方投入相应费用以后其实并没有获得竞争性的回报。虽然通过对经营场所和行政人员的合并带来一些成本方面的节约,但实际上却很难为合并后的新公司创造新的业务增长点。例如,针对发生在20世纪90年代的兼并现象,麦肯锡进行了研究并得出了如下一组不尽如人意的数据:[8]

- ◆ 1990年至1997年间,193项的兼并活动中只有11%的公司在合并三个季度后实现了可喜的利润增长;大多数的合并导致利润下滑12%左右。

- ◆ 1995年至1996年间,只有12%的兼并为公司带来了未来三年内的利润加速增长;42%的兼并出现利润下滑。从平均水平看,这些兼并给企业带来的是低于同行四个百分点的增长速度。

◆ 造成利润下滑的主要原因是客户满意度降低和员工心不在焉。

但公司兼并后业绩低最主要的原因还是因为过分注重成本的节约，而忽视了收入的提高。少数兼并成功的公司把关注点聚焦于利用现有的客户关系提高收入为目标，特别是注意保留创造大量收入的关键员工。

这些事实为已兼并的公司揭示了一条规律：开发战略图和平衡计分卡是公司合并重组过程中必不可少的一部分。两个公司的管理层在合并之后，通过制定特定的战略，发挥双方公司原有的优势，以创造任何一方都无法独立实现的新的商机。这个过程也为各方提供了一个合作路径图，这包括：增长收入和降低成本，对核心流程、员工和信息技术的战略投资性计划，以及建立统一公司的企业文化。

我们以两家石油公司：阿尔法（Alpha）和贝塔（Beta）公司（佚名）的合并案例为例，来说明在合并中如何运用上述流程。兼并后的阿尔法—贝塔石油公司成为美国最大石油精炼和销售公司之一。作为合并后整合工作的第一步，公司高管为新公司开发了一张平衡计分卡。接着，在正式的合并协议签订以前，双方就举行了首次会议。公司双方也都在平衡计分卡领导团队中占有相同数目的席位。

平衡计分卡团队建立了一个金字塔（图8-7）式的计分卡，描述了阿尔法—贝塔石油公司如何成为美国最好的供应链下游供应商。这个计分卡是基于如下六个主题方面（类似于第4章中杜邦工程塑料公司基于战略主题的计分卡）：

组织协同

图8-7 阿尔法—贝塔整合战略

"成为美国最优秀的下游市场的供应商"

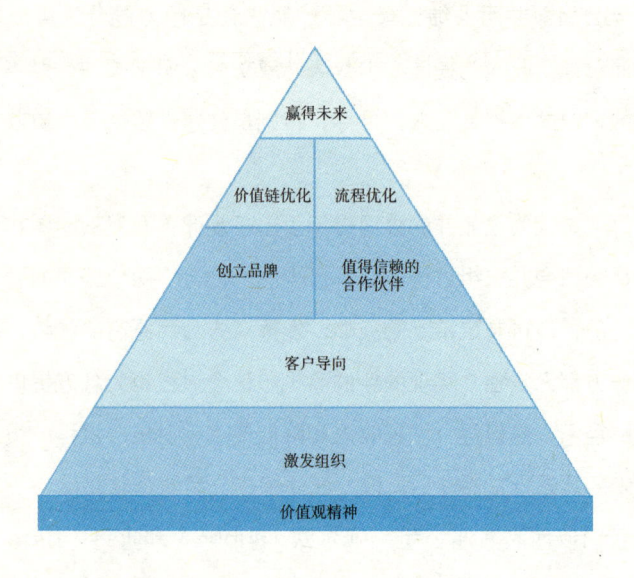

```
            赢得未来
       价值链优化 | 流程优化
       创立品牌  | 值得信赖的
                  合作伙伴
            客户导向
            激发组织
           价值观精神
```

- 客户导向
- 塑造品牌
- 可信赖的业务伙伴
- 优化价值链
- 优异运营
- 激发组织

平衡计分卡团队为每一个主题从原来的阿尔法和贝塔公司中各挑选一位高级主管来共同管理同一个主题。每组搭档都负责各自主题的目标值和行动方案、沟通和实施。

与外部合作伙伴的协同

对这六个主题,平衡计分卡团队都一一挑选四到八个关键的战略议题,然后开发相应的目标、战略图、衡量指标和目标值。例如,图8-8对主题1——客户导向进行了概述;图8-9展示了这个主题的战略图、计分卡衡量指标以及行动方案。

阿尔法—贝塔石油公司从合并发生的第一次沟通会议起,就把战略主题和衡量指标作为公司内外部沟通的主要内容,直至合并工作圆满完成。在合并之后的五个月里,公司将平衡计分卡在公司范围内层层分解,这样,地区的目标可以继续再分解到下属部门和个人的目标,并用于新公司的绩效管理系统中。这个过程使得阿尔法—贝塔自合并之初就以步调一致的战略模式,按一个公司的体系进行运营。

图8-8 对阿尔法—贝塔公司"客户导向"主题的总结

客户导向主题对我们所有的整个业务都将产生影响。本主题的目标是提高目标顾客的忠诚度,进而增加他们在加油站和便利店的消费额。此外,我们还要求员工和渠道合作伙伴共同关注"客户导向"所带来的利益。

要点和依据	高层次业务案例分析
· 基于调研了解消费者对购买行为的期望 · 在我们的品牌店持续提供良好的基本服务 · 与渠道合作的工作质量保持一致 　– 关注用户 　– 沟通 　– 教育 　– 课程,工具 · 奖励,表彰,与承担责任 · 尝试创新手段,提供具差异化的客户体验(在良好的基本服务基础上)	· 推动收入和利润增长的主要因素是: 　– 关注目标顾客 　– 销售增长 　– 渠道伙伴和阿尔法—贝塔公司(汽油销售利润和便利店的零售业务) · 汽油销售潜力 · 便利店销售潜力 · 体现我们的焦点需放在便利店的零售业务上

组织协同

客户导向	指标	行动方案
在基本服务的基础上，尝试创新服务手段 / 提供一致性的、愉悦的购买体验 / 增加单个客户的销售额 / 定义明确的奖励项目，激励利表彰客户服务	· 神秘顾客评价指数 · 五星/质量等级形象评估项目 · 客户满意度指数	· 持续不断地提供良好的基本服务
持续不断地提供良好的基本服务 / 客户导向的公司员工和渠道伙伴 / 客户细分市场的调研（基于事实的调研）	· 客户导向组织表现的员工调查	· 客户导向员工和渠道伙伴的路演及培训项目

图8—9 阿尔法—贝塔公司战略图（部分）中的"客户导向"主题

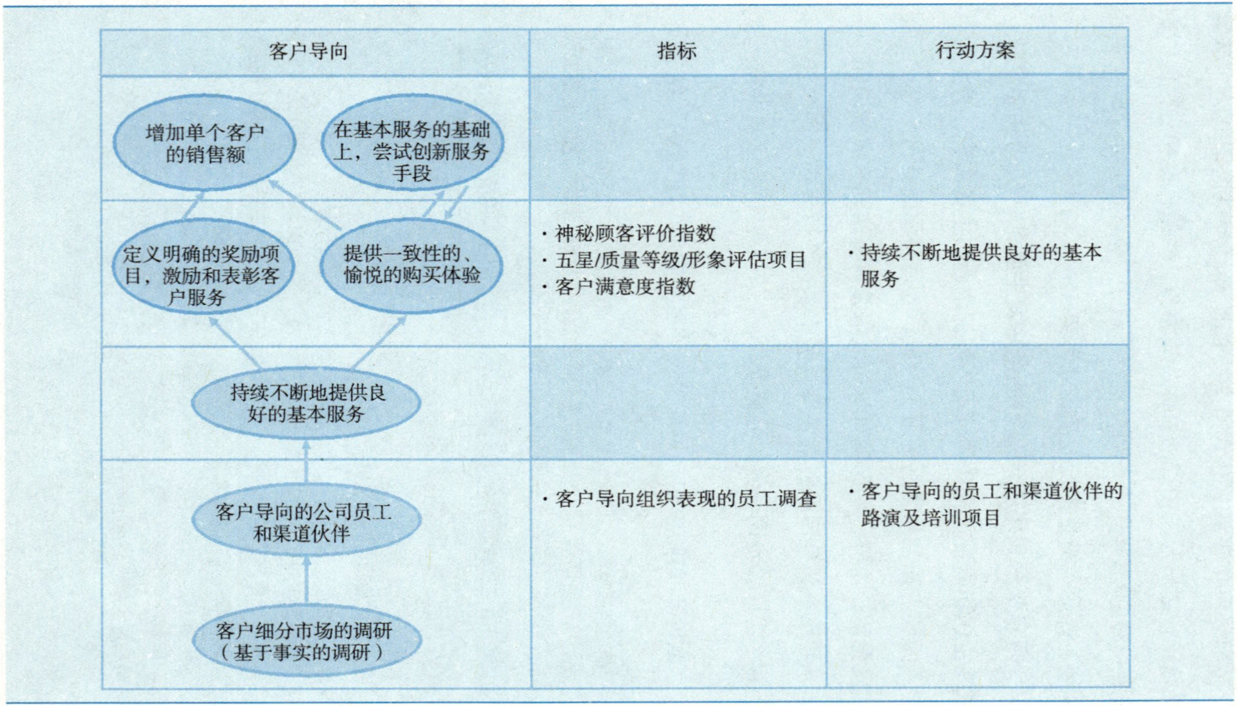

小　结

一旦组织完成对内部业务和职能部门的协同，战略协同就可以通过共同开发战略图和平衡计分卡拓展到与外部关键合作伙伴，包括供应商、客户和合作伙伴。目前，大多数的供应商、客户和合作伙伴的计分卡都只是一套关键业绩指标体系，用于驱动降低成本、质量和及时性方面的运作表现。

为寻求与外部伙伴建立更深入、更有效的关系，还需通过一个更紧密的合作流程开发战略图和平衡计分卡，描述跨公司之间的战略和目标。这样的一个流程将极大地促进合作方关系达到高度的一致，并获得动力，同时，合作开发的计分卡也形成了一份衡量双方合作业绩的共同协议。

协同流程的管理

组织协同

协同并非一个一蹴而就的过程。整个协同流程的第一步是在整个企业范围内推行平衡计分卡,将公司层面的战略与各职能部门以及业务部门的战略紧密地衔接在一起。借此,企业为获得协同效应打下了良好的基础。

然而环境却不断变化,包括行业变化、竞争对手、政策法规、宏观环境以及技术、客户和员工等因素。为此,战略和战略的执行措施也必须做相应的变化。一个原先上下协同一致的企业可能在转瞬之间变得不再协调。热力学第二定律告诉我们熵(无次序状态)是一种变化无常、高度不稳定的能量。为了保持一个系统的协调和一致,必须不断地向系统内注入新的能量。本章我们将主要阐述如何管理和保持组织的协同。

创造协同

在每个财年中期,几乎所有企业的战略规划部都会在公司异地召开一个为期数日的会议。在这个会议上,企业的高管们将对公司战略进行回顾,并基于企业面临的外部环境和获取的新知识,对公司的战略进行更新。公司战略的更新往往会使用许多传统的战略规划工具,包括环境分析、SWOT分析(优势、劣势、机会、威胁)、竞争分析、五力模型和模拟规划,等等。

然后,业务部门和职能部门各自制定本部门的年度战略规划。这些单元的战略通常是单独制定的,与公司战略没有紧密的连接,也不能反映如何通过各单元的合作达成协同效应。这种松散的、缺乏协调的管理流程正说明了为什么大多数企业在战略执行遇到巨大阻碍的原因。

一个完整且管理有序的协同流程可以帮助企业通过整合达成协同。通过对平衡计分卡最佳实践的分析，我们整理出了八个协同的查验点（图9-1）。如果一个组织能在所有八个查验点上完成协同，那么它所有的行动方案和行动都将直接影响公司的战略重点。

1. 企业价值定位：公司总部确立战略指导原则，帮助公司下属单元界定战略。参见第3章和第4章。

2. 董事会和股东的协同：公司董事会将评估、批准和监督公司的战略。参见第7章。

3. 公司总部到总部职能部门：公司的战略被转化为一系列的公司政策，如实施标准、风险管理、资源共享等。这些公司政策由总部职能部门进行管理。参见第5章。

4. 公司总部到业务单元：公司战略被分解成为各业务单元的业务重点。参见第3章、第4章和第6章。

5. 业务单元到业务单元支持部门：业务单元的战略重点需要与职能部门的战略相结合。参见第5章。

6. 业务单元到客户：客户价值定位的重点需传达给公司的目标顾客，并通过具体的客户反馈和指标进行衡量。参见第8章。

7. 业务单元支持部门到供应商和外部合作伙伴：供应商、外包商及其他外部合作伙伴所共享的重点都体现在业务单元的战略中。参见第8章。

8. 业务单元支持部门对公司总部的支持：地方的业务支持部门战略反映了公司职能部门的工作重点。参见第5章。

组织协同

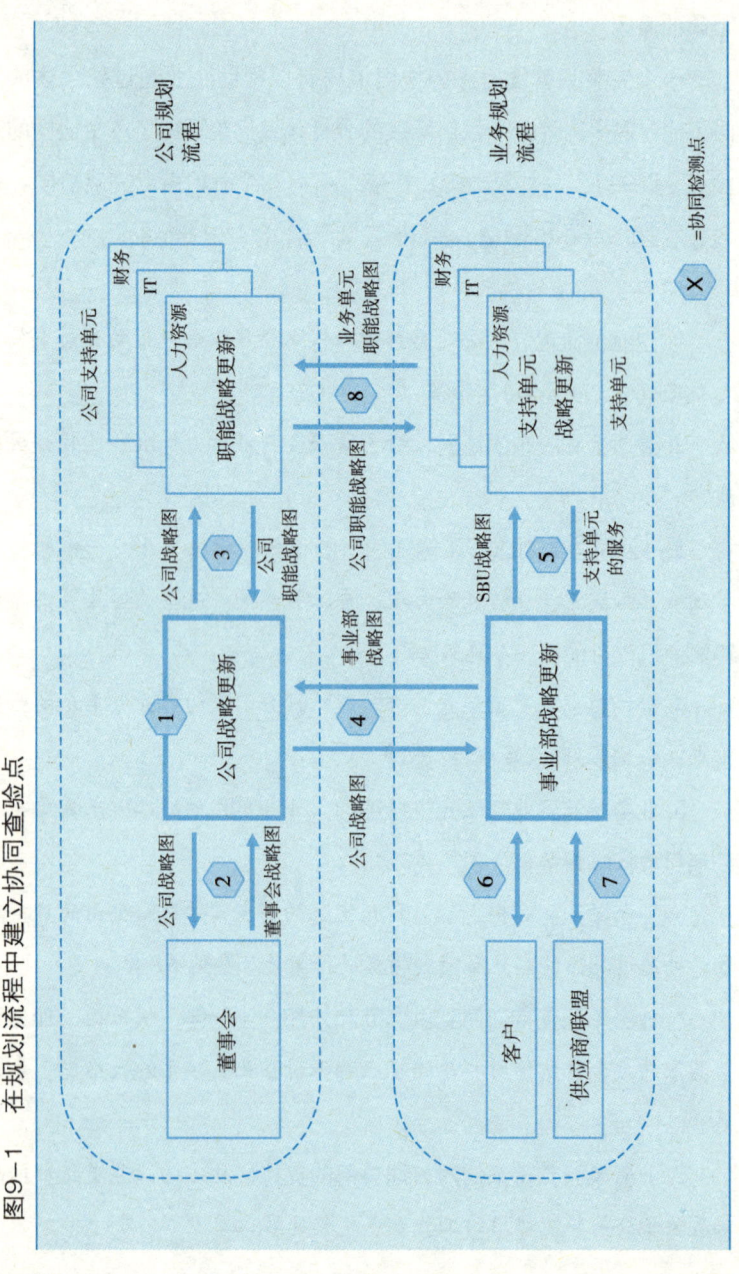

图9-1 在规划流程中建立协同查验点

协同流程的管理

让我们再来回顾一下前面数次提及的英格索兰公司有关公司协同的具体案例。英格索兰公司的新战略（图3-4）是将公司从一个产品导向的控股公司转变为跨越产品线经营模式，树立品牌和为客户提供解决方案的供应商。英格索兰新公司的价值定位正符合查验点1的要求。这一战略转变需要创造一个新的团队合作文化和知识共享的文化，获得新的能力以及新的领导力价值。这种文化的转变由公司的人力资源部门来推进，参见第5章内容。图5-10描述了英格索兰公司是如何达到查验点3的要求的：把公司战略落实到公司的人力资源战略，重点集中到领导力发展、跨部门的团队合作，以及个人目标和企业的新战略连接。在完成了公司层面的组织协同后，英格索兰公司人力资源部将它的战略目标模板分解到五个业务单元的人力资源部门，这就达到了查验点8的要求。这一流程使公司人力资源部和各业务单元人力资源部的战略重点保持一致。

英格索兰的各个业务单元均建立了各自的战略图。战略图反映"双重身份"的主题，既圆满完成自身业务，同时还要对公司级的战略主题作出贡献（图3-4），以满足查验点4的要求。英格索兰公司还运用公司年报的形式向公司董事会及股东沟通公司的新战略，这样就达到了查验点2的要求。由此，英格索兰公司达到了图9-1中上半部分的公司战略规划协同的5个查验点要求。

在整个组织协同过程中，最重要的环节在查验点4，即建立公司价值定位与业务单元战略的连接。许多组织采取了具体的行动来监控这一协同。在佳能公司的美国区，公司规划部制作了许多贴纸，将公司的六个主要业务单元和职能部门战略图中所有的目标都整理在这些贴纸上。然后把这些目标都贴到公司的战略图上，来看公司目标是否

组织协同

得到这些单元目标的支撑。接下来，规划部对这一结果进行分析，为什么有些目标得到了强支撑关系，而另一些只是弱支撑关系。通过这种方式，规划部不仅对协同进行监控，而且还明确了跨职能战略和跨业务单元与公司战略的结合点，从而在整个公司内建立具有相同价值观的团队。

在圣玛丽/杜卢氏医疗系统（St. Mary's/Duluth Clinic Health System）的战略规划过程中，负责战略协同的副总审核各业务单元和部门的战略图，以确保不同业务单元和部门之间的协同以及与公司战略的协同。在第4章中提及的东京三菱银行，在它的公司战略图中确立了一系列清晰的、贯穿于各业务单元的目标。这就为公司主管规划的领导提供了参考性意见，检查业务单元的战略是否与公司的战略主题协调一致，例如有关风险管理、降低成本之类的主题。

像这一类的公司都有一个总部层面的管理团队，借助一个明确的流程，确保业务单元的战略和公司的战略重点保持纵向一致，同时还确保内部各单元的战略形成横向的协同。

业务单元在战略推进过程中另外还有三个协同查验点。在第5章，我们介绍了查验点5如何通过战略职能部门的服务，将业务单元战略图上的重点分解为各支持部门具体的项目和行动方案。图5-3、图5-4和图5-5描述了Handleman公司如何在业务部门的战略和所需的人力资源的配合建立紧密的联系。

在第4章中，我们阐述了IBM培训部如何开发部门战略图，将培训和学习服务与业务单元的战略相连接。Handleman公司和IBM公司的案例都说明，公司应当按照协同查验点5的要求，采用明确的流程将关键的职能部门和业务单元的价值创造紧密地联系在一起。

协同流程的管理

企业还要引入具体的指标和流程来建立与客户及供应商的协同关系（查验点6和查验点7）。例如，在第8章中所谈及的罗克沃特公司与它10个最大的客户共同制定了计分卡，以明确每个客户关注的价值点。罗克沃特公司和客户一起季度性地对计分卡进行回顾，以进一步加强双方关系，并帮助罗克沃特公司成为行业领先者。在第1章里，SPI公司采购部（图1-7）运用了类似的结构，与提供零售店生产和配送产品服务的供应商建立了紧密的协同。

总之，公司、业务单元以及职能部门的规划流程帮助确定战略重点和资源的分配，并承担一项新任务：在组织内创建协同关系。组织可以通过把八个查验点的内容与规划流程结合在一起来创造协同。在完成了规划流程创建协同关系后，组织面临的下一个问题将是如何持续不断地管理和保持组织的协同。

管理和维持协同

不能衡量就不能管理。这是我们信奉的格言。我们创建了平衡计分卡，各类组织都可以用它来衡量进而有效管理，诸如客户获取、客户保留、新产品开发、员工能力发展等战略流程。如果我们希望对新的协同流程进行管理，我们就应该明确有关协同方面的衡量指标。

图9-2体现了如何为八个协同查验点开发协同指标。组织可以集中所有的指标，根据指标的重要程度决定权重，找到有可能产生效应的协同点，从而整合成一个组织协同的指数。

以上建议的应该是过程性指标，而不是结果性指标。而与此相应的结果指标，如达到六西格玛质量水平的业务单元比例、达成客

组织协同

户保留目标的业务单元比例等,应当出现在公司层面的计分卡里。这些过程性指标对协同流程的质量本身起监控作用。我们的协同理论预测,如果一个组织具有优异的协同流程,那么这个组织的结果性指标一定也会出现优异的业绩。

协同查验点的指标和子流程指标(图9-2)一起,很好地反映了协同流程需要达到的结果。如果将各个查验点指标填入协同图(图9-3),我们就能对协同的总体状况和主要问题有一个全面的了解。左上角的A是显示初始状态的一张空白图模板,将八个协同查验点分到三个区域:公司层面、业务单元层面和职能部门。其他的三个图示分别描述了组织在协同过程中会出现的一些典型问题。

右上角方格B代表的状况是:公司在协同方面具有高度的领导力,而下属业务和职能单元的执行力却存在不足。从图中可以看出,公司的战略已经确定,并转化为企业价值定位(查验点1),而且公司战略已得到了董事会的审阅与批准(查验点2)。公司的战略已落实到职能部门(查验点3),这为业务单元的支持部门提供了指导(查验点8)。公司也已通过一系列工作将企业价值定位中的战略重点转化到业务单元(查验点4),但各业务单元对此的重视不足,执行力度不够(查验点5、6、7)。显而易见,由于业务单元层面的执行力不足,公司的很多潜在收益都没有实现。

左下角的方格C描述的协同流程的特点是,公司和业务单元在协同流程方面都有很强的执行力,但支持单元的实施力比较弱。问题源于公司层面的连接较弱。公司没有强调要把战略重点落实到公司的支持部门(查验点3)。因此公司的支持部门也就没有把公司重点和各业务单元的支持部门进行沟通(查验点8)。结果就造成各业务单元的支

协同流程的管理

图9-2 衡量组织协同

组织协同：组织内不同单元、部门与公司价值定位协同吗？

协同查验点	子流程指标		指标值
① 公司价值定位	■ 公司价值定位明确 ■ 公司计分卡已制定	☑ ☑	100% 100%
② 董事会/股东协同	■ 通过公司战略规划与公司战略挂钩	☑	100%
③ 公司办公室和支持单元的协同	■ 公司支持单元与公司计分卡挂钩的比例	☑ 人力资源 ☑ IT ☑ 财务 ☑ 其他	100%
④ 公司办公室和业务单元的协同	■ 业务单元与公司挂钩的比例		100%
⑤ 业务单元和支持单元的协同	■ 业务单元和支持单元协同比例 — 计分卡挂钩 — 服务协议	40% 人力资源 ☑ IT 100% 财务	55%
⑥ 业务单元和客户的协同	■ 建立平衡计分卡或服务协议的关键客户比例		40%
⑦ 业务单元和供应商/联盟的协同	■ 建立平衡计分卡或服务协议的关键供应商的比例		30%
⑧ 业务支持单元和公司支持单元的协同	■ 业务支持单元与公司支持单元挂钩的比例	100% 人力资源 50% IT 80% 财务	80%

组织协同指数

× ×%

（组织可以根据自己在协同方面的侧重点，为这八个查验点的指标设置相应的权重）

（数据仅供参考）

图9-3 组织协同图

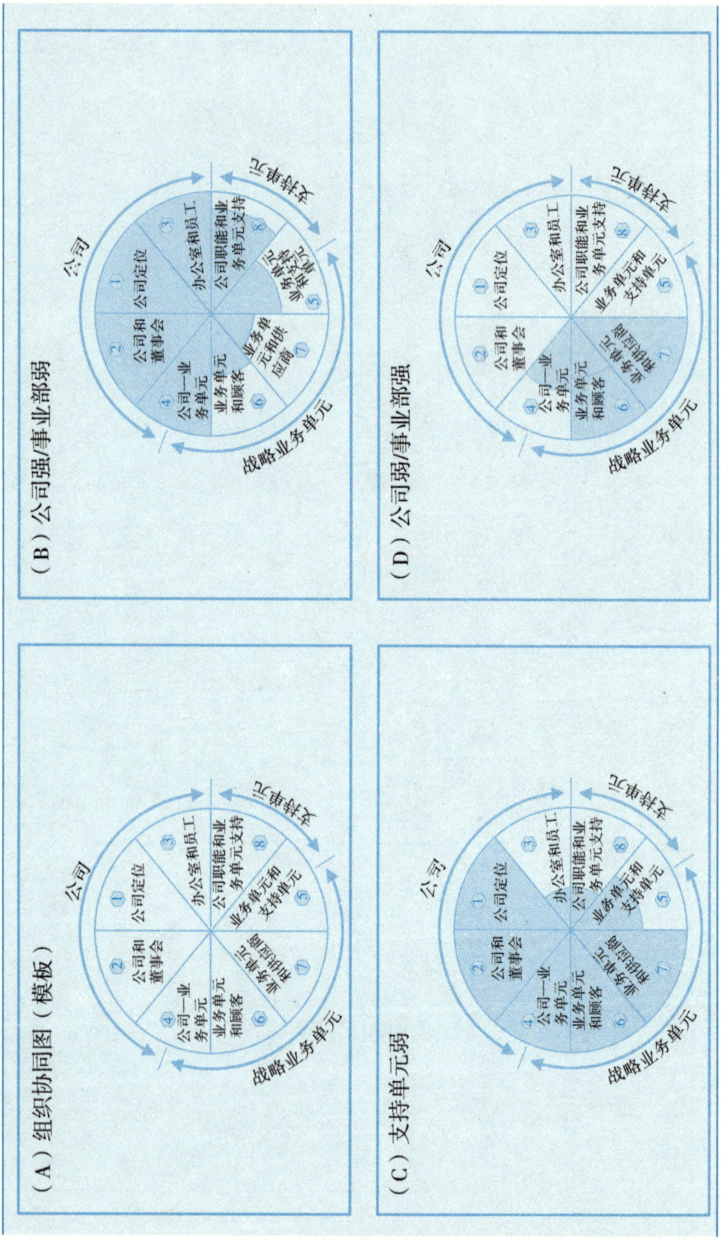
（A）组织协同图（模板）
（B）公司强/事业部弱
（C）支持单元弱
（D）公司弱/事业部强
公司
战略业务单元
支持单元
1 公司定位
2 公司和董事会
3 办公室和员工
4 公司—业务单元
5 业务单元和支持单元
6 业务单元和顾客
7 业务单元和供应商
8 公司职能和业务单元支持

持部门不能及时响应业务单元的需求,无法支持业务单元的战略。

右下角的方格D所代表的第四种情况,是平衡计分卡绩效管理项目在下属业务单元先行实施时经常会出现的情况。业务单元内部的协同做得非常好,与客户之间(查验点6)、供应商之间(查验点7)、支持部门(查验点5)之间都建立了紧密的联系。业务单元试图将其战略与它们所理解的公司战略进行结合,但是缺乏来自公司总部的有力领导和指导。此外它们还需要和其他业务单元的战略进行连接,并创造合力(查验点4)。因此它们下属的支持单元也同样苦于得不到公司支持单元的战略指导(查验点8)。

协同图以简单的图形体现了组织的协同状况,并且包含了企业所挑选的具体可操作的衡量指标,用以监控公司协同流程的状况。

责 任 制

管理组织协同流程的最后一项内容是责任制。就像财务总监负责预算流程,人力资源副总负责员工绩效管理流程一样,也要有一位高层管理者负责协同流程的运行。没有专人负责,协同就不可能产生。

有些组织已经开始为组织协同建立了责任制架构。JD Irving,一个价值数十亿美元的加拿大集团,就专门设立了一个职位——组织协同推进人,来帮助业务单元实施它们的变革项目。圣玛丽/杜卢氏门诊是位于美国明尼苏达州北部的一个提供卫生保健服务的组织,它们设立了一个战略协同副总的职位,负责指导组织战略的执行。通过设立这样一个职位,公司总裁传达了这样的信息:确保组织的协同对他来说是最重要的工作。加拿大血液中心(前身为加拿大红十字会)在

组织协同

平衡计分卡项目之初就设立了一个协同委员会,以确保公司战略和不同业务单元的战略整合一致。

第6章提到的东京三菱银行美洲区总部,它们引用了一个精细的框架,通过治理流程来创造协同。如图9-4所示,该银行的战略由六个战略主题组成:收入增长、风险管理、提高生产率、整合人力资本、提升财务业绩和客户满意度。

该行已经有八个委员会参与组织治理的许多方面(如图9-4第一行所示)。银行要求各委员会在完成各自传统职责的同时,还要监管它们各自所负责的战略主题。以信用风险委员会为例,它们要在月度例会上,讨论并执行财务和风险管理主题。在运营管理委员会的月度会议上,委员会成员要对客户、风险管理、生产率等主题进行监管。经营战略委员会则在每个季度对所有的六个战略主题进行回顾。通过将责任进行正式的分配,东京三菱银行美洲区总部成功地把协同和责任融入了各个核心管理委员会和流程中。

这些案例中的组织通过把责任分配给个人或者委员会,已经体现了协同流程的一些重要组成部分,是往正确方面的一个迈进,但是我们相信,协同和责任制必须融入年度要执行的所有关键管理流程中。

最近我们在实践中发现,一个新的角色正在组织中逐渐形成,这一角色就是要对战略执行进行全面综合的管理。已经设立这一角色的公司有:克莱斯勒集团、Crown Castle、美国军队和圣玛丽/杜卢氏门诊(St. Mary's/Duluth Clinic)。我们把这一新角色称为战略管理办公室(Office of Strategy Management)。办公室的组成人员往往就是平衡计分卡项目团队的人员。战略管理办公室代表了平衡计分卡的运用从阶段性的项目向持续的协同和治理流程的自然转变。[1]战略管理

协同流程的管理

图9-4 东京三菱银行美洲区总部的协同与责任表

主题 \ 委员会	经营战略委员会 季度	月度利润回顾 月度	运营管理委员会 月度	银行风险管理委员会 月度	信用风险管理委员会 月度	执法委员会 月度	IT指导委员会 月度	人力资源委员会 季度
财务	■	■						
客户			■					
收入增长			■					
风险管理				■	■	■	■	
提高生产率			■			■	■	
人力资本								■

- 各主要委员会的会议与组织的战略主题和目标清晰地连接在一起
- 主要管理会议的讨论重点都集中在计分卡的相关领域
- 所有相关问题都在季度经营战略委员会的会议上得到回顾和讨论

组织协同

办公室的一项核心任务就是管理协同流程,其具体职责如下。

组织协同

战略管理办公室要帮助整个企业对战略达成一致的认识,包括识别企业的合力,并推动组织实现合力。战略管理办公室还要协助组织的各个层面开发和分解平衡计分卡。它在协同流程方面的职责包括:

◆ 在企业计分卡层面,要定义出如何通过跨业务的整合来创造合力。

◆ 将业务单元的战略和计分卡与公司的战略进行连接。

◆ 将支持单元的战略和计分卡与业务单元以及公司的战略目标进行连接。

◆ 将外部伙伴,例如客户、供应商、合资企业、董事会等,与组织战略进行连接。

◆ 推动和安排高层管理团队审批各业务单元、支持单元和外部伙伴开发的计分卡。

和其他战略执行的流程一样,协同也是跨组织的。要有效地执行协同的流程,需要来自不同组织单元的个人紧密合作,密切配合。但这对于企业来说往往是个难题,因为大多数组织都没有一个专有部门来负责跨部门流程。组织都是按照业务单元或职能单元建立的,各单元独立运营。那些已经建立战略管理办公室的组织解决这个问题的办法就是专门设立一个小组来管理跨业务流程,其中包括协同流程,而这些流程对组织战略的成功执行至关重要。

小　　结

只要是两个不同的组织碰到一起——公司、业务单元、支持单元、客户或供应商——就有机会通过协同来创造价值。企业价值定位以及战略图和平衡计分卡的分解流程正是释放并捕获这种价值的机制。

协同要求跨组织的合作，因此对协同的流程必须进行前瞻式管理，最好是由专门负责协同成功执行的某个人或组织单元来进行管理。战略管理办公室的任务之一就是为组织的协同流程分配职责和指定责任人，它们可以协调多个计划流程，并至少每年一次确保所有的协同查验点都得到实现。

整体战略协同

组织协同

平衡计分卡自1992年诞生以来不断改进提升,已经发展成为企业战略执行管理系统。该方法的效力源自两种简单的能力:(1)清晰描述战略的能力(这是战略图的贡献);(2)将战略与管理系统进行连接的能力(这是平衡计分卡的贡献)。最终的结果是实现组织所有业务单元、流程和系统与其战略的协同。

图10-1阐述了战略执行的简单管理框架。该方法在质量运动中引入了戴明环这一传统的、目标导向的"计划—执行—检查—行动"闭环流程,并加入了许多重要的特点。[1]

- ◆ 明确了管理系统的核心是战略,而不是"质量"。
- ◆ 明确协同是管理流程的一个组成部分。执行战略需要最高层面的整合和各组织单元与流程间的合作。
- ◆ 领导力是成功执行战略的重要条件。管理战略与管理变革具有相同的意思。没有强大的执行力,建设性的变革只能是一纸空文。

整体战略协同的核心思想是管理系统必须以战略为中心。一旦战略被明确界定了,管理流程的所有组成部分就可以通过设计实现协同。如图10-2所示,组织协同由四部分组成:战略协调、组织协同、人力资本协同以及计划和控制系统协同。下面我们依次对各个组成部分进行介绍。

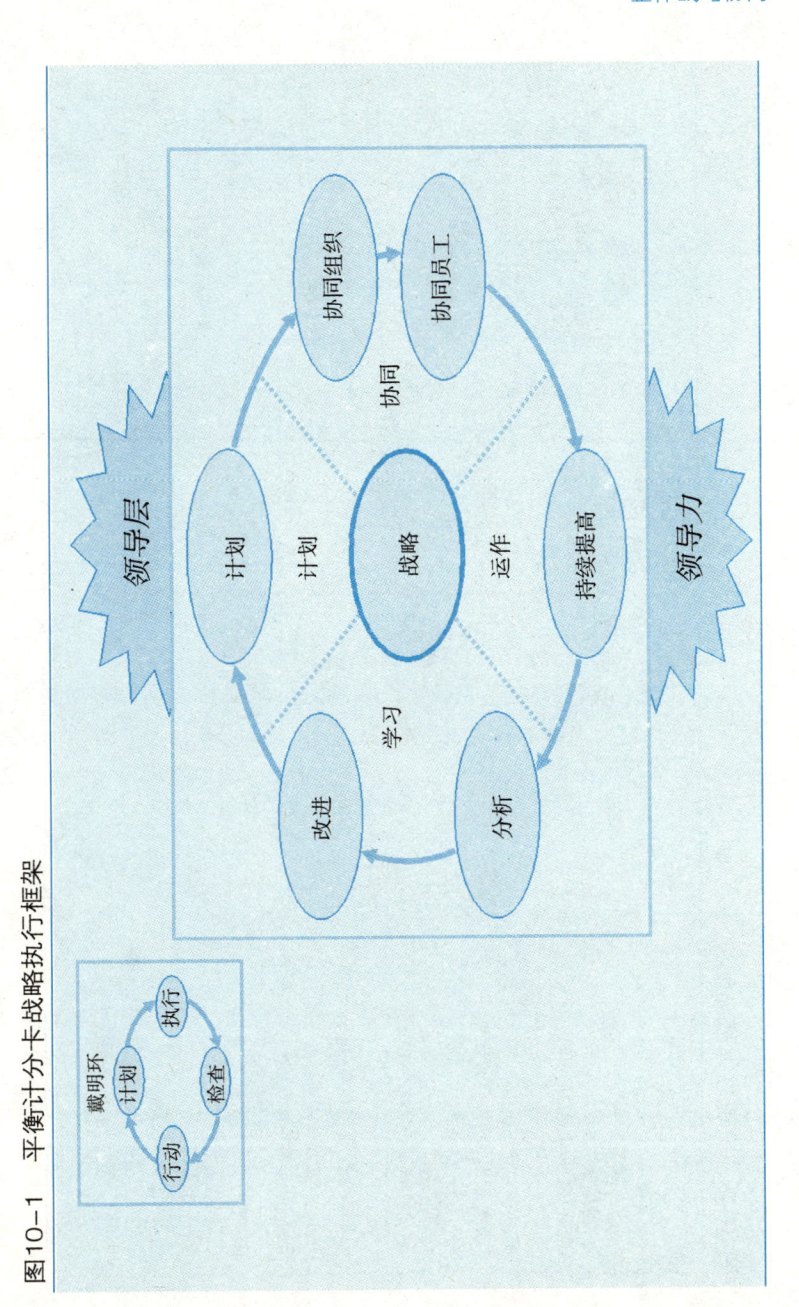

整体战略协同

图10—1 平衡计分卡战略执行框架

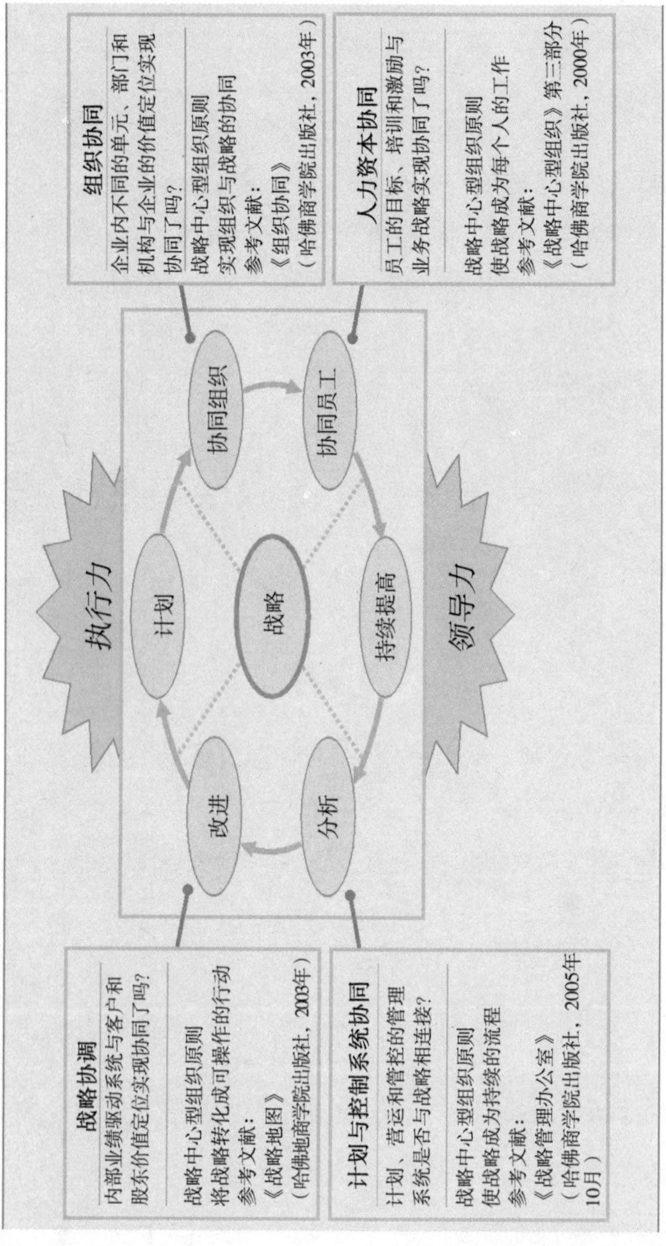

组织协同

图10-2 实现总体战略协同

组织协同

企业内不同的单元、部门和机构与企业的价值定位实现协同了吗?

战略中心型组织实现组织与战略的协同原则

参考文献：
《组织协同》
(哈佛商学院出版社,2003年)

人力资本协同

员工的目标、培训和激励与业务战略实现协同了吗?

战略中心型组织使战略成为每个人的工作原则

参考文献：
《战略中心型组织》第三部分
(哈佛商学院出版社,2000年)

战略协调

内部业绩驱动系统与客户和股东价值定位实现协同了吗?

战略中心型组织原则将战略转化成可操作的行动

参考文献：
《战略地图》
(哈佛地图出版社,2003年)

计划与控制系统协同

计划、营运和管控的管理系统是否与战略相连接?

战略中心型组织原则使战略成为持续的流程

参考文献：
《战略管理办公室》
(哈佛管理学院出版社,2005年10月)

执行力　领导力

战略 — 协同组织 — 协同员工 — 持续提高 — 分析 — 改进 — 计划

战略协调

战略由一系列具有强大影响力的活动所组成，这些活动最终通过管理系统、配置资源来形成合力。我们可以通过一系列具体的目标和行动方案对战略进行描述。战略协调是迈克尔·波特提出来的一个概念，指的是在战略执行的不同阶段中，实现行动的内部一致性。[2]当内部业绩驱动系统保持一致性，并且与客户需求和财务结果实现了协同时，就达成了战略协调。在我们以前的作品中大量阐述的战略图就提供了这样一种机制，该机制可以清晰界定并衡量内部流程、人员和技术与客户价值定位、客户和股东目标的内部协同。[3]

组织协同

这本书的标题——组织协同，探究了组织的不同组成部分如何协调其行动以实现整合和合力。战略图和平衡计分卡为战略执行提供了一种机制，用来描述每个层面的战略并且实现不同层面之间的沟通。它们也衡量各单元间为了完成公司目标需要的合作程度。

人力资本协同

战略是在高层形成的，但是必须贯彻到基层——通过操作工、呼叫中心员工、送货的卡车司机、销售员和工程师，才能得以实现。如果员工不理解战略或者没有动力去实现战略，企业的战略注定会失败。当员工的目标、培训、激励与业务战略实现协同时，人力资本就

组织协同

实现了协同。

计划与控制系统协同

组织的计划、运作和控制流程可以实现资源配置、驱动员工行为、监控业绩表现并能够在需要的时候对战略进行调整。尽管企业开发了好的战略并实现了组织单元和员工的协同，管理系统如果协同无效则会抑制战略的有效执行。当计划、运作和管控等管理系统实现了同战略的连接，计划和管控系统就实现了协同。

前一本书《战略地图》和这本书深刻阐述了前两种协同方式：战略协调与组织协同。为了提供一个完整的协同蓝图，我们对余下的两种协同方式进行简短地阐述作为本书的结束：人力资本协同与管控系统协同。

人力资本协同

除非员工个人致力于帮助企业和单元实现战略目标，否则协同计划不会产生任何成果。人力资本协同流程必须获得所有员工对于成功执行战略的承诺。

心理学家发现了两种激励人的力量。内在激励产生于人们从事自己有兴趣的活动过程中。他们乐于从事这些活动，这些活动可以给他们带来满足感并产生他们重视的成果。外部激励来自于"胡萝卜"，即获取外部报酬，或者"大棒"，即避免产生负面结果。积极的报酬包括赞扬、提升和财务激励。负面结果的威胁同样可以形成激励，员工会努力去避免受到管理者的批评，由于未达成一个共同目标带来的威信损失，或者由此丢掉职位或工作。

内在激励通常在富有创业创新精神和能创造性地解决问题的人员身上更容易奏效；与只受外部报酬或结果激励的员工不同，受内在激励的员工在其周围的环境中考虑更广的可能性，探索更多的选择机会，更多地与同事分享知识，更加关注复杂的事物、矛盾的情况和长期结果。外部激励使员工关注如何获得奖励或避免惩罚。受外部激励的员工往往不怀疑用来评价他们业绩的指标。他们假设高层管理者采用的是正确的衡量指标，他们的工作就是推动指标朝着期望的方向努力，实现管理者为指标设立的目标值。

尽管心理学家通常提倡内在激励而不是外部激励，但企业发现这两种激励力量是互为补充的而不是互相抵触的。事实上，业绩优异的企业采用两种力量成功实现员工和组织协同。

沟通与教育形成内在激励

本书开篇我们用了一个暗喻，即划艇运动员在波士顿和剑桥之间的查尔斯河中竞赛时试图实现良好的配合。这些人为了赢得竞争作出了巨大的牺牲。每个寒冷的清晨，他们早早起床进行训练。每天要花几个小时在这项活动上。那么他们得到多少回报呢？什么都没有。运动员作出牺牲与努力是因为他们喜欢和队友一起为竞赛进行准备并争取胜利。可以想象，如果能够让员工得到类似的激励，企业必将释放出活力——无论是个人还是在团队都努力工作，帮助企业在全球竞争中成为最强的一个。

领导者通过激发员工为一个对世界作出积极贡献的成功企业工

组织协同

作，可以产生内在激励的力量。员工希望其投入大量时间为之工作的组织，是一个能让他们感到骄傲的组织。员工需要理解组织的成功在于不仅仅使股东受益，而且客户、供应商以及企业所处的社会也会受益。员工需要感觉到他们的组织在高效地运作，因为没有人喜欢为一个失败的、业绩差的企业工作。他们需要确保组织在追求自身使命的过程中不会浪费资源。组织运作不佳，官僚体制造成的决策障碍，还有由于部门本位主义导致的思想狭隘和各种争斗，这些是每个人都可以看到的并且能使所有员工士气受挫。

在员工中进行愿景、使命和战略的沟通是产生内在激励的第一步，管理者可以利用战略图和平衡计分卡进行战略沟通——组织希望达成哪些目标以及如何去取得战略成果。平衡计分卡财务和客户维度的目标和指标阐述了公司的资金提供者（股东和客户，对非营利和公共服务组织来说是捐赠人和委托人）希望获得的经营成果。内部和学习与成长维度的目标和指标阐述了员工、供应商和技术能力如何围绕关键流程为客户和股东提供创造独特的价值，同时满足社会对我们的企业的期望。对所有的目标和指标的综合体现了组织创造价值的过程。

与组织中的每个人进行战略沟通的新方式是：描述企业如何创造长期价值以及个人怎样为组织的目标作贡献。此时，个人不再局限于狭隘的、限制性的工作描述，这种工作描述是一个世纪前科学管理运动遗留下来的。现在人们每天都可以探讨如何以不同的方式更好地工作，帮助推进组织成功，同时实现个人目标。

和组织目标协同的新信息、思想和行动来源于组织所有的前端与后台部门。员工在理解组织要取得的目标以及自己如何作出贡献后能够产生强大的动力。组织单元——事业部、部门、支持单元和共享服务单元,理解了自身在整体战略中的位置以及如何通过自身和与其他单元的合作创造价值。

领导者的沟通非常关键。缺乏有效的领导,员工就失去了方向。与我们进行研讨时,管理者都说他们无法充分沟通战略;有效的沟通是平衡计分卡成功实施的关键。一位总裁告诉我们,如果让他写本书描述他如何成功改革一个大型保险公司,他一定会写一章关于平衡计分卡的内容,因为平衡计分卡在改革中起到了无法估量的作用。而且他会用五个章节来叙述关于沟通的内容,因为他大多数时间都是用来与业务单元的领导、前台和后台办公室的员工、关键供应商,如保险经纪人和代理进行沟通和交流。

管理者在报告中说他们必须用七种不同的方式进行七次沟通。通常他们采取多种沟通渠道传达信息:演讲、新闻报道、手册、公告、互动会议、企业内网、月度会议、培训项目以及在线教育课程等。

运用外部激励进行强化和奖励

外部激励能够巩固战略信息。最成功地实施平衡计分卡的组织都能够熟练地综合运用内部与外部激励。组织由于员工的努力获得了成功,那么组织应该和员工分享增加的价值。

相当多的企业仅仅依赖外部激励,最终,平衡计分卡实施没有成功。它们只是对薪酬体系进行了调整,增加了非财务方面的指标——客户、流程、学习和成长,再加上传统的财务指标。但是新的薪酬体系也还只是一个指标清单,而并不是一个新战略的反映。管理者没有就为什么要设置这些指标进行沟通,也没有将指标融入到统一的战略

组织协同

框架中,没有采用像战略图这种方式,将平衡计分卡的四个维度的战略目标和指标连接起来。

组织主要使用两个主要的工具进行外部激励。首先,实现员工个人目标与战略的一致,有些企业甚至建立了个人计分卡。当然为个人设立目标不是什么新鲜事。目标管理在几十年前就开始使用了。但是目标管理与在平衡计分卡指导下设立员工目标有很大的不同。传统目标管理系统的目标建立在单个的组织单元结构内,强化的是狭窄的、职能角度的思维。相反,当员工通过沟通、教育和培训开始理解本单元和企业战略的时候,他们就能开发出跨职能的、更长期的、更战略性的个人目标。每年,员工会在上级和人力资源专业人士的帮助下设置他们的个人战略目标。有些企业鼓励员工开发个人平衡计分卡,并设定成本改善和提高收入方面的目标值,提高内外部客户方面的业绩,改进一两个实现客户和财务价值的流程,提高个人技能促进流程改进。

当企业将奖金与计分卡指标进行连接的时候,第二种外部激励的力量就会得以释放。要按照战略的要求和计分卡的内容改变和协同组织的行为时,组织需要通过奖金推动变革。当平衡计分卡指标与奖金挂钩时,管理者会发现员工对战略细节的关注明显增强。

不同组织的奖金计划差异很大。然而这些计划通常需要包括个人、本单位以及公司方面的内容。仅根据本单位和公司业绩考虑奖金的计划体现了团队工作和知识分享的重要性,但同时也会造成个人推卸责任和随意处理问题现象。仅凭个人业绩进行奖励的奖金计划很大程度上会激励员工去提高个人业绩指标,但是同时也会抑制团队合作、知识共享以及员工在直接责任和控制之外的工作提出改进建议。

所以典型的激励计划包括两到三种奖励方式：（1）基于每年设定的员工个人目标的个人奖励；（2）基于员工所在单位业绩的奖励；以及（3）基于利润中心或公司的业绩奖励。

经常有人会问如何为平衡计分卡的指标设置权重。这类问题的提出可能意味着这些组织可能并没有真正理解平衡计分卡管理体系。它们仅通过调整奖金计划将平衡计分卡用于简单的外部激励，试图改变薪酬计划，但是却忽视了平衡计分卡更重要的方面，那就是通过战略的制定和沟通，形成员工的内在激励。当把计分卡与薪酬进行挂钩时（也只有在这个时候），不管怎么说，需要设置权重以便把多维的平衡计分卡简化为单维度的现金激励。

组织基于其业务的性质和短期内的工作重点来决定权重。当企业需要在短时间内提高员工能力和改进流程，并且提升财务业绩时，财务指标的权重会高一些。当组织通过改革、人力资源开发和客户数据库建立等活动创造长期价值时，内部流程和学习与成长维度的指标应该有更高的权重。如果企业存在质量方面的问题，那么其流程改进方面的权重相对高一些；如果存在客户忠诚度问题，那么客户满意度和保留率方面的权重会高一些。如果企业的战略需要迅速配置新的信息技术或者对员工进行大规模培训，那么这些指标在当年的权重要高一些，以突出其对下一年业绩目标的实现的重要性。如果迫切需要降低成本，那么与流程改进和生产力相关的指标就将被赋予高权重。因此，尽管年与年之间指标会保持相对一致性，但是基于短期重点工作，每年奖金计划中指标采用的相关权重会有所不同。

然而我们知道，如果企业财务业绩很差，尽管客户、流程和员工维度的业绩很好，还是不大适合分发奖金。由于外部因素的影响，如

组织协同

经济或行业滑坡，宏观环境如汇率、利率和能源价格等意想不到的变化，或者行业中的激烈竞争，都会导致短期内财务业绩不理想。不管是什么原因，奖金必须以现金方式发放，在企业财务状况出现问题时不发奖金可能更合适。

出于对上述因素的考虑，企业可以在发放奖金之前设定一个最低的财务底线。通过销售利润率，最低资本回报率，或者经济增加值等方式进行计算。一旦业绩超出财务底线，超额的一部分就可以划入奖金池中，实际奖金发放是基于平衡计分卡表现，而其中三个非财务维度的指标占主要的权重。

最佳实践案例：联合银行

联合银行（Unibanco），总资产达230多亿美元，是巴西第五大银行和第三大私营企业。联合银行于2000年启动平衡计分卡项目，建立了企业计分卡和四个主要事业部的计分卡：保险与退休金、零售、批发和资产（财富）管理。

2001年，公司高层开展了一场沟通活动，向所有27 000名员工宣传新战略及相应的管理方法。联合银行邀请巴西著名的从事帆船环球航行的斯格曼（Schurman）家族向不同银行网点的2 000名管理者发表了题为"我们同舟共济"的演讲，强调每个成员必须清楚航行的目的以及应该作出怎样的贡献使它成功实现目标。

关于Painel de Gestao（管理小组）的广告和文章及相关指标被公布在企业内网首页和内部网络电视上，同时也出现在每月的内部杂志和发给每个管理者的私人邮件上。这项"成功航行"活动计分卡概念在员工当中深入人心，并使他们明白每天的工作对于企业战略成功

整体战略协同

的影响是什么。

2002年，联合银行对现有的员工管理工具，也就是员工和管理者之间的业绩合同进行适当调整后加强外部激励。修改后的业绩合同的第一页（图10-3）描述了事业部和银行的战略主题。接下来是员工与上级一起建立个人的业绩合同（图10-4），并且将它与单元以及银行的战略主题协同起来。业绩合同包括了员工在平衡计分卡四个维度中的目标，每个目标都是从单元和公司的一个或多个战略主题中演变出来的。

例如，一个市场部员工协助进行新客户开发方面的工作。将会采用一个新客户全生命周期价值方面的财务目标。如果一个员工的产出成果是由银行的其他单元所使用，那么为其他单元提供的价值就应当成为他的客户方面的目标。至于业绩合同中的学习与成长目标，人力资源部门需要帮助员工确定他们需要哪些方面的能力（知识、技能和行为）去实现业绩合同中其他三个维度的目标。

当业绩合同的方式已深入到每个员工的认识并成为奖金计划的一部分以后，联合银行采用了第二项外部激励工具。联合银行以前的薪酬体系是根据每个业务单元的财务业绩将所有奖金都分配到各业务单元。联合银行对这个体系进行了修改，增加了两个因素（图10-5）。根据本单元平衡计分卡中领先（非财务）指标的完成情况按一定的比例增加或减少"奖金池"；同时根据企业整体业绩按一定的比例增加或减少"奖金池"。通过增加公司业绩作为奖金的因素，使员工关注银行的整体业绩，而不是仅仅关注自己所在部门的业绩。

然后在2004年，通过开展一项新的"2—10—20"沟通活动，联合银行再次强化了内在激励。企业设立了如下目标：到2006年公司成

组织协同

图10-3 联合银行管理合同

示例

姓名：
区域：
职能：
评分者：

CIF：
周期：

概念：

合计（1+2）：

联合银行战略主题

- 大力寻求规模扩张的机会
- 持续实现效率最大化
- 人力资本管理最优
- 信用和应收款周期的有效控制

贵单元的战略主题

贵部门的目标

整体战略协同

图 10—4 联合银行的个人目标设置

示例

工作计划					
本年度的目标	%	自我评分	经理评分	最终评分
					总计

入员与将来
产品渠道
能力
顾客

组织协同

立80周年时,实现收入20亿,净资产100亿,净资产回报率达到20%。沟通项目到处宣传"2—10—20"口号,甚至出现在电梯显示器上。

图10-5 联合银行:员工薪酬体系

基于平衡计分卡的薪酬计划

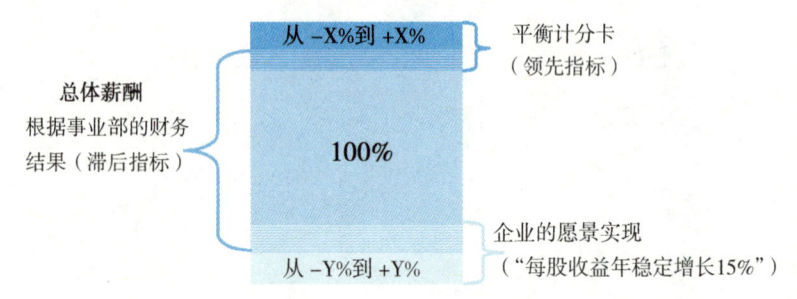

总体薪酬
根据事业部的财务结果(滞后指标)

从 -X%到 +X% —— 平衡计分卡(领先指标)

100%

从 -Y%到 +Y% —— 企业的愿景实现("每股收益年稳定增长15%")

企业鼓励员工理解个人行为如何带来业绩成果。每月出版的内部杂志都会选取最佳事迹对在关键业绩指标上取得显著成绩的个人和团队进行祝贺。每年,联合银行为战略主题取得突破性成果的行动方案提供总裁奖。

从1999年至2004年,联合银行员工"对企业使命与愿景的理解"从72%提高到83%。每股收益从1999年的5.57美元增长到2004年的9.45美元,并有望在未来实现持续的大幅增长(实现"2—10—20"目标)。

开发员工能力

如果组织要实现员工与战略的协同,还需要最后一个步骤。员工必须提升技能、知识和行为——我们称之为员工能力——这些能力使他们在为客户和股东创造价值的关键流程中获得明显的进步。

我们在其他著作中描述了如何识别战略岗位群，这些岗位群对于战略执行中的关键流程具有最重要的影响。[4]必须将重要的资源投入到提高战略岗位群的员工能力方面。除了战略岗位群之外，员工也拥有个人目标需要实现，所有的员工都要有个人发展规划，这将帮助他们获得必需的技能、知识和行为，帮助员工实现其个人目标。事实上，战略执行的整体起点就是用实现个人目标所需的能力来武装员工。这些个人目标关系到流程改进、客户忠诚度，并最终和出色的财务业绩紧密相关。

最佳实践案例：科凯国际

总部位于克利夫兰市的科凯国际（KeyCorp）是美国最大的金融财务服务公司之一，拥有900多亿美元的资产，员工人数超过19 000人。科凯国际为全美的个人和企业提供投资管理、零售和商业银行、消费理财、投融资服务，相当大一部分业务在世界范围内开展。

科凯国际的平衡计分卡项目遵循传统的分解流程（图10-6）。2002年，在新任总裁亨利·迈耶的领导下，企业开发的战略图和平衡计分卡四个维度都包括战略主题：拥有为科凯自豪的和认同科凯价值观的员工（员工）；通过优异的执行使科凯国际的整体能力得到最大发挥，从而提升客户关系（内部），成为客户可信的顾问（客户），最终提高股东价值（财务）。[5]

由战略规划部执行副总裁（EVP）米歇尔·瑟瑞尼（Michele Seyranian）领导的平衡计分卡团队，将科凯国际高层面的战略主题和目标分解到当时的三个主要业务线：大消费类客户者银行（KCB）、

组织协同

图10-6 科凯国际分解企业和业务单元的目标到员工

设计级别		设计方法	指标导向定位	关键利益相关者
I	公司	完整计分卡	组织业绩	高层管理
II	业务群 KCB、KCIB、KCP	完整计分卡	群体业绩	管理者
III	KCB LOB'S: RB, BB, KAF, KER, KRL, KHE KCIB LOB'S: IB, CRE, BCM, EF, GTM, SF KIMS LOB'S: MFG, VCM	完整计分卡	外部价值定位管理	LOB 领导者
IV	支持群 HR、IT、FIN、MKT、OP	完整计分卡	内部价值定位管理	支持部门管理者
V	职能或运作群 / 职能或运作群 / 职能或运作群	计分卡矩阵	运作效率和效用	LOB/支持部门管理者
VI	团队或个人 / 团队或个人 / 团队或个人	计分卡矩阵	个人业绩和奖励	员工

整体战略协同

大企业和投资银行（KCIB）、重要资本合作伙伴（KCP）（经纪人、投资银行业和资产管理）。然后将第二层面的计分卡分解到第三层面（15个业务线）和第四层面（5个企业支持团队：人力资源、信息技术、财务、市场和运营）。然后将战略目标进一步分解到第五层面（每个业务线的职能或运营团队）。从第一层面企业计分卡分解到第五层面职能和运营团队计分卡分解项目到2002年结束。

最后一个阶段是将计分卡分解到员工的层面，也是第六层面，实现了个人业绩目标和报酬与科凯国际的战略主题和目标的协同。他们在KCIB层面的协同工作中出现了一个特别的挑战，需要将其传统的企业银行业务和最近并购的投资银行业务进行整合。企业银行人员与投资银行人员存在很大的文化差异，而且来自两个团队的员工必须学会如何去合作以实现对客户的无缝销售。

KCIB的总裁汤姆·邦（Tom Bunn）与人力资源主管苏珊·布洛克特（Susan Brockett）一起领导了一个项目团队，目的是使公司能够围绕KCIB战略实现聚焦、协同和责任到位。改革工作的一项重要组成部分是界定在新组建的组织中，哪些岗位是对企业的最终业绩成果有重大影响的。小组首先制定了一张清单，包括每个关键岗位需要的技能和能力，以及每个岗位需要在哪些方面提升，以弥补在基础销售、客户管理、职能履行、产品和技术技能等方面的不足。针对每个岗位，小组确定了员工在新的业务模式下所必需的技能，从而使新的业务模式结合了企业银行和投资银行的功能（图10-7）。

例如，行业领导和资深银行家需要成为以下领域的专家并在这些方面指导他人——如何识别潜在客户、竞争性评估、演示技能和指导如何开发客户。相反，初级银行人员需要具备以上领域操作层面的技

组织协同

图10—7 示例：界定科凯国际的知识水平

技能能力—销售	行业领导 知识水平			资深银行家 知识水平			初级银行家 知识水平			助理 知识水平		
	E	W	L	E	W	L	E	W	L	E	W	L
谈判（后端流程）		X			X		X					X
识别潜在客户和进行初选	X			X				X				
识别潜在客户和进行初选（研究）								X			X	
定价（流程和市场知识）/包括价格制定和推销		X		X				X				X
开发潜在的机构客户（外部）	X			X				X				X
竞争势态（了解还有哪些人参与竞争）	X			X				X				X
演示（概念和制作）	X			X				X				

图例：E：可以指导他人
W：完全胜任——可以独立操作
L：有限的——可能需要支持

能，但需要专家进行谈判并完成交易，而这些交易最初也是由银行家和行业领导发现并进行销售的。

项目小组确定了能够使所有员工具备岗位能力要求的培训课程，并且跟踪在不同的培训课程中员工的参与情况和表现。科凯集团很快看到了将全面能力开发项目和关键战略目标连接的效果。与以前的培训不同，现在科凯集团的培训课程的参加率每次都是百分之百。员工的反馈是这样的："我从培训课程学到的知识在工作中能马上学以致用……下一次关于某某技能的培训什么时候开始？……总体来说，培训和我的工作是紧密结合的。"

员工开发高级副总裁赖莎·埃文斯（Lesa Evans）领导了员工全面能力开发项目的设计。各业务线的领导积极地全程参与了需求评定、项目设计以及将课程和员工个人发展规划的连接等工作。因为这项努力，赖莎被提名并获得了董事长杰出业绩贡献奖。颁奖的时候，她得到150多位科凯国际的高层管理者长时间的鼓掌欢呼。

自2002年KCIB成立，银行就致力于提升其银行人员的全面技能，从而建立与客户综合的一站式联系。KCIB的投资回报率提高到了28.8%（2002年是12.5%，2005年提高到16.1%）。新的业务模式正在产生效益，收入增长了，利润也提高了。2004年KCIB年收入达到4.86亿美元，比2003年的3.58亿美元提高了将近36%。

协同计划、运作与控制系统

协同工作的最后一部分内容涉及计划、运作和管控系统。[6]这些管理系统帮助管理者理清发展方向、配置资源、指导行动、监控结果

组织协同

和按要求调整方向。如图10-8所示，计划、运作和管控等活动形成了以组织战略为核心的闭环式、目标导向的流程。我们对成功组织的方法进行了研究后，确定了几种最佳管理实践（见后面图表的注释与描述）。

计划流程

战略图使组织能够阐明其战略的逻辑性， 明确定义股东、客户、员工和流程方面的战略目标并形成了一系列的因果关系。除了定义和描述战略，管理者必须对执行战略所需的资源供应进行计划。我们发现了三种计划方面的最佳管理实践：行动方案计划、统一的人力资源与IT计划以及和预算连接的计划。

行动方案计划

行动方案是有时间限制的特殊项目，它的作用是通过实现特定的变革、创造战略能力、改进流程或者提高组织业绩来推动战略的达成。行动方案可以帮助企业消除平衡计分卡指标的目标值和实际结果之间的差距。同时也可以产生一系列的战略性收益，为未来战略性投资提供依据。

行动方案计划由两步组成。第一步，筛选，对当前所有行动方案进行回顾和评价，只保留那些对具体的战略绩效有直接支撑作用的。这一步确定了组织需要做什么。第二步，管理者定期为行动方案制定建立统一的资源和执行计划，而这些行动方案可以帮助企业消除所有绩效差距。 这一步骤是对第一步实际操作方面的说明，回答了这样一个问题： "我们的资源能够支撑多少个筛选出的合适的行动方

整体战略协同

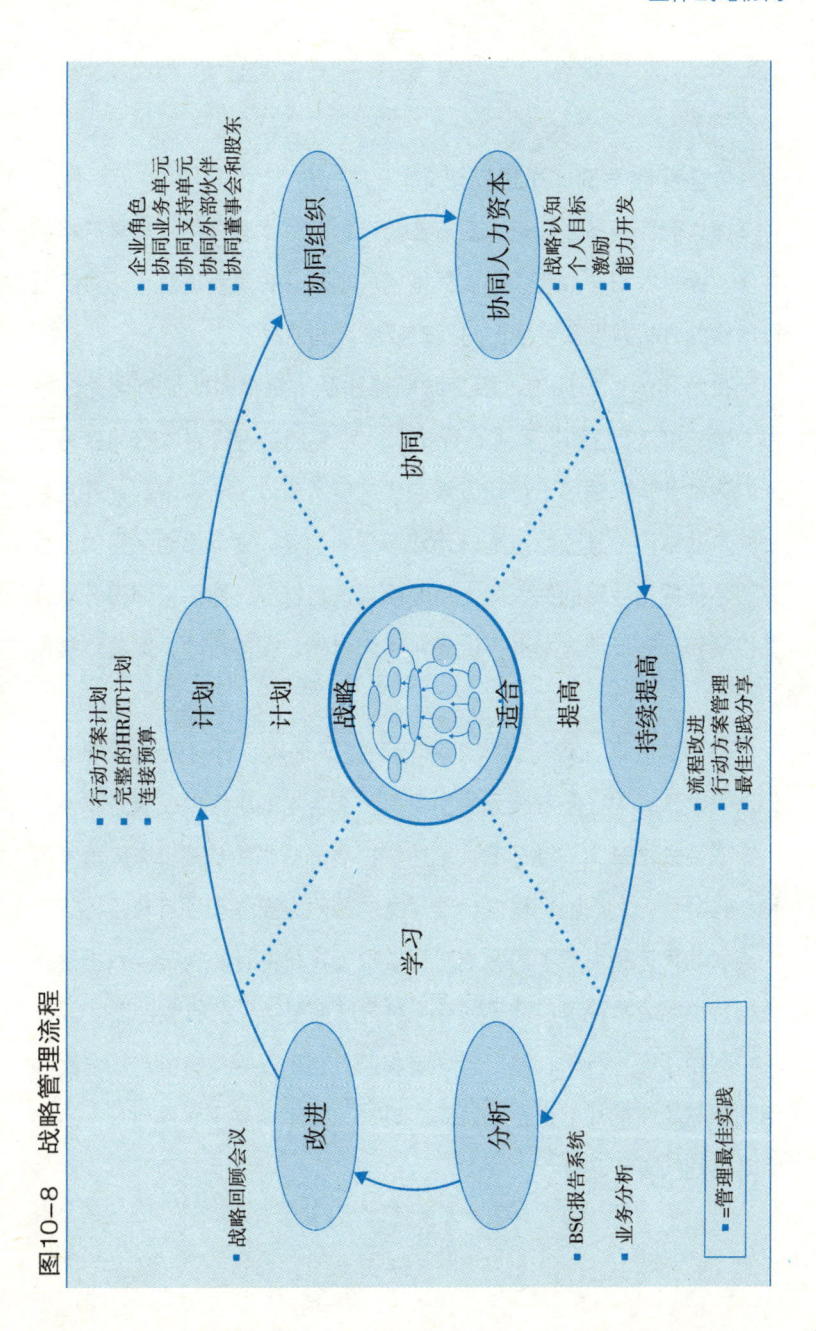

图10-8 战略管理流程

- 企业角色
- 协同业务单元
- 协同支持单元
- 协同外部伙伴
- 协同董事会和股东

协同组织 → 协同人力资本

- 战略认知
- 个人目标
- 激励
- 能力开发

协同

- 行动方案计划
- 完整的HR/IT计划
- 连接预算

计划

计划 ← 战略 → 适合 → 提高

持续提高
- 流程改进
- 行动方案管理
- 最佳实践分享

学习

改进 ← 分析

- 战略回顾会议

- BSC报告系统
- 业务分析

□ =管理最佳实践

组织协同

案?"

最佳实践案例：布里斯班市

澳大利亚的布里斯班市政府在筛选行动方案时采用了一套严格的方法。通过找出与战略关联度最紧密的项目，布里斯班对行动方案进行严格的分析并且了解他们同战略成果之间的关系。

在每年的计划期内，多个跨职能团队（每个团队都有全面的能力）要对400个行动方案进行评价，决定它们是否符合本市的战略需要。这种分析仅适用于行动方案的实施成本超过了一定限制，并且单个的市政部门在其预算范围内无法承受的项目。项目小组采用的分析方法是根据与战略的关联度为每个项目进行打分，然后根据得分对众多提案和现有行动方案进行优先排序。当然，很多行动方案最终被剔除了。

不同的团队在评价流程中对行动方案采用了针对性的标准。比如，一个预算为一千万美元的项目，拟在当地的小河中设置滤水池，小组成员关注三个关键标准，包括"提高水质"和"减少有害植物群和动物群"。之后他们根据标准本身的相对重要性和项目对目标达成（美丽的河流和海湾）的影响对标准进行评价并计算得分。根据这些数据，小组成员就可以计算项目（对达成期望结果）的适合程度了。

利用平衡计分卡，高层管理者将所有得到预算支持的行动方案和活动都与组织的战略进行了协同。这样，组织建立了愿景与日常运营活动之间的重要连接。

整体战略协同

统一的人力资源与IT计划

像人力资本和信息资本这样的无形资产，只有在和战略联系时才真正地体现出价值。因此，人力资源和信息技术方面的计划应该与组织的战略规划相统一。以下的三个步骤实现了人力资源和IT计划与组织战略的协同：

1. 确定组织需要哪些无形资产来支持战略图中的内部流程。
2. 评估这些资产的战略准备度（为了支持组织战略，这些资产的准备程度如何）。
3. 如果无形资产当前的准备度水平与战略有效执行所要求的水平之间存在着差距，就要开发指标并制定目标值来对差距进行跟踪。

最佳实践案例：布里斯班市（IT计划协同）

布里斯班市政府想要使所有员工了解战略信息。它建立了一个个性化的软件和数据库来显示所有的计分卡、业绩信息和目标与指标的状况。

有了这样的详细报告信息，市政府就可以实现IT投资和城市战略目标间的紧密协同。它们把IT项目与战略紧密挂钩，那些与战略不符的项目需要重新评估。布里斯班市改变了IT规划方式，它们通过判断项目和战略的关联度，规划从选择性的（被动反应式的）变成了积极主动的方式。这样做的目的是什么？是为了限制IT项目的数量，严格限定为战略性的项目。项目一旦通过评审之后，市政府就确定了它的IT能力与战略要求之间的差距，并且可以决定如何更好地利用技术去

组织协同

实现战略目标。

预算连接

传统预算的批评家坚持认为这种方法应该被废止而非仅仅修改一下。必须承认,大多数组织的预算流程是缓慢的、麻烦的、昂贵的,在快速变革的时代,它阻碍了企业的有效管理。但是当平衡计分卡被引入组织中,将预算流程转换成有价值的战略资源配置方式的机会出现了。平衡计分卡使得将这种根深蒂固的流程转变为一个对战略成果和经营业绩作出贡献的流程。

最佳实践案例:富尔顿郡教育系统

位于亚特兰大的富尔顿郡教育系统把平衡计分卡作为预算编制、年度经营计划和战略规划流程的起点。由于在平衡计分卡中明确指出了当年的重点工作,富尔顿的学校官员能够将资金配置到最具战略意义的项目中。中心办公部门根据平衡计分卡中确定的年度工作重点修正战略计划,然后制定预算。

在学校高层管理者参加的计划和预算回顾会议上,部门领导要对未来一年的计划作出解释并对所需预算的合理性进行说明。各学校的校长每年同本地区的主管们进行会谈,对非日常性资源的使用提出建议,以实现与战略规划的协同。公众可以查阅预算文件,并在一年两次的公开听证会上对预算决策提出建议。

平衡计分卡帮助富尔顿郡学校加强了对纳税人的责任。用平衡计分卡来论证新项目还可以帮助提升教育系统在社区的信誉度。一旦新的教育项目需要增加税收时,社区的支持是必要的。平衡计分卡

整体战略协同

数据清晰表明了哪个项目支持了整体战略使命——提高整体的学习成绩,并且指出哪些做不到这些。因此,平衡计分卡能帮助学校董事会决定项目的保留或否决。

运营管理流程

制订了计划、配置了资源、在组织内沟通并围绕计划进行了协同之后,我们的最佳实践公司往往会使用不同的运营流程来执行战略。这些流程往往可以归为三类:(1)持续改进项目,如全面质量管理;(2)实施一次性变革的管理项目;(3)分享最佳实践的项目。每类流程都通过把项目内容与战略协同为企业创造了价值。

流程改进

尽管质量管理已经有一个多世纪的历史,但还是在过去25年中实现了复兴,这归功于众多日本企业的成功。如今的质量管理运动包含了诸如下面的项目,如全面质量管理(TQM)、美国Baldrige国家质量计划、欧洲质量管理协会(EFQM)以及最近的六西格玛。20世纪90年代由迈克尔·哈默(Michael Hammer)和詹姆斯·钱皮(James Champy)倡导的流程再造,是持续进行流程改进的一个非常有力的方法。[7]基于作业的管理起源于组织的成本模型,激发了流程改进和管理洞察力。客户管理具体表现为客户价值管理、客户关系管理、客户生命周期管理,使管理者和员工专注于运营改善以实现更好的业绩。

流程改造的不同方法帮助很多组织在制造和服务流程中的质量、成本、周期等方面取得了显著的成果。采用平衡计分卡执行战略的很

组织协同

多组织都不可避免地需要整合一项或多项管理制度。但是有些组织弄不清这些管理系统（和平衡计分卡）之间的相对作用是什么，也不知道如何去整合，尤其是当某个项目已经到位情况下。

平衡计分卡可以有效地和一个或更多管理方法整合，其创造的优势将大于任何一个单独的方法所能起到的作用。因为平衡计分卡能够把这些体系提升到组织层面，将工具融入到整体的管理体系中。平衡计分卡的因果关系能够帮助企业识别对战略成功影响巨大的流程改进项目和行动方案。正如一个质量管理专家在我们的会议上所说的："六西格玛教人们如何捕鱼；平衡计分卡则教人们到哪里捕鱼。"

最佳实践案例：西门子信息通信部

西门子信息通信部（ICM），是西门子股份公司的移动通信部门，成功实现了平衡计分卡自上而下的战略聚焦与六西格玛自下而上方法的结合。信息通信部结合两种方法的原因有两个：使战略能够传达到组织中的所有人，以及为他们提供缩小业绩差距的工作方式。

信息通信部运用平衡计分卡来识别一些关键的跨职能流程中存在的战略性绩效差距：从产品概念到市场的流程、解决问题的流程、从订单到收款的流程。然后在项目层面采用六西格玛方法来消除流程中的失误、时间的浪费以及不增值的成本。

信息通信部认为尽管六西格玛可以让小的团队解决具体的问题，但是它本身不是一个战略工具。通过整合这些方法，信息通信部看到了管理者行为的变化：如今会议的参与度提高了，讨论的焦点是如何利用这些工具实现战略性绩效目标。公司高层会就他们对公司战略的贡献召开一个讨论会。

行动方案管理

行动方案管理包括：监控所有战略性行动方案的流程，在战略方向不断调整的情况下，评估行动方案的适当性，并确保方案按时完成。有效的行动方案管理始于明确的责任。行动方案的牵头人往往是高层团队的成员。由于牵头人有权进行变革，这意味着任何阻碍行动方案进展的问题都会得到有效处理。通常，组织还会指定一个项目负责人来为行动方案的执行负责。

这些项目可能是很简单、独立的，例如一个培训课程，也可能是复杂的、持续的，如六西格玛。项目负责人需要有全面的技能，包括项目管理、咨询、人际关系管理和变革管理。

最佳实践案例：*Handleman*

当Handleman公司最初实施平衡计分卡项目的时候，公司高层管理者就发现平衡计分卡作为战略协调和管理工具对公司众多实体进行管理的潜力。Handleman公司专门设立了绩效管理中心（CPM）负责提升战略执行方面的核心能力。为了达到最佳效果，这一新的部门被赋予了一系列超出其他部门的职责，并且得到公司最高层面管理者的支持。Handleman公司利用行动方案管理来确保整体战略都会有相应的行动方案支持。

绩效管理中心将行动方案管理流程分成四个步骤，供公司高层管理委员会使用。

1. 入门：委员会成员筛选出值得正式加以评审的行动方案。
2. 呈交：当行动方案经初步审定后，绩效管理中心将呈交给委员

组织协同

会做最终审批。

3. **流程跟踪**：绩效管理中心将依据规定的步骤对行动方案进行跟踪。

4. **收益跟踪**：绩效管理中心将依据规定的步骤评估行动方案是否收到实效。

对行动方案的进展和实效进行跟踪是确定行动方案的重要性与对其进行管理的核心流程。绩效管理中心往往通过平衡计分卡回顾会议对经过审批的和正在执行的行动方案进行跟踪、研讨并采取纠正措施。当行动方案完成的时候，行动方案负责人将提交一份阶段性学习分析报告来明确行动方案是否取得了预期的实效，并为将来的工作提供借鉴。

最佳实践共享

战略管理流程应该提供反馈信息以验证战略的有效性，最终能帮助验证组织的战略是否是达成组织最终目标和愿景的最佳办法。当平衡计分卡绩效信息在企业内部得到广泛共享的时候，员工能够清晰地看到业绩的构成要素有哪些。当员工能够看到绩效信息时，员工能够直接感受到他们的战略是否可行，而且知道哪些单元、部门、团队在实现战略目标方面做得更好。

尽管现在最佳实践的研究领域已经比较成熟了，但是如何将具体的最佳实践与战略结果相连接还需要加强。发挥最佳实践优势的传统方法一般都是孤立于战略的。现在很多企业都使用平衡计分卡的报告，并能根据达成战略目标的能力来鉴别高绩效的团队、部门或者单元。然后，企业再将它们如何达成高绩效的经验记录下来，并在内部广泛宣传。这些企业就是用这些方法来教育和培训其他部门和员工如何去提高绩效。

最佳实践案例：Crown Castle International (CCI)

Crown Castle International（以下简称CCI）的知识管理系统——CCI-Link，是一个公司最佳实践的全面的数据库和图书馆。这个基于平衡计分卡分析的知识管理工具是跨国公司在内部集中管理并共享绩效信息和最佳实践的核心。

CCI使用平衡计分卡管理工具对其40个区域性分支机构进行对标。对标能够帮助管理者找出公司内部最佳的流程和实践，而且能够帮助它们去培训公司其他领域的员工，并促进它们和其他地区一样取得更高的绩效。聚焦内部的最佳实践使得CCI能够总结经验，并将战略、计分卡、流程改进、培训成功地进行整合。

CCI的知识管理工作对组织协同和运营效率作出了巨大的贡献，特别是在裁员时期。CCI-Link的主要架构在不同区域是相同的。不同区域都拥有通用的传统职能部门，如财务、资产和人力资本，但是这些部门的工作内容却是非常本地化的。详细的分析能够帮助管理者区分不同地区之间的差异，从而了解到绩效差异的真正原因。

学习和控制流程

闭环式绩效管理流程最重要的一部分是管控流程：发现目标偏差的能力，发掘偏差原因的能力，并根据需要采取纠正措施。当企

组织协同

业在处理与战略相关的事情时,这一流程更多是关注战略学习而不是控制。

战略是企业如何达成其预期目标的一系列假设。这些假设需要持续地验证,作为月度回顾、分析、调整过程的一部分。在我们的最佳实践案例中有两种流程:平衡计分卡报告系统和战略回顾会议。

平衡计分卡报告系统

多数早期的平衡计分卡报告系统是基于普通的Excel表格形式。今天,由于有二十几种不同的平衡计分卡软件可以选择,平衡计分卡的使用者更加希望能够找到一套适合自己的软件。那些正在使用表格形式的企业也考虑过渡到专门的报告工具。

自动化的优势有哪些呢?同手工操作系统相比,它能更容易、更省时省力地对不同的计分卡进行修改和数据整合,并且将数据汇总到上一级计分卡。分析和决策工作因此变得更加清晰与直接。这对于拥有很多计分卡的企业来说尤其重要。

最佳实践案例:挪威皇家空军

挪威皇家空军使用一套叫做"驾驶舱"的自动系统来汇总其所有下属单元的平衡计分卡。除了能显示指标和行动方案的数据之外,驾驶舱还能为管理者提供评估(分析)信息的功能。

这个系统基于一个ERP系统平台,并且每一个人都可以使用。更新的信息虽然每月都有书面总结,但都是通过驾驶舱来进行报告战略,会议议程根据驾驶舱所收集并报告的具体问题制定的。同时驾驶舱还支持管理层会议。

整体战略协同

战略回顾会议

正如平衡计分卡是战略管理系统的核心一样，战略本身也是新型战略管理会议的核心。平衡计分卡的高级使用者都能理解，将平衡计分卡列入议程已经远远不够了，因为平衡计分卡本身就是议程。

这些会议应该从基于战略图和相关平衡计分卡的整体绩效回顾开始。即使每个指标的数据并不完整（早期的时候），管理团队也应该对战略绩效的整体情况进行评估。每个战略目标的负责人需要对自己所负责的战略目标以及战略主题牵头进行讨论。

有一点很重要，高层领导要建立一种支持的文化，鼓励诚实地披露信息而不对负面结果进行惩罚。这样做能够培育团队合作，并且能够鼓励管理者在问题变得严重前将其暴露出来。未达到目标值的战略目标应该被视为改进的机会，同时也会对战略的有效性提出质疑——理解战略是否在和如何在起作用。资源应该倾向于业绩不理想的领域，或者高层领导需要对那些目标值确实过高的指标作出调整。

某个组织中，业绩最好的部门报告结果亮红灯（低于目标值）。事实上，这些部门的业绩好于其他部门，只是那些部门没有同样设定挑战性目标值。这种情况多数出现在提供奖励真实业绩并且积极追逐挑战性目标的企业中。

最佳实践案例：韩国电信

自2000年初，韩国电信就开始用平衡计分卡制定季度高层管理会议的议程了。从前的会议议程只是报告财务方面的结果，而现在，参加者参考平衡计分卡四个维度的指标是对战略进行讨论。韩国电信的24名分支机构的领导者聚集在一起，对过去一个季度的业绩、整体的

组织协同

业绩和公司战略执行状况进行研讨。在第四季度的会议上,高层管理者将对全年的战略性绩效进行评估,并计划下一年的战略。

除确保绩效信息的及时和透明的传达之外,平衡计分卡也对高层管理者跟踪管理绩效以及执行战略的方法产生了深远的影响。平衡计分卡可以成为研讨和分析的框架。例如,在战略回顾会议上,分支机构的领导们及早发现了由一种新型传送技术可能引发爆发性的潜在需求,这是平衡计分卡绩效监控的结果。正是因为平衡计分卡,管理层才得以快速调整网络容量以满足新的需求,使企业占据了更多的市场份额。

小　　结

登上了平衡计分卡明星组织榜的企业证实了战略能够得到成功执行。我们对它们的成功进行归纳,发现成功执行战略需要四种要素之间的协同:战略、组织、员工、管理系统,而强有力的领导是组织成功的基础。每一种组织协同的因素都是成功的必要条件,而不是充分条件。把它们都整合到一起,就成为开发成功的管理流程的秘诀(图10-9)。

前面的第1章至第9章介绍了组织协同的流程。这一章从较高的视角描述了把员工和系统与战略协同起来的流程。我们相信,本书所讲结合我们在战略图、平衡计分卡、战略中心型组织以及战略管理办公室方面的介绍,这些内容将成为一门新的战略管理科学的基础。

战略执行靠的不是运气,而是持续关注的结果,通过融合领导力和管理流程来描述并评估战略,实现组织内部外部机构与战略的协

整体战略协同

图 10-9 管理协同的最佳实践

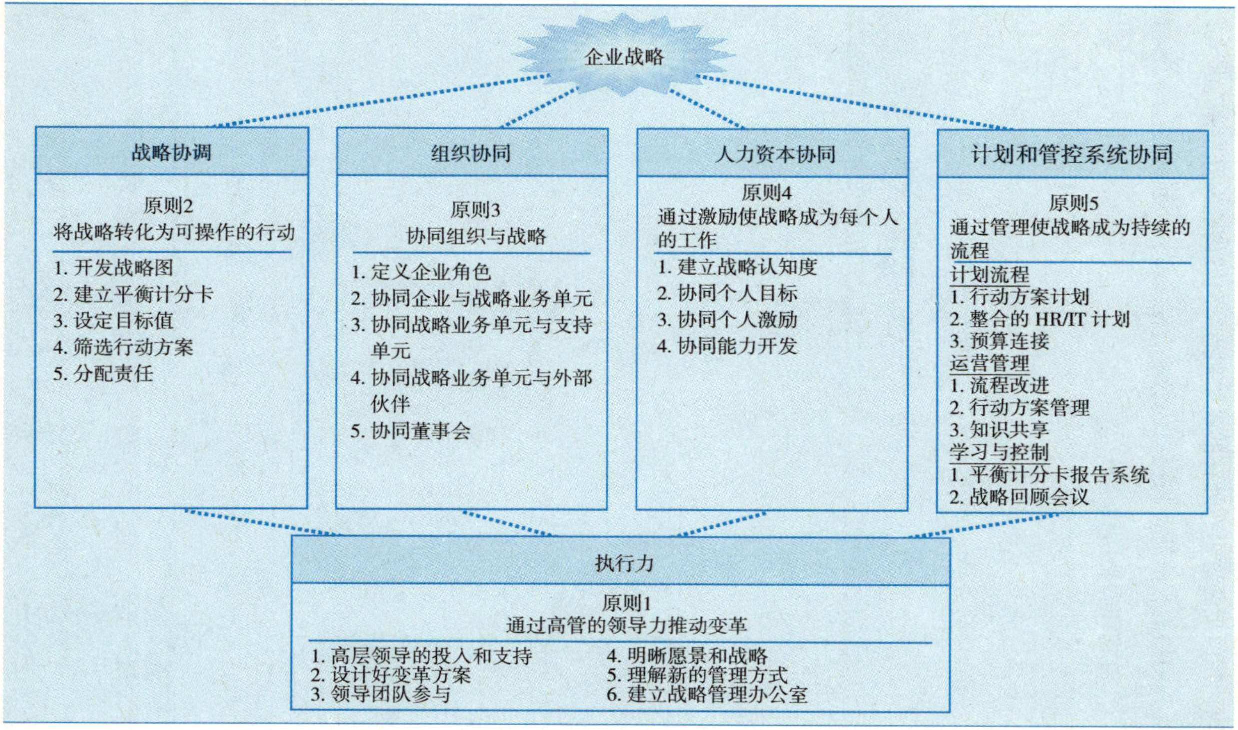

企业战略

战略协调
原则2
将战略转化为可操作的行动
1. 开发战略图
2. 建立平衡计分卡
3. 设定目标值
4. 筛选行动方案
5. 分配责任

组织协同
原则3
协同组织与战略
1. 定义企业角色
2. 协同企业与战略业务单元
3. 协同战略业务单元与支持单元
4. 协同战略业务单元与外部伙伴
5. 协同董事会

人力资本协同
原则4
通过激励使战略成为每个人的工作
1. 建立战略认知度
2. 协同个人目标
3. 协同个人激励
4. 协同能力开发

计划和管控系统协同
原则5
通过管理使战略成为持续的流程
计划流程
1. 行动方案计划
2. 整合的 HR/IT 计划
3. 预算连接
运营管理
1. 流程改进
2. 行动方案管理
3. 知识共享
学习与控制
1. 平衡计分卡报告系统
2. 战略回顾会议

执行力
原则1
通过高管的领导力推动变革
1. 高层领导的投入和支持
2. 设计好变革方案
3. 领导团队参与
4. 明晰愿景和战略
5. 理解新的管理方式
6. 建立战略管理办公室

333

组织协同

同，使员工通过内在外在的激励和有针对性的能力开发来形成与战略之间的协同，最后，将已有的管理流程、报告和回顾会议与战略的执行、监督和调整协同起来。

注 释

序言

1. R. S. Kaplan and D. P. Norton, "The Balanced Scorecard: Measures That Drive Performance," *Harvard Business Review*（January–February 1992）: 71–79; R. S. Kaplan and D. P. Norton, *The Balance Scorecard: Translating Strategy into Action*（Boston: Harvard Business School Press, 1996）.

2. R. S. Kaplan and D. P. Norton, "Using the Balanced Scorecard as a Strategic Management System," *Harvard Business Review*（January–February 1996）: 75–85; R. S. Kaplan and D. P. Norton, *The Strategy-Focused Organization: How Balanced Scorecard Companies Thrive in the New Competitive Environment*（Boston: Harvard Business School Press, 2001）.

3. R. S. Kaplan and D. P. Norton, "Having Trouble with Your Strategy? Then Map It," *Harvard Business Review*（September–October 2000）: 167–176; R. S. Kaplan and D. P. Norton, *Strategy Maps: Converting Intangible Assets into Tangible Outcomes*（Boston: Harvard Business School Press, 2004）.

1 协同：经济价值的来源

1. 平衡计分卡明星组织榜的相关信息，请查阅网站：http://www.bscol.com/bscol/hof。

2. 在R. S. Kaplan 和 D. P. Norton的书中记载了这五条原则，*The Strategy-Focused Organization: How Balanced Scorecard Companies Thrive in the New Competitive Environment*（Boston: Harvard Business School Press, 2000）。

3. D. Rigby, *Management Tools*（Boston: Brain & Company, 2001）.

4. R. S. Kaplan and D. P. Norton, *Strategy Maps: Converting Intangible Assets into Tangible Outcomes*（Boston: Harvard Business School Press, 2004）.

5. 下面是一些有关企业战略的重要参考书目：

> A. D. Chandler Jr., *Strategy and Structure: Chapters in the History of the Industrial Enterprise*（Cambridge, MA: MIT Press, 1962）; *Scale and Scope: The Dynamics of Industrial Capitalism*（Cambridge, MA: Harvard University Press, 1990）; and "The Functions of the HQ Unit in the Multibusiness Firm," *Strategic Management Journal*（1991）:31–50.
>
> M. E. Porter, "From Competitive Advantage to Corporate Strategy," *Harvard Business Review*（April–May 1987）: 43–59.
>
> B. Wernerfelt, "A Resource-based View of the Firm," *Strategic Management Journal*（1984）:171–180.
>
> M. Goold, A. Campbell, and M. Alexander, *Corporate-Level Strategy: Creating Value in the Multibusiness Company*（New York: John Wiley & Sons, 1994）; A. Campbell, M. Goold, and M. Alexander, "Corporate Strategy: The Quest for Parenting Advantage," *Harvard Business Review*（March–April 1995）: 120–132.

D. J. Collis and C. A. Montgomery, "Competing on Resources: Strategy in the 1990s," *Harvard Business Review* (July–August 1995): 118–128; "Creating Corporate Advantage," *Harvard Business Review* (May–June 1998): 70–83; and *Corporate Strategy: Resources and the Scope of the Firm* (Chicago: Irwin, 1997).

C. Markides, "Corporate Strategy: The Role of the Centre," in *Handbook of Strategy and Management*, 1st edition, eds. A. Pettigrew, H. Thomas, and R. Whittington (London: Sage Publications, 2001).

J. Barney, "Firm Resources and Sustained Competitive Advantage," *Journal of Management* (1991): 99–120.

J. Bower, "Building the Velcro Organization," *Ivey Business Journal* (November–December 2003): 1–10.

K. M. Eisenhardt and S. L. Brown, "Patching: Restitching Business Portfolios in Dynamic Markets," *Harvard Business Review* (May–June 1999): 72–82.

6. R. S. Kaplan and D. P. Norton, "The Office of Strategy Management," *Harvard Business Review* (October 2005): 72–80.

2 企业战略与组织架构：历史性回顾

1. 这段对复杂历史的简短总结摘自第2章，"Scale, Scope, and Organizational Capabilities," in A. D. Chandler Jr., *Scale and Scope: The Dynamics of Industrial Capitalism* (Cambridge, MA: Harvard University Press, 1990), 14–49。

2. A.D. Chandler Jr., *Strategy and Structure: Chapters in the History of*

the Industrial Enterprise (Cambridge, MA: MIT Press, 1962), 297.

3. T. Khanna and K. Palepu, "Why Focused Strategies May Be Wrong for Emerging Markets," *Harvard Business Review* (July–August 1997): 41–51.

4. 在*Strategy Maps: Converting Intangible Assets into Tangible Outcomes* (Boston: Harvard Business School Press, 2004) 一书中，我们探究了在事业部战略描述和执行中，战略图和平衡计分卡的角色。

5. S. Davis and P. Lawrence, "Problems of Matrix Organizations," *Harvard Business Review* (May–June 1978); H. Kolodny, "Managing in a Matrix," *Business Horizons* (March–April 1981).

6. L. Hirschhorn and T. Gilmore, "The New Boundaries of the 'Boundaryless' Company," *Harvard Business Review* (May–June 1992); M. Raynor and J. Bower, "Lead from the Center: How to Manage Divisions Dynamically," *Harvard Business Review* (May 2001); J. Bower, "Building the Velcro Organization: Creating Value Through Integration and Maintaining Organization-Wide Efficiency," *Ivey Business Journal* (November–December 2003): 1–10.

7. R. H. Waterman, T. J. Peters, and J. R. Phillips, "Structure Is Not Organization," *Business Horizons* (1980).

8. R. S. Kaplan and D. P. Norton, *The Strategy-Focused Organization* (Boston: Harvard Business School Press, 2000).

9. R. S. Kaplan, "The Balanced Scorecard: Enhancing the McKinsey 7-S Model," *Balanced Scorecard Report* (March 2005).

10. D. Collis and C. Montgomery, *Corporate Strategy: Resources and the Scope of the Firm* (Chicago: Irwin, 1997), refer to essentially the same concept as the "corporate advantage." We will use the more vivid image of the corporate as parent to its various offspring.

11. M. Goold, A. Campbell, and M. Alexander, *Corporate-Level*

Strategy: Creating Value in the Multibusiness Company（New York: John Wiley & Sons, 1994）; A. Campbell, M. Goold, and M. Alexander, "Corporate Strategy: The Quest for Parenting Advantage," *Harvard Business Review*（March–April 1995）: 120–132.

12. 核心竞争力被Markides定义为"企业内经验、知识和体制的集合，可以用来减少成本或时间，以形成或扩充战略性资产"；战略性资产是"无法模仿、无法替代、无法通过买卖获得的资产，利用这些资产可以提高成本优势或者差异性"。参见C. Markides, "Corporate Strategy: The Role of the Centre," in *Handbook of Strategy and Management*, 1st edition, eds. A. Pettigrew, H. Thomas, and R. Whittington（London: Sage Publications, 2001）。

13. D. J. Collis and C. A. Montgomery, "Competing on Resources: Strategy in the 1990s," *Harvard Business Review*（July–August 1995）: 118–128; and "Creating Corporate Advantage," *Harvard Business Review*（May–June 1998）: 70–83.

14. Collis and Montgomery, "Creating Corporate Advantage," 72.

3 财务与客户战略的协同效应

1. 与平衡计分卡协会一致。

2. R. S. Kaplan and D. P. Norton, *The Strategy-Focused Organization*（Boston: Harvard Business School Press, 2000）.

3. http://www.gotoemerson.com/about_emerson/index.html.

4. T. Khanna and K. Palepu, "Why Focused Strategies May Be Wrong for Emerging Markets," *Harvard Business Review*（July–August 1997）.

5. R. S. Kaplan and D. P. Norton, *Strategy Maps: Converting Intangible Assets into Tangible Outcomes*（Boston: Harvard Business School Press, 2004）, 192–195.

4 协同内部流程和学习与成长战略:整合的战略主题

1. R.S. Kaplan and D. P. Norton, *Strategy Maps: Converting Intangible Assets into Tangible Outcomes*(Boston: Harvard Business School Press, 2004), 18-28.

2. 有关组织变革议程的更多信息,同第10章; R. S. Kaplan and D. P. Norton, "Measuring the Strategic Readiness of Intangible Assets," *Harvard Business Review*(February 2004)。

3. 2003年10月平衡计分卡协会北美峰会演讲。

4. 2002年2月, John Bronson于尼泊尔那不勒斯平衡计分卡协会人力资源协同会议上的演讲。

5. "Motivate to Make Strategy Everyone's Job," *Balanced Scorecard Report*(November-December 2004)。

6. R. S. Kaplan and D. P. Norton, "Measuring the Strategic Readiness of Intangible Assets," *Harvard Business Review*(February 2004).

7. 战略性人力资源管理调查结果(2002)。

8. 与平衡计分卡协会一致。

9. "How to Mobilize Large, Complex Organizations Using the Balanced Scorecard: An Interview with Craig Naylor of DuPont Engineering Polymers," *Balanced Scorecard Report*(September-October 2000): 11-13.

5 支持单元的协同

1. "Implementing the Balanced Scorecard at FMC Corporation: An Interview with Larry D. Brady," Harvard Business Review (September-October 1993): 146.

2. 参见"Responsibility Centers: Revenue and Expense Centers," Chapter 3 in R. Anthony and V. Govindarajan, Management Control Systems, 8th edition(Chicago: Irwin, 1995), 107-123。

3. 至少有一个批评家会对此陈述提出异议。参见N. Carr,"IT Doesn't Matter,"*Harvard Business Review*（May 2003）。和其他人一样，我们对此观点表示尊重但并不赞同，我们相信实现IT资源与战略的有效协同可以成为价值创造的重要来源。

4. P. Weill and M. Broadbent, *Leveraging the New Infrastructure: How Market Leaders Capitalize on Information Technology*（Boston: Harvard Business School Press, 1998）, 37-39.

5. Cassandra Frangos, 平衡计分卡协会的同事，是创建人力资源战略图和平衡计分卡的主要知识贡献者。

6. "Motivating Cross-Boundary Thinking at Ingersoll-Brand," *Balanced Scorecard Report*（March 2005）.

7. Rovert S. Gold, 平衡计分卡协会的同事，是创建信息技术战略图和平衡计分卡的主要知识贡献者。

8. 此作品的灵感来源于F. Herzberg改编的A. Maslow的需要层次理论，*Motivation and Personality*，第三版（New York: HarperCollins, 1987）。在选择激励之前（如贡献）首先要满足生理因素的观念（比如能力）在F. Herzberg、B. Mausner、B. Snyderman合著的 *The Motivation to Work* 第二版（New York: Wiley, 1959）中做了清晰的阐述。

9. R. S. Gold, "Enabling the Strategy-Focused IT Organization," *Balanced Scorecard Report*（September-October 2001）.

10. Arun Dhingra and Michael Nagel, 平衡计分卡协会的同事，是创建财务部门的战略图和平衡计分卡的主要知识贡献者。

11. "The CFO as Chief Performance Adviser," report prepared by CFO Research Services in collaboration with Price WaterhouseCoopers LLP, CFO Publishing Corporation, Boston, March 2005.

12. V. Couto, I. Heinz, and M. Moran, "Not Your Father's CFO," *Strategy + Business*（Spring 2005）: 4.

13. 同上。

14. 同上。

15. 我们发现Handleman的财务部门将财务维度放在战略图的底部，而不是顶部。这印证了我们以前的讨论，选择将支持部门看做非营利组织，强调将对客户目标的服务作为最高层次的目标。

16. SHRM/Balanced Scorecard Collaborative，"Aligning HR with Organization Strategy，" survey research study 62-17052（Alexandria, VA: Society for Human Resources Management，2002）; "The Alignment Gap," *CIO Insight*，1 July 2002.

7 董事会和投资人的协同

1. J. Immelt，"Restoring Trust，" speech，New York Economic Club，November 4，2002.

2. 此项对资本市场上反向选择和道德风险问题的分析引自K. G. Palepu，P. M. Healy，and V. L. Bernard，*Business Analysis and Valuation Using Financial Statements: Text and Cases,* 3rd edition（Mason，OH: Thomson Southwestern），2003。

3. 买家无法获得可供出售的产品或服务的有效信息而产生的市场衰退，在诺贝尔奖获得者G. A. Akerlof的论著中进行了阐述，"The Market for Lemons: Quality Uncertainty and the Market Mechanism，" *Quarterly J. Econ.* 89（1970）: 488-500。Groucho Marx在其早于Akerlof发表的作品中把握了反向选择问题的本质，其描述为"我不想加入任何想吸纳我成为会员的组织"。

4. J. Conger，E. Lawler，and D. Finegold，*Corporate Boards: New Strategies for Adding Value at the Top*（New York: Jossey-Bass/Wiley，2001）.

5. J. Lorsch，"Smelling Smoke: Why Boards of Directors Need the Balanced Scorecard，" *Balanced Scorecard Report*（September-October 2002）: 9-11.

6. E. E. Lawler, "Board Governance and Accountability," *Balanced Scorecard Report* (January–February 1993): 12.

7. 同上。

8. 同上。

9. 详见R. S. Kaplan, "First Commonwealth Financial Corporation," Case 9-104-042 (Boston: Harvard Business School Publishing, 2004)。

10. J. Ross, "The Best-Practice Hamburger: How Wendy's Enhances Performance with Its BSC," *Balanced Scorecard Report* (July–August 2003): 5-7.

11. L. Bebchuk and J. Fried, *Pay without Performance: The Unfulfilled Promise of Executive Compensation* (Cambridge, MA: Harvard University Press, 2004); G. Crystal, *In Search of Excess: The Overcompensation of American Executives* (New York: W.W. Norton, 1991).

12. J. Cohn and R. Khurana, "Strategy Maps for CEO Succession Planning," *Balanced Scorecard Report* (July–August 2003): 8-10.

13. 同上。

14. M. J. Epstein and M. Roy, *Measuring and Improving the Performance of Corporate Boards,* Management Accounting Guidelines, Society of Management Accountants of Canada (Mississauga, Ontario, 2002).

15. Kaplan, "First Commonwealth Financial Corporation."

16. "Improving Business Reporting—A Customer Focus: Meeting the Information Needs of Investors and Creditors," Report of the Special Committee on Financial Reporting, American Institute of Certified Public Accountants, 1992.

17. "Measures That Matter," Ernst & Young white paper, 1999 (available from Cap Gemini Ernst & Young Center for Business Innovation).

18. M. Epstein and K. Palepu, "What Financial Analysts Want,"

Strategic Finance（April 1999）.

19. M. Epstein and B. Birchard, *Counting What Counts: Turning Corporate Accountability into Competitive Advantage*（Reading, MA: Perseus Books, 1999）; M. Epstein and P. Wisner, "Increasing Corporate Accountability: The External Disclosure of Balanced Scorecard Measures," *Balanced Scorecard Report*（July–August 2001）: 10–13.

20. 瑞典的某保险公司Skandia，是少数例外企业中的一个，该企业持续多年将非财务指标作为年度报告的一部分发表。见"The Value-Adding Power of External Disclosures: An Interview with Jan Hoffmeister, American Skandia Investment," *Balanced Scorecard Report*（September–October 2001）: 10–11。

21. 参见http://irco.com/investorrelations/analysts。

22. 参见Wendy's analyst presentations at http://www.wendys-invest.com/main/pres.php。

23. "The Best-Practice Hamburger: How Wendy's Enhances Performance with Its BSC," *Balanced Scorecard Report*（July–August 2003）: 6–7.

8　与外部合作伙伴的协同

1. S. Kulp and V.G. Narayanan, "Metalcraft Supplier Scorecard," Case 9-102-047（Boston: Harvard Business School Publishing, 2005）.

2. 每个指标的详细定义，以及数字化的计量示例和供应商、制造商、零售商的各自责任参见http://www.cpfr.org/documents/pdf/CPFR_Tab_6.pdf。

3. 参见http://www.globalsorecard.net/download/ecr_related.asp。

4. P. C. Brewer and T. W. Speh, "Using the Balanced Scorecard to Measure Supply Chain Performance," *Journal of Business Logistics*（2000）: 75–93; and "Adapting the Balanced Scorecard to Supply Chain

Management," *Supply Chain Management Review* (March–April 2001).

5. K. Zimmerman, "Using the Balanced Scorecard for Interorganizational Performance Management of Supply Chains: A Case Study," in *Cost Management in Supply Chains*, eds. S. Securing and M. Goldbach (Heidelberg: Physical-Verlag, 2002), 399–415.

6. 参见 L. Segil, *Measuring the Value of Partnering* (New York: AMACOM, 2004), 19。

7. J. Bamford and D. Ernst, "Managing an Alliance Portfolio", *McKinsey Quarterly* (Autumn 2002): 6–10.

8. "Why Mergers Fail," *McKinsey Quarterly* (2001): 64–73.

9 协同流程的管理

1. 关于战略管理办公室的更多详细内容，可以参见 R. S. Kaplan and D. P. Norton, "The Office of Strategy Management," *Harvard Business Review* (October 2005): 72–80。

10 整体战略协同

1. W. Edwards Deming, *Quality, Productivity, and Competitive Position* (Cambridge, MA: Center for Advanced Engineering Study, MIT, 1982), 101–104.

2. M. E. Porter, "What Is Strategy?" *Harvard Business Review* (November–December 1996).

3. R. S. Kaplan and D. P. Norton, *Strategy Maps: Converting Intangible Assets into Tangible Outcomes* (Boston: Harvard Business School Press, 2004).

4. R. S. Kaplan and D. P. Norton, "Measuring the Strategic Readiness of Intangible Assets," *Harvard Business Review* (February 2004): 52–63; see Chapter 8, "Human Capital Rea-diness" in Kaplan and Norton,

Strategy Maps，225-243.

5. 与平衡计分卡协会一致。

6. 本段落内容源自"Govern to Make Strategy a Continual Process," *Balanced Scorecard Report*（January-February 2005）。

7. M. Hammer and J. Champy，*Re-engineering the Corporation: A Manifesto for Business Revolution*（New York: Harper Business，1993）.

作者简介

罗伯特·S. 卡普兰是哈佛商学院贝克基金（Baker Foundation）教授。他个人或与他人合作完成的作品包括：16篇《哈佛商业评论》（*Harvard Business Review*）文章、100多篇论文和12本著作，其中有四本是与戴维·P.诺顿共同撰写的。他的研究、教学、咨询和演讲都集中于连接战略与绩效以及成本管理系统，主要包括平衡计分卡和作业成本法。他获得的奖项和荣誉不计其数，其中包括美国会计协会（AAA）颁发的"杰出教育奖"，美国会计协会管理会计分会颁发的"终生成就奖"，以及英国特许管理会计师协会（CIMA）授予的"会计专业杰出贡献奖"。他的电子邮件为：rkaplan@hbs.edu。

戴维·P. 诺顿是平衡计分卡协会/百略达集团总裁，该咨询公司致力于在全球推进平衡计分卡这一最具影响力的战略管理工具的有效应用。诺顿博士曾任复兴咨询公司（Renaissance Solutions, Inc., 他于1992年合作创办的一家国际咨询公司）总裁。此前，他曾在诺兰—诺顿公司（Nolan, Norton & Company）担任17年总裁。诺顿博士是战略绩效管理领域一位优秀的管理顾问、研究家和演讲者。他与卡普兰博士共同创立了平衡计分卡概念，合作撰写了16篇《哈佛商业评论》文章和三部著作：《平衡计分卡——化战略为行动》、《战略中心型组织》和《战略图——化无形资产为有形结果》。他还担任Worcester Polytechnic Institute的理事，以及美国咨询管理工程师协会（ACME）的前任董事。他的电子邮件为dnorton@bscol.com。